U0368352

2022年度浙江省哲学社会科学规划后期资助课题：先秦儒学核心范畴英译研究（立项号：22HQZZ30YB）。

先秦儒学核心范畴英译研究

On the English Translations of Key Concepts in Pre-Qin Confucianism

李 乐 著

上海交通大学出版社
SHANGHAI JIAO TONG UNIVERSITY PRESS

内容提要

本书将思想史研究与中西文化哲学比较纳入先秦儒学核心文化范畴可译性研究。以先秦儒学思想史的发展脉络为线索,统帅重要先秦儒学典籍主旨,提炼其核心范畴;以可译性视角切入翻译,从语言—意义的关联层面探讨思想异质性产生的根源,并以此为基础探寻古汉语符号特性及其对先秦典籍所映射的独特思维方式的塑造;以中西哲学对比的视角切入核心范畴的英译分析,从译词中洞悉英语世界认知先秦儒学思想的方式;总结分析现有的翻译阐释模式,并在此基础上提出可尝试的新翻译模式。

图书在版编目(CIP)数据

先秦儒学核心范畴英译研究/ 李乐著. —上海:
上海交通大学出版社,2022.7
ISBN 978 - 7 - 313 - 26849 - 5

Ⅰ.①先⋯ Ⅱ.①李⋯ Ⅲ.①儒学—英语—翻译—研究—中国—先秦时代 Ⅳ.①B222②H315.9

中国版本图书馆 CIP 数据核字(2022)第 084709 号

先秦儒学核心范畴英译研究
XIANQIN RUXUE HEXIN FANCHOU YINGYI YANJIU

著　　者:李　乐			
出版发行:上海交通大学出版社		地　　址:上海市番禺路 951 号
邮政编码:200030		电　　话:021 - 64071208
印　　制:当纳利(上海)信息技术有限公司		经　　销:全国新华书店
开　　本:710 mm×1000 mm　1/16		印　　张:14.5
字　　数:225 千字		
版　　次:2022 年 7 月第 1 版		印　　次:2022 年 7 月第 1 次印刷
书　　号:ISBN 978 - 7 - 313 - 26849 - 5		
定　　价:68.00 元		

序

一个人·一本书·一个世界

一

认识李乐博士,源自她攻读博士学位时的导师——北京师范大学外国语言文学学院著名学者郑海凌教授。郑先生既是翻译家,其名译有高尔基的《童年》和《母亲》,果戈理的《死魂灵》等,也是翻译理论家,其《文学翻译学》《译理浅说》《老子思想的翻译与传播》《〈庄子〉的翻译与流传》等在学术界具有较大的影响,曾得到钱锺书先生、草婴先生、许渊冲先生等学者的高度评价。

2005年9月我到北京工作后,与同为河南同乡的郑先生相识。因为同在外语学界,郑先生常邀我参加他所带博士生的开题报告会、论文答辩以及博士后出站报告会。2008年参加这样的学术活动时,认识了当时还在读硕士的李乐同学。彼时,她来旁听,很认真地在旁听席上拿着小本和笔圈点勾画。我了解到她考进北师大时念的其实是教育技术专业,后来,源自对英文的无限热爱,于第二年通过转专业考试,转入外文学院英文系攻读,又以专业综合排名第一的成绩保送攻读硕士研究生。而我再次见到她时,她已经是郑先生的博士生了。

工作记录显示:2012年1月7日,我在北师大后主楼1006会议室,参加了李乐同学和郑先生另外两名博士生的开题报告会。那天主持开题报告会的是北京大学辜正坤教授,参加者除了导师郑海凌教授外,还有北师大张政教授、对外经贸大学徐珺教授和我。前半场是三名博士生的读书报告会,我翻阅着李乐的书单，惊讶于她读书范围之广——她身为翻译学与中西文化比较方向的博士生，书单上却出现了不少哲学书目和文艺理论书目。我向她提问罗兰·巴特《文之悦》里相关的问题，她竟然都答出来了。在后半场的开题答辩中，她反应敏捷、回答问题逻辑清晰，表述甚是流畅。

博士阶段，因为她虚心请教我论文写作的事，也曾数次在清晨的北京赶着公交车穿过早高峰的街市，来我任教的学校里听我讲文学课，我对她有了更多的了解。我深深感动于她的求知热情，读书为学的热情，以及她对翻译的热情。偶然一次的交流，我得知李乐这些年在做研究的同时，还依然坚持着文学翻译实践，并有译作出版。为此，在 2012 年，当有出版社请我找人翻译一套儿童文学读物时，我想到并找到的其中一个人选就是李乐同学。她那时正处于博士论文的攻坚阶段，却欣然领受了这份翻译的差使，稿子交给我的时候还表达了感谢，说又在翻译里寻得了无限乐趣。2013 年 8 月，那本《你好，匹克威克太太》，由福建少年儿童出版社正式出版。

二

这本专著，植根于李乐的博士论文。郑海凌先生所带的博士生包括博士后，大都做的是与中国典籍英译有关的研究，李乐也不例外。

在博士开题阶段，她就将研究目标设定在先秦时期儒学的核心范畴英译问题。典籍翻译很难，时代越久远的典籍更是难上加难。她所选择的先秦时期的儒学，难度可想而知。对于研究者来说，首先要熟悉先秦时期的时代背景，儒学的核心概念与核心范畴；其次，要了解这些核心概念与核心范畴的真正内涵与意义；再次，要有很好的英文水平去辨析已有的英文翻译准确与否；最后，要对现有的英译作出研究性论断，对于误读误译还要有给出正确翻译的能力。因此，我们可以说，这是一个极富挑战性的论题。

但它又是一个极为重要的命题。正如李乐博士在论著中所说，典籍外译是中国文化向海外传播的重要途径，以文言文写成的古代典籍记载了先哲对宇宙及生命的综合体悟，代表了华夏民族早期体察世界的宏阔思路，并在世代流传中塑造了中华民族的文化精神。她所以选择儒学，是因为在中国并行的儒释道三派思想中，儒学可称主脉，先秦儒学则为主根，先秦儒学思想可称中华民族的精神内核，而先秦儒学典籍在英译时自然也会呈现出更为强烈的异质性特征。在典籍被翻译成外文的过程中，那些承载着民族独特文化精神的语词总会面临对等词难寻的困境，即典籍文字所承载的异质文化期待着通过翻译得以传达，然而文化异质所带来的对等词难寻的困境却又对翻译构成了巨大的挑战。

虽然困难重重，虽然极富挑战，但也恰恰说明了这一选题的宏大意义与学术价值。

李乐博士在卷帙浩繁的先秦儒学典籍中，努力抓住其思想发展主线，厘清其核心思想，提炼其核心范畴，明晰其意义特质，再经由对核心范畴的中英比较辨析描摹其英译现状，进而发现问题并提出可行的解决方案。

这样一部看似高深的学术专著，其实具有相当的可读性，因为作者把研究的基本点放在了核心语词的翻译上，因此，有关先秦儒学的重要的核心词汇，比如"兴""仁""义""礼""智""中"等的英译，都有详尽的研究与论述。读来很有趣味。

然而，李乐博士的研究并不仅限于此。事实上，她将思想史研究方法、哲学及可译性相关理论都纳入到了对问题的思索与解决中，试图探寻一种思想跨越语言边界获取理解的图景。正如她所说，该论著是要以先秦儒学思想史的发展脉络为线索，恰当而准确地把握其核心精神，对翻译的讨论是从可译性视角切入，旨在从语言—意义的关联层面探讨思想异质性产生的根源，并以此为基础探寻古汉语符号特性及其对先秦典籍所映射的独特思维方式的塑造，为后文对核心范畴在先秦语境中的意义追寻提供指导原则，并为文末提出可行性翻译方案提供理据。而在核心范畴的中英对比研究篇章中，她更是引入了中西哲学对比的视角，旨在从译词中洞悉英语世界认知先秦儒学思想的方式，并在比照中发掘先秦儒学思想可与西方哲学平等对话的特质。

2013年，李乐同学博士毕业。那一年，我在哈佛大学英文系做高级研究学者，因此，很遗憾当时未能参加她的博士论文答辩。但在当年的4月，她还曾写邮件给我，征询我对论文的意见。

我查询到4月10日给她的回复中，曾提出了三条建议。其中一条是，对论文当时的题目"先秦儒学核心范畴英译问题研究"，我觉得有点过于普通，也不能让人看出论文的中心思想，因此，建议可以拟定一个凝聚了论文思想的词汇或是简短的一句话来作为题目,然后把现在的题目当作副标题。

其实,是否寻找一个带有主旨意义的标题并不重要。作为一部学术专著,现有的题目已经说明了一切,已经很好了。

三

在博士毕业时,像很多人一样,李乐博士也曾在留京与否的问题上犹豫和彷徨过,但她最终还是毅然选择了南下,而且是到了杭州——这人间天堂。

在这9年间,她在杭州安家落户。生活中,她成了贤妻良母,相夫教子,家庭幸福。工作中,她勤勤恳恳,努力不懈,曾经担任过翻译系的系主任,还曾到英国曼彻斯特大学翻译与跨文化研究中心访学深造。

李乐博士是个愿意表达、善于表达的人。她的微信朋友圈的内容丰富多彩,五彩缤纷,几乎记录着她详细的人生经历。任何一个看过她朋友圈的人都不难看出,她总是自由自在,积极向上,开心地走在自己选择的人生道路上,始终面向自己所神往的一个世界。在这个世界中——

她醉心于教学,执着于教书育人,乐于与学生进行思想与学术交流和对话,愿意为学院和学校的学科发展作出自己的贡献。我想这是她能逐步成长为一名优秀教师的前提。作为在北师大连续读了10年书的博学之人,她有一种激情,总是愿意毫无保留地将自己的所学所思教给学生、分享给他人。这,是她获得学校师德标兵、老师爱学生先进个人等光荣称号的原因,自然也是她深受学生爱戴的原因之一。

在教书育人的同时,她从未停止学习的脚步。李乐博士一直对西方哲学有着浓厚的兴趣,这些年来坚持以哲学为友。如果我没有记错,她对我国著名的西方哲学大家陈嘉映先生及其著述极其热爱,是陈先生的超级粉丝,甚至到了痴迷的地步。她努力拜读他的大作,常常赶到陈先生在杭州讲学的现场,抢前面的位置坐下来。除此之外,她还用哲学思维去面对生活中的一切。我曾在她的个人公众号里看到过一篇很有哲学意趣的文章:《我和大牙君的一场哲学对谈》,讲述的是自己有一次牙痛,于是就和自己的大牙君来了一场发人深省的对谈,在对牙痛原因探讨中,触碰了哲学里的主体性问题,并回顾了从古希腊到现代西方哲学里重要的主体性相关的哲思,读起来忍俊不禁,又觉得颇为深刻。我想,这从一个侧面说明了哲学已经与她的生活融为一体。

作为高校教师,她专注于翻译教学。她在学院里教授过多门翻译课:文学翻译、典籍翻译、实用文体翻译、英汉翻译等。近些年,她又在学院里开设起了西方文明史课,把自己读的书变换成课堂上鲜活生动的展示和引领。她把以教授历史事件、背景、意义为主的传统历史类课程,转换成了一门以解读神话、哲学、科学、思想、艺术等文明表征为主要内容的人文通识课,给予学生深深启蒙。而在此过程中,她亦不断拓展着自己的读书面,哺育自己的研究,在博士论文的基础上深耕细作,最终写成了这本专著。

而我相信这本专著,仅是李乐博士以哲学视角探索文化与翻译的起始。她日后定能在哲学的指引下,生出更多的真知灼见。我很欣赏她曾经写在《致以翻译为业的你们》之中的一句话:"生活就是广义的翻译,我们用广义的语言,恣意翻译着内心对'美'、'岁月'甚或是'日常'的理解。"她在自己的新世界里用心为学,深刻思考,坚持启蒙,为学生未来的人生道路照亮一个个崭新的世界。

郭英剑

中国人民大学"杰出学者"特聘教授

中国人民大学外国语学院教授、博士生导师

国务院外语学科评议组成员

教育部高校英语教学指导分委员会委员

2022 年 5 月 7 日凌晨 0:30—5:30

前　言

典籍外译是中国文化向海外传播的重要途径,然而典籍翻译向来是个难题。以文言文写成的古代典籍记载了先哲对宇宙及生命的综合体悟,代表了华夏民族早期体察世界的宏阔思路,并在世代流传中塑造了中华民族的文化精神。这种丰富且独特的文化精神期待着通过典籍外译进入另外一种文化。然而正因为这种独特性,在典籍被翻译成外文的过程中,那些承载着民族独特文化精神的语词总会面临对等词难寻的困境。换言之,典籍文字所承载的异质文化期待着通过翻译得以传达,然而文化异质所带来的对等词难寻的难题却又对翻译构成巨大的挑战。

本书将在先秦儒学典籍英译的具体情境中去摹状此种困难,并试图寻求可能的解决方案。选择儒学是因为在中国并行的儒、释、道三派思想中,儒学可称主脉,而先秦儒学则为主根。先秦儒学思想可称为中华民族的精神内核,故而先秦儒学典籍在英译时会呈现更为强烈的异质性特征,研究其英译、发现其存在的问题并提出相应的解决方案,对中华文化海外传播意义重大。然而先秦儒学典籍卷帙浩繁,欲追寻其所表达的文化异质性必须抓住其思想发展主线,厘清核心思想,从中提炼核心范畴,明晰其意义特质,再经由对核心范畴的中英比较、辨析、描摹其英译现状,发现问题,并提出可行的解决方案。此为本书选题之切入点,亦为整体行文思路。

本书选题虽落脚于语词的翻译,实则欲探寻一种思想跨越语言边界获取理解的图景。故而本书将思想史研究方法、哲学及可译性相关理论都纳入对问题的思索与解决中。书中以先秦儒学思想史的发展脉络为线索,统帅重要先秦儒学典籍主旨的发掘,以呈现先秦儒学思想在时间之流中立体多维的情状,恰当而准确地把握其核心精神,提炼其核心范畴。本书对翻译的讨论从可译性视角切入,旨在从语言—意义的关联层面探讨思想异质性产生的根源,并以此为基础探寻古汉语符号特性及对先秦典籍所映射的独特思维方式的塑造,为后文对核心范畴在先秦语境中的意义追寻提供指导原则,并为文末提出可行性翻译方案提供理据。在"核心范畴中英比析"篇章中,将引入中西哲学对比的视角,旨在从译词中洞悉英语世界认知先秦儒学思想的方式,并在比照中发掘先秦儒学思想可与西方哲学平等对话的特质。

全书结构如下:

第一章涵括选题缘起、著作关键词说明、研究意义、文献综述及创新点。

第二章梳理先秦儒学思想起源,研读原典,推演先秦儒学的核心精神并提炼核心范畴。本章从巫觋时代切入,进而描写祭祀文化转变为礼乐文化的过程,强调了"忧患意识"与"敬德"观念的产生对先秦儒学思想未趋超越而聚焦人间、形成"人性"视阈的决定性意义;此后述"六艺"以承续周文,体现人道的温文尔雅与崇高光明;以《论语》《中庸》《孟子》《大学》《荀子》等先秦儒学典籍的纵向描写明晰先秦儒学自立立人、入世济民的核心思想,从中概括出"兴""仁""义""礼""智""中"六个体现先秦儒学精神的核心范畴。

第三章由可译性角度切入,厘清了"语言—思维—意义"这一链性关系对探讨核心范畴英译的重要性,并以此为基础描摹了古汉语"观"的特性,此特性所造成的语词情境化、复义性的特征和先秦儒学非超越、情境化的思维方式。此章为第四章追寻范畴意义提供了指导原则,亦为第五章新翻译方式的提出奠定了基础。

第四章以核心范畴中英比析的方式展开:追溯儒学核心范畴的字形根源及在先秦儒学典籍语境中的意义生长,以呈现范畴意义的原貌;呈现每个范畴在英语语境中的译词并依次予以比照描写。此章分析表明:每个范畴在英语语境中都拥有多个对应词,呈现"一"对"多"的特质;而在这"多"中,有的对应词丧失了原范畴意义深度,有的丧失了原范畴的隐喻效果和字形含义;部分译词也因英语世界自身文化传统的侵入而产生了旁涉的关联;但多数译词在基本意义之维上都与原范畴有可通约之处。

第五章跨过单一译词层面,对译词背后运作的两种翻译模式进行了深度描写,挖掘相应翻译模式的哲学渊源,并评析以此哲学思想接纳先秦儒学思想的可行性。其结论为:受西方传统形而上学语言影响的"To Be(绝对准则导向)翻译模式"将先秦儒学核心范畴用抽象的富有绝对普遍性的语词予以替代,消隐了先秦儒学范畴的情境化运作的特征,使得先秦儒学由践行智慧演变成了规范伦理学,产生了质的变异;受西方过程哲学影响的"范畴具体化翻译模式"传达了先秦儒学核心范畴意义的情境化特征,但其对"整体性"的强调却消隐了某些范畴的德性意义。本著作在此一并分析了通篇"音译加注释"的翻译模式,揭示了其"延搁意义"的弊端。经综合比较,"To Be(绝对准则导向)翻译模式"消隐了先秦儒学思想的异质性,通篇"音译加注释"看似存异实则造成理解困难,这两种翻译模式不予提倡。

本着存异的诉求,基于先秦儒学"时中"思想的启示和对"范畴具体化翻译模式"中积极因素的吸收,本书提出"时中"翻译模式以指导先秦儒学核心范畴英译:

在翻译核心范畴时:① 尽量避免使用意义过度抽象的语词,如以-ity、-ness结尾的表示抽象性质的名词。② 尽量避免通篇使用音译。③ 对在全篇多次出现的同一范畴,可视语言情境选用不同的译词,在语词后加括号,标注范畴原字;译词不必拘泥于单一词性,可有丰富的词性变化,可采用复合词组。④ 将每个范畴现有的译词(不包括意义过度抽象的语词及音译)做成语词集合,加方括号放入脚注中,给予读者自行选择的权利。

此"时中模式"搭建起了核心范畴的"可译空间":前两条规则划定了边界,后两条规则指导空间中译词的运作。译词受制于其边界而存于其中,但这样的限制是有保障的而非禁锢的。词语的灵活使用体现了原范畴意义的情境性,多个译词在脚注中的同时呈现可彰显原范畴意义的丰富性,且汉字的标注又统帅了译词的差异,引导译语读者对原范畴全面且充分的意义领悟。

本书在最后申明:先秦儒学思想是践行的智慧,不以形而上学思辨为终极追求,只为达到一种得心应手、进退有序、动静适时、游刃有余、发而中节的当下的切身体验。而其核心范畴"兴""仁""义""礼""智""中"也都不是可以被当作客观对象去把握的抽象知识,而是需要借助具体的生命经验去成就的求道之路。这些范畴所承载的思想与其意义特征紧密相关。故而在翻译核心范畴时,应充分利用目的语语词张力彰显原语词的意义特征,以唤起译语读者对一种新思想方式的察觉,进而获得对先秦典籍更深刻、更切近本旨的领悟。

目 录

1

绪　论

本章在探讨翻译之于文化传播重要功用的背景中,提出全书的研究问题,对本研究涉及的关键词给出定义,描述研究进路,并在综述前人研究的基础上指出本研究的创新之处。

1.1　研究背景及研究意义

1.1.1　研究背景及问题提出

著名学者、翻译家叶维廉先生在《众树歌唱:欧美现代诗 100 首》序言中把翻译比作"通驿港"(passport),言明这一方的文化可经由通驿港传递到他方①。此比喻形象地描摹了翻译之于文化传播的重要功用:文化可经由"译"而"传"。文化本是一个民族、一个语言共同体所特有的精神、习俗、制度、生活方式等,具有强烈的异质性②。正因为如此,人们总期冀着通过翻译了解一种不同于己的文化。

可是文化经由翻译而传递远非把物品放在传送带上按序输送那般直接且简单。因为译语语词属于另一个文化系统,带着译语文化深刻的印记,在"传"的过

---

① 庞德等:《众树歌唱:欧美现代诗 100 首》,叶维廉编译,人民文学出版社,2009,第 10 页。

② 德国学者埃利亚斯指出,文明是趋同的力量,文化则是一个民族区别于另一民族的特质。诺贝特·埃利亚斯:《文明的进程:文明的社会起源和心理起源的研究》,王佩莉译,生活·读书·新知三联书店,1998,第 63—64 页。另参见葛兆光:《思想史研究课堂讲录:视野、角度与方法》,生活·读书·新知三联书店,2005,第 204—205 页。

程中必定逃不开两种文化的碰撞,碰撞则意味着对话,意味着某种程度的较量,意味着可能的妥协,而妥协与保持异质性的初衷是背道而驰的。文化因其异质性召唤着翻译,可异质性在翻译这个通驿港中却有失掉的危险。这是文化经由翻译而传播时难以避免的困境。

这种困境在中国典籍英译中表现得尤为明显。据许慎《说文解字》,典者,"五帝之书也"①。《尔雅·释言》以为:"典,经也。"②籍系最初的书籍,孔颖达校注《尚书序疏》云:"'籍'者,借也,借此简书以记录政事,故曰'籍'。"③以文言文写成的古代典籍记载了先哲对世界及生命价值的综合体悟,代表了华夏民族早期体察世界的宏阔思路,彰显着民族文化精神的根基。因此典籍隐含着一种思想形态,一种独属于华夏民族诠释世界与人生的"理性"。这种理性潜移默化地影响着一个民族的思维方式。法国著名哲学家利科在《论翻译》中言:"支配我们去翻译的源发动机,是对他者的好奇心。"④那些凝聚着文化精神的典籍一直活跃在西方译者及学者的视野中⑤。他们通过对这些经典的研读和翻译,试图了解中华文化的模样,了解一种新的体察世界的宏观思路。典籍是跨文化翻译的重要对象。

自 16 世纪利玛窦将《四书》翻译成拉丁文算起,儒学典籍的外译已经持续了400 余年。曾有一度儒学思想在欧洲影响至深,如德国著名哲学家、数学家莱布尼茨对东方文明推崇备至,启蒙主义的巨头伏尔泰对孔子顶礼膜拜,但后来随着东西方的接触日深,东方的魅力褪色了。德国古典哲学家黑格尔评价孔子说:"孔子只是一个实际的世间智者,在他那里思辨的哲学是一点也没有的——只有一些善良的、老练的、道德的教训,从里面我们不能获得什么特殊的东西。西塞罗留下给我们的《政治义务论》便是一本道德教训的书,比孔子所有的书内容丰富,而且更好。我们根据他的原著可以断言:为了保持孔子的名声,假使他的书

---

① 许慎:《说文解字》,中华书局,1963,第 99 页。

② 引自《尔雅》,选自阮元校刻《十三经注疏》,中华书局,1980,第 2585 页。

③ 孔颖达:《尚书序疏》。阮元:《十三经注疏》,中华书局,1980,第 113 页。

④ Paul Ricoeur,*On Translation*,trans. Eileen Brennan (London and New York: Routledge, 2006),p.37.

⑤ 关于典籍翻译具体盛况的描述可见马祖毅,任荣珍:《汉籍外译史》,湖北教育出版社,1997。

从来不曾有过翻译,那倒是更好的事。"①在黑格尔看来,孔子的《论语》并未给西方思想界带来新的启示,孔子所言说的只不过是老套的道德教训,且他言说的方式更为刻板。黑格尔对于孔子的认知自然有失偏颇,但他的洞见值得反思:是翻译让孔子思想走形变样的。

我们暂不可断定走形变样是典籍外译的绝对命运,但已存的困境可将我们导入对如下问题的思索:一种文化或思想在经由翻译这个"通驿港"时到底会发生什么?思想经由"通驿港",被铸造上陌生的语言外壳后又会变成何种模样?这些陌生的外壳会引发译语读者怎样的认知?与原思想相较,相异在何处?异的根源在何处?是否有可能让原思想在译语陌生语词外壳的包裹下依然熠熠生辉,具有长久不息的生命力?

我们将如上的思索纳入到具体的情境中加以考量,形成本书的选题:先秦儒学核心范畴英译问题研究。中国古典思想的历史可称其重要范畴发展的历史,而范畴亦是典籍旨意的提纲挈领,是典籍思想的凝结。本书从先秦儒学核心范畴的英译问题切入,以探寻先秦儒学思想的基本精神经由翻译发生的变化,察明变异与语词运作的关系及机理,本着在翻译中最大限度保持先秦儒学思想的异质性且易于读者理解的诉求,探寻相应的翻译解决方案,以提升先秦儒学典籍的文化传播能力。

本书将按顺序回答如下问题:

(1)先秦儒学思想的基本样态是怎样的?其核心精神该由先秦儒学典籍中哪些语词来表征?

(2)在可译性视阈下这些范畴会呈现怎样的意义特质?会在何种程度上造成异质性而影响翻译的顺利实现?

(3)所选范畴经由先秦语境到达英语世界后,发生了哪些细微的变化?又呈现了怎样的总体特征?

(4)这些译词在语言运作方式上呈现哪(几)种特征?每一种语词运作的方式分别受到英语文化语境中何种理解框架的影响?这些理解框架与先秦儒学思想是否具有通约性?其对保持先秦儒学思想异质性的效度又是怎样的?先秦儒

---

① 黑格尔:《哲学史讲演录(第一卷)》,贺麟、王太庆译,商务印书馆,1981,第119—120页。

学思想自身异质性召唤怎样的语词运作方式？是否可能在对现有的语词运作方式去伪存真的基础上，结合先秦儒学思想自身的特质，推演出新的范畴翻译模式？新的翻译模式之于先秦典籍英译有何种重要意义？

微观与宏观呼应可称此著作独特的研究视角：关注焦点虽为语词，支持其语词讨论的却是宏阔的文化思想背景，而具体表征如下：① 从对先秦思想发展的宏阔历程中推演出核心范畴。② 从文言文的整体特征切入，洞悉其语言特征与先秦儒学思想方式特征的深刻关联，并以此明晰所选先秦儒学核心范畴的意义特征。③ 对译词的分析非执守于单个语词在句段语境中传递原意的忠实性判断，而是关注单个译词在英语语境中所牵涉的宏观理解视角与原范畴所指向的意义维度相比，发生了何种变化；完成中英比析后并未执守对每个范畴现有译词做倾向性拣选，而是走向宏观把控，归纳译词呈现的几种语言运作特征，挖掘其背后的宏观理解框架；并以判定理解框架与先秦儒学的通约性为基础，对译词的运作方式作出取舍。④ 以范畴的英译问题切入，最终导向洞悉先秦儒学思想在英语世界理解的整体图景。

1.1.2　研究意义与研究方法

典籍承载着中华民族最重要的文化精神，典籍英译可将中华民族最富有特色的文化精神传递到其他语言中，让世界了解中国，让中国参与到全球文化对话中。典籍英译不仅有益于人类文明共享，而且对弘扬民族文化及保持中国自身的文化身份亦十分重要。典籍英译研究则可为典籍英译提供重要的指导思想，帮助英译典籍完成文化传播的使命。

先秦儒学思想是整个中华民族文化精神的根基，是中华民族非常丰富的文化资源宝库。而先秦典籍英译本是一个多层次的研究课题：小至语词、句法形式、修辞文体等，大至篇章文本、翻译史书写等。现有的先秦典籍英译研究多在译本批评层面展开，涵盖单译本评析、译本比较、翻译史梳理等；典籍关键词研究只散见于小论文或译本研究论文的相关章节。研究视角多局限于微观，如从原文本中条目式地理出关键语词的意义，到译本中去做相应比照，探讨译词是否忠实等。这些研究对先秦儒学典籍的英译现状固然具有重要的认知价值，但是未能从根源上对典籍英译中存在的问题给予探讨，也相对缺乏整体的可行性解决方案。

而本研究将从最微观层面的语词切入,对先秦儒学典籍核心范畴英译问题做专题探讨,而支持探讨的理据都来自宏阔的文化背景,可以直观地从语词探讨中明晰中西思想的差异及翻译运作的模式,从而帮助读者在中西差异中认知自身,明确文化身份。

与此同时,本研究致力于寻找一种能够保持先秦儒学思想异质性的翻译模式供译者借鉴,亦希望通过此尝试以推进先秦儒学思想在西方被理解的可能,加强先秦儒学典籍的文化传播能力,为当今这个机遇与危机并存的时代提供一种可供参照的视阈。我们期待通过提升典籍的文化传播力让先秦儒学思想在域外保持旺盛的生命力,使得中国文化走向世界,为建设"和而不同"的世界及保持文化多元性作出积极的贡献。

本研究将思想史研究方法、哲学及可译性相关理论都纳入到对问题的思索与解决中。以先秦儒学思想史的发展脉络为主线,统帅重要的先秦儒学典籍主旨的发掘,以呈现先秦儒学思想在时间之流中立体多维的情状,恰当而准确地把握其核心精神,提炼其核心范畴。

书中对翻译的讨论基于可译性视角,从语言、意义如何关联的层面来探析思想异质性如何可能,明晓古汉语符号特性,并论证其如何塑造了先秦典籍所映射的独特思维方式,为后文核心范畴在先秦语境中的意义追寻提供基础,并为全书最后提出可行性翻译方案提供理论依据。在核心分析章节,本研究采用了中西哲学对比视角,挖掘译词背后暗含的英语世界认知先秦儒学思想的方式,明晰先秦儒学可以与西方哲学平等对话的特质。

1.1.3 本书关键词说明

儒学:书中之所以选取儒学作为研究对象,最根本的原因是儒家文化代表了中国最原初的文化选择①,儒家文化是中国文化模式的基础。

---

① 文化人类学家本尼迪克特曾经指出:从理论上言,人类各个族群的行为方式有多种多样的可能性。然而在现实层面,一个民族在无穷多的可能性里,最初只能以某种方式切入生活。这种切入始于一个民族早期对行为的选择,选择的方面包括对人之生、死、青春期、婚姻,以及在经济、政治、社会交往等领域的各种规矩、习惯。这些选择往往由最初的或然性累积演变为趋于形式化的固定的方式,成为该民族的风俗或者礼仪,并进而结合成为一个族群的独特的文化。见露丝·本尼迪克特:《文化模式》,何锡章、黄欢译,华夏出版社,1987,第3页。

这种选择始于雅斯贝斯所言的"轴心时代"①。"轴心时代"具体指公元前800年到公元前200年左右,世界范围内集中发生了一些不平常的文化性历史事件,这些事件决定了以后数千年间几大文明的发展。正是在"轴心时代",先于此时的文化因素进入当时的文化英雄的思想之中,并成为新开端的组成部分。相反,最古老的文化与"轴心时代"形成的新发展相比反而显得陌生。"轴心时代"确立了世界上几大文明的精神价值的平等性。雅斯贝斯指出,"轴心时代"之后的文明发展常常是回溯性的对原有思想资源的发掘与再利用。② 在"轴心时代"之后,所有的文明都有了自我的思想解释的精神源泉,从而塑造了各大文明的基本形态。

"轴心时代"在中国具体体现为孔子在周公制礼作乐的基础上针对礼崩乐坏这一历史困境重建了文化的样态,他建立的儒家将西周文化进一步加以普遍化。如此,华夏文明可以以"轴心时代"一分为二:之前的夏商时代乃原初的文化形态(巫术、卜筮、祭祀),之后的时代则与儒家息息相关。就人文的建构而言,儒家继承发展了自西周时期已经觉醒的天命观的演进、礼乐的兴起及生活共同体,发展为德行这一社会根基,最终形成了中国以儒家精神为内核的最初文化形态。简言之,中国文化原初的人文积极形态最终演化为儒家思想,并塑造了此后几千年中华民族的文化基因。如余英时先生所言:"儒学不只是一种单纯的哲学或宗教,而是一套全面安排人间秩序的思想系统,从一个人自生至死的整个历程,到家、国、天下的构成,都在儒学的范围之内;在两千多年中,通过政治、社会、经济、教育种种制度的建立,儒学已一步步进入国人日常生活的每一角落。"③儒家文化诞生并发展于世界历史上的"轴心时期",是中国文化由原始文化向高级文化演进时呈现的最基础最进取的文化形态,是中华民族选择的最原初的文化类型经由理性化发展后呈现出的文化整合形态。

先秦:书中从儒学思想长河中选取了先秦时期作为研究对象,这是由中国的儒学传统所决定的。先秦之后的儒学乃是建立在对先秦儒学典籍的阐释之基础上而形成的。汉代董仲舒将"三纲五常""天人感应""三统更迭"等思想添入儒

---

① 卡尔·雅斯贝斯:《历史的起源与目标》,魏楚雄、俞新天译,华夏出版社,1989,第13页。
② 卡尔·雅斯贝斯:《历史的起源与目标》,魏楚雄、俞新天译,华夏出版社,1989,第14页。
③ 余英时:《现代儒学的回顾与展望》,生活·读书·新知三联书店,2012,第54页。

学中,使得儒家思想穿上了庞大威严的外套,使得儒学与生命体验的关联降低,呈现坚硬的模样;宋代的程朱理学引入"理气之辩",引入"格物致知",后来又出现了以王阳明为代表之心学承续宋代理学,高扬"心即理""知行合一""致良知"之学。故而回到先秦,才可明晓中华民族精神之基。就中西比较而言,回到源头才能够发现各自文化的特质,而先秦儒学无疑是中华文化特质的表现,其思想最具异质性,也最具代表性。本书相关章节涉及的重要先秦典籍如下:《论语》《中庸》《孟子》《大学》《荀子》。

范畴:"范畴"一词本为英文"category"一词的汉译,是指反映事物本质属性和普遍联系的基本概念。该词为舶来词,在中文中本无对应词,后有翻译者以《尚书·洪范》篇中的"洪范九畴"的提法将之翻译为"范畴"。而实际上"九畴"乃是所谓治国所必须遵循的九条规范,与 category 并无相关性。而本文使用范畴,则是承续葛荣晋①先生在《中国哲学范畴通论》②中的提法,特指那些在儒学思想史中生长出来的重要观念。

1.2　文献综述

1.2.1　海外重要先秦儒学译本简介及述评

一般认为,《论语》在英语世界的翻译始于苏格兰传教士马礼逊(Joshua Marshman)③,尽管 1691 年伦敦已经出版了据拉丁文译本转译的英文本④,但那个译本并无大的影响力。马礼逊所译的《论语》部分篇章于 1809 年在印度出版。这部译作并无学理特征,倒颇有传奇色彩。因为马礼逊从未踏足中土,其汉语也是在印度传教期间由当地华人所教授的。他将译作名定为 *The Works of*

① 葛荣晋:《中国哲学范畴通论》,首都师范大学出版社,2001,第 6 页。

② 此书中,葛荣晋先生将中国哲学范畴体系总体划分为三类:关于天道的哲学范畴(即标志世界本体或实体及存在形式的范畴),关于人道的哲学范畴(即标志人的生命构成、人的认识过程、人的道德本质和价值观念以及人类社会发展的范畴),关于天人关系和理想境界的哲学范畴。

③ Joshua Marshman, *The Works of Confucius: Containing the Original Text, with a Translation* (Serampore, India: Mission Press, 1809).

④ 1818 年该书再版时书名改为《孔子的生活与道德:一位中国哲学家》(The Life and Morals of Confucius, A Chinese Philosopher)。见计翔翔:《金尼阁与中西文化交流》,《杭州大学学报(哲学社会科学学版)》1994 年第 3 期,第 51—57 页。

Confucius: Containing the Original Text, *with a Translation*,可见在他的眼中,《论语》为孔子所作。因身为传教士,其译笔中不乏西方宗教的语词侵入,比如将"天"译为"Heaven"。他的这种翻译方式后来在传教士流派中较为盛行,使得儒学经典在初走进英语世界时就带着西方宗教思想的刻痕。

马礼逊之后另一个先秦儒学典籍英译者是同为传教士的英华书院校长高大卫(Rev. David Collie),他的译本命名为《〈中国经典〉,一般被称为〈四书〉》(*The Chinese Classical Work Commonly Called the Four Books*)①。这是目前所知最早的《四书》英译本。1828 年高大卫去世,那一年他翻译的《四书》在马六甲出版。

传教士中最重要且颇有影响力的译者是来自苏格兰的理雅各(James Legge)。与马礼逊不同,理雅各在香港有相当长一段时间的生活经历,且与多位中国士大夫熟识。他倾力学习中文,且在与士大夫的交往中对中国精神的了解与日俱增,并培养了良好的中文学养,为后来翻译《四书》打下了扎实的基础。因为抱着坚定的学习中国的信念,他的译事可称虔诚。他于 1858 年参观中国的科举考场后对中国的教育制度深致惊叹,他感慨于中国的文明的确和他们的文明大相迥异,他称中国人是早已脱离野蛮的族群。他感叹四千多年来世界各族的人们繁衍生息,繁荣发展,那些在历史中涌现的强力民族,比如亚述、波斯、希腊、罗马等都已经在时光的长河中崛起又衰败,可唯有中华大帝国依然兴盛,依然拥有四亿聪慧的子民。这是为什么? 因为这个民族之内流传着某些道德准则、社会准则,而这些准则事关"德"与权力。世界上没有哪个国家对优秀知识分子的选拔能做到中国这样令人钦佩,而世间也没有哪个王国对"为学"顶礼尊崇②。

带着这样的崇敬,带着不了解中国经典就不算真正了解中国的信念,他开始了中国经典的翻译。在西方他是最早把《四书》翻译完全的译者。他的译作都收录于在香港出版的《中国经典》(*The Chinese Classics*)中。他的译作特点如下:① 版本核定认真;② 排版呈现了很强的学术著作特质:他的《四书》译本统一采

① David Collie trans/eds., *The Chinese Classical Work Commonly Called the Four Books* (Malacca: Printed at the Mission Press, 1828).

② James Legge trans/eds., *The Chinese Classics* (Hong Kong: University of Hong Kong, 1960), Volum 2, p.3.

用了中英对照的方式,页面三分之一(上方)为竖排繁体、断句分章都清晰的原文,三分之一(中间)为罗马数字标出节号的英文译文,三分之一(下方)为注释;③ 注释详尽,他的注释不仅包括人名、地名、历史背景,而且囊括了文中所有重要语词的分析,且分析的维度涵盖词性、语源、词语组合方式和在句中的语法功能、含义等。例如,对"人之生也直,罔之生也幸而免"①一语,理雅各注为:"始生:birth, or the beginning of life.罔＝无,or to defame it,if 罔＝诬. We long here as elsewhere for more perspicuity and full development of view."②正因为如此,理雅各翻译的《四书》译本成为西方学术译本的典型,受到了研究界的广泛关注。其译本在 19 世纪及 20 世纪多次再版,影响深远,是西方后来很多《四书》译本的重要参考。而将"论语"两字译作 Analects,最初正是由理雅各拟定的。他的译本可称作西方世界流传儒学经典的里程碑。可是在学术研究界,理雅各的译本依然被认为具有颇多的宗教色彩,使得《四书》成了西方宗教经典的附庸文本,隐没了儒学独特的精神。

而在理雅各之后,忠实地传达中国先秦儒学典籍中的智慧似乎成了域外译者们共有的追求。这一时期从事于此的主要为英国学者,如詹宁斯(M. A. William Jennings)、赖发洛(Leonard Arthur Lyall)、翟林奈(Lionel Giles)、苏慧廉(William Edward Soothill)③。

随着对中国文化认知的深入,有学者对于原有的译本也开始展开批评。比如,另外一位在儒学英译史上颇有影响的译者阿瑟·韦利(Arthur Waley)尖锐地批评理雅各译本,认为理氏翻译的《论语》代入了强烈的宗教立场。他认为《论语》翻译的本旨在于传递东方的智慧,所以要尽量客观、尽量公正地对待原文所

---

① 引自《论语·雍也》,选自阮元校刻《十三经注疏》,中华书局,1980,第 479 页。

② James Legge trans/eds., *The Chinese Classics*(Hong Kong: University of Hong Kong,1960),Volum 2, p3,192.

③ 此四人译本为 William Jennings trans/eds., *The Confucius Analects: A Translation, with Annotations and Introduction to the Chinese Master*(London: George Routledge and Sons, 1895); Leonard Arthur Lyall trans/eds., *The Sayings: of Confucius*(London: Longmans, Green and Co., 1909); Lionel Giles trans/eds., *The Sayings of Confucius: A New Translation of the Greater Part of the Confucian Analects with Introduction and Notes*(London: John Murray, 1949); William Edward Soothill trans/eds., *The Analects: or, The Conversations of Confucius with His Disciples and Certain Others*(New York: Oxford University Press, 1937).

涉及的语言及思想。他翻译的《论语》译本于 1938 年在美国出版,在很短的时间里就产生了巨大的影响①。此译本与理雅各译本交相辉映,是国内外研究者关注的焦点。

在这之后最著名的译者是美国著名诗人埃兹拉·庞德(Ezra Pound),他采用了非常诗意的方式解读《论语》,他对原文文字的理解基本植根于意象分析,再用活泼的现代英文表述。比如他译"学而时习之"中的"习"时,按照习的繁体字"習"中羽毛和时光的联想将原文译成:"在学习的时候,时光如羽毛一样匆匆飞去,不也是一件令人快乐的事情吗?"②他的译本文学特性十分明显,体现了一种在工业化社会背景下对诗意生活和语言的向往,在《论语》译本中是非常独特的。他的译本也体现了明显的阐释学特征,可称借用《论语》原本母题生成的新创作。

20 世纪 90 年代后美国汉学界掀起了新一轮翻译先秦儒学经典的高潮,此时期的翻译与汉学研究相结合,呈现较为明显的学理化阐释特征。翻译先秦儒学典籍的动机更明显地表现在想要为西方当下的文化危机提供一种新颖的解决视角,所以译本也相应体现了更多的文化哲学特质。

译者托马斯·克里利(Thomas Cleary)在其 1992 年出版的《论语》英译本中就采取了打破原文结构且按照主题重新组合的方式。在他看来,《论语》是一本为《易》卦象做注释的册子,所以他对主题的分类也按照卦象的不同来进行(加注)。这样译本就呈现了颇具西方思维特色的逻辑性及哲学性③。可是,克里利的注释相当一部分都曲解了原文,且重组的结构让孔子的思想成了烦琐的规则,译本中的孔子俨然成了一个说教者,一个规范的制定者。而与克里利同时期的英国汉学家雷蒙·道森(Raymond Dawson)可称中规中矩的译者。他也致力于寻求《论语》中融贯的哲思以对西方世界产生启迪,可是他却依然采用了传统的术语译法,而在行文上也未有突破性创新④。其译本的接受度在 1997 年西蒙·利斯(Simon Leys)所译《论语》接受度之下。利斯生于比利时,是澳大利亚籍作家、汉学家,他对《论语》有着近乎对《圣经》般的崇拜,认为这本小小的语录可对

---

① Arthur Waley trans/eds.,*The Analects of Confucius* (London: G Allen & Unwin, Ltd., 1938).

② Ezra Pound trans/eds.,*Confucian Analects* (London: Peter Owen Limited, 1956), p.8.

③ Thomas Cleary, *Essential Confucius* (San Francisco: Harper, 1992).

④ Raymond Dawson trans/eds., *Confucius: The Analects* (New York: Oxford University Press, 1993).

芸芸众生产生不可磨灭的影响。他将《论语》称作了解中国的窗口，其意义不仅面向古代，也面向当下。在他的译本中，《论语》的文句被当代的重大文化和政治事件所佐证，力现了孔子思想在弥补现代西方社会缺陷方面的不可估量的价值①。

美国学者大卫·亨顿（David Hinton）的《论语》与《孟子》英译本于 1998 年在纽约出版。他的译本笔法新颖，语言流畅，在译本中佐以春秋战国时期的中国地图，使得译本呈现出历史研究的价值。他对《论语》的关注方式是偏哲学的，认为《论语》文本代表了中国社会从"神主导的文化"到"人主导的文化"的重要转变，自此人与社会的关系成了《论语》中非常重要的主题。而这一主题是通过重要的术语"礼"来得以阐明的，"礼"的意义从祭祀仪节转向侧重于人的日常行为规范，而"仁"是礼践行后的一种行动状态②。同年，白牧之与白妙子夫妇合作的《论语》译本由哥伦比亚大学出版社出版。该译本是白氏夫妇"战国研究小组"（WSWG，Warring States Working Group）这一庞大项目的产物，他们更加注重文本性质判定及文本编年考订，甚至对原本进行了统计学的描写，可是其译本并未表现对孔子思想明显的兴趣，这一点从他们自标的中文名《论语辨》即可看出，故而此处不做赘述③。

而最近二十余年来最富影响力的译者是美国的安乐哲（Roger T. Ames）、郝大维（Henry Rosemont）。他们合作开展儒学研究，翻译《论语》《中庸》《孝经》等。他们称自己的翻译为哲学式翻译，相应的《论语》译本名为 *The Analects of Confucius*, *the Philosophical Translation*（《〈论语〉的哲学诠释》）。他们所怀有的期望是将儒学思想作为一种完全与西方迥异的思想介绍出来。在该书序言中他们提到："我们常年生活于自己的文化领地上，我们的世界观都由一系列熟悉的信念与价值观构成。而这些信念与价值观在一生里就像是一束光，照亮我们前行的路，让我们舒服且安全地步步向前。这种启发性的光亮，就是柏拉图的太阳，让生活稳定且可预测。我们沐浴在阳光里，从我们的窗里去看一个完全不同

---

① Simon Leys trans/eds., *The Analects of Confucius* (New York: Norton, 1997).

② David Hinton trans/eds., *The Analects* (Washington D. C.: Counterpoint, 1998); David Hinton trans/eds, *Mencius* (Washington D. C.: Counterpoint, 1998).

③ E Bruce Brooks & A Taeko Brooks trans/eds., *The Original Analects: Sayings of Confucius and His Successors* (New York: Columbia University Press, 1998).

的世界,我们把这缕光亮做了镜面,所以看到的都是熟悉的东西。而这熟悉的东西,不过是影响。我们总是习惯于用自身的文化经验统筹我们所见的,而倒会忽略一些从源头上就与我们不同的思想资源,而这些思想资源往往可以给我们带来成长,且丰富自身。"①所以安氏和罗氏的译本极力从根基上还原典籍的原貌,以寻得先秦儒学思想之于西方的启示。他们主张翻译中国典籍必须要建立在对中西方完全不同的文化假设予以了解的基础上。在译本中他们极力避免用西方哲学式样的语汇翻译孔子思想的术语,且他们试图用新近出土的材料完成更为客观的解读。他们的译本已经成为当下儒学英译研究的热点。

中国学人参与《论语》英译且有非常重要影响力的是刘殿爵先生。在其英译本《论语》序言中,刘殿爵先生从道德角度切入,对《论语》做了导向性解读。他在译本序言中指出:谈论道德通常具有两个可选的维度:道德品质和道德行为,孔子显然是更注重道德品质的。道德品质中最值得注意的就是"道"和"德"这两个维度。刘氏用了西方通行的"way"来翻译"道",且把孔子的"道"解释为有关宇宙及人类真理的集合。刘氏主张"道"若祈求着传授,那么它必然可以用具体的语言表述。所以在译文中他用了小写的"way"来表征个人的原则,"先王之道""夫子之道"中的"道"都是这样处理的。"德"被他译为"virtue",且在序言中将其解析为自天而得的恩赐。刘氏强调"德"的道德维度,且主张西方译者将其理解为一种可以通过熏陶而得的治理国家的能力。而这"道"和"德"从某种程度上都是来自上天的,所以夫子罕言性与天命。他进一步指出:"道"和"德"可来自天授,而"仁"必须要靠自身修行。他采取了西方通行的"benevolence"来翻译"仁",更倾向于将"仁"描述为一种情感,而与"仁"对应的人所能达到的最高道德境界即是"圣人",刘氏将之译作"sage"②。

我们纵观这段简史可以看出,早期的西方传教士意图借儒学思想为自身所用,为自己的宗教思想提供远土支撑;而新近的译者反思自身的文化困境,希冀将儒家经典引入以解决自身文化的缺陷,提供不同于己的视角。这类翻译竭尽全力试图恢复经典的原貌,借助中国的本土注释,采用植入中国术语加注释的策

---

① 安乐哲、罗思文:《〈论语〉的哲学诠释:比较哲学的视域》,余瑾译,中国社会科学出版社,2003。
② D. C. Lau trans/eds., *The Analects* (Hong Kong: The Chinese University Press, 2000).

略,展现一种完全异质的文本形态。这部分译者所理解的儒家思想的独特性,也恰为我们思考儒家思想的异质性提供了外围的视角。

1.2.2　先秦儒学典籍翻译研究述评

概而言之,现有的先秦儒学典籍英译研究可以分为以下三类:① 先秦儒学典籍翻译传播史研究;② 译本批评;③ 儒学概念英译研究。现将与本研究近相关的代表性文献综述如下:

1) 先秦儒学典籍翻译传播史研究

早在 1997 年,马祖毅、任荣珍两位学者就写出专著《汉籍外译史》,对于中国典籍海外译本传播做了一番历时梳理。专著在第二章一开始就专门讨论了《四书》《五经》的翻译,他们的讨论以时间为经,国别为纬,就译者及翻译思想对儒学经典在西方的传播做了比较深入的描摹①。

后有学者紧随步伐,开展了对先秦儒学译本单个文本传播样态或整体的描摹。比如,顾犇撰文详尽梳理了《论语》的拉丁文、法文、英文、德文、西班牙文、日文、韩文等多个译本信息,而文中特别指出彼时有影响力的英译本为:理雅各(James Legge)译本、苏慧廉(William Edward Soothill)译本、斯科特(Delmore F. Scott)译本、斯威特(Dennis Sweet)译本等,比较全面地展示了《论语》在海外的传播情况②。段怀清则连续撰专文详细梳理了理雅各所译介的儒学经典③。

除了较为全面地描摹译介情况外,学者们还关注了译本在西方世界的接受状况。比如,李莹讨论了《论语》几个英美译本及其被目的语读者接受的情况,认为《论语》经由英译对西方世界产生了重大的影响,为实现中西方平等对话造就了典范④。

而后有越来越多的学者注意到了先秦儒学典籍在翻译传播过程中出现的问题,并对此展开了研究与讨论。比如杨平指出,早期传教士对于《论语》的翻译常

---

① 马祖毅,任荣珍:《汉籍外译史》,湖北教育出版社,1997,第 33—69 页。

② 顾犇:《〈论语〉在海外的传播》,《北京图书馆馆刊》1999 年第 2 期,第 101—106 页。

③ 段怀清:《理雅各〈中国经典〉翻译缘起及体例考略》,《浙江大学学报(人文社会科学版)》2005 年第 3 期,第 91—98 页。段怀清:《理雅各与儒家经典》,《孔子研究》,2006 年第 6 期,第 52—63 页。

④ 李莹:《论〈论语〉在英美的翻译与接受》,博士学位论文,四川大学,2002。

常采用使儒学基督教化的策略,使中国的儒学成为西方神学的附庸①;翌年,其撰文对《论语》200多年间的英译情况进行了分析和评论,并就译者中西方传教士、汉学家及海内外华人学者几种身份对翻译的影响做了探讨。经由分析后他指出,《论语》的英译必须从中西方文化交流的角度加以说明,因为典籍翻译是文化翻译的标准模式,《论语》走向世界实际即为中国文化走向世界②。

李玉良、罗公利从传播的视角整体审视了儒家思想通过翻译在西方的传播情况,分析了在这一过程中出现的问题,并提出了对策③。戴俊霞对《论语》的英译进程做了描述性分析,指出在五个不同阶段的翻译特征及进程中所体现的从西方宗教比附到追求原本文化精神的重要趋势④。王东波从翻译史的角度对于《论语》的翻译传播史进行了研究,在比较典型译本之后评价了它们各自的特色⑤。

再后来,有学者将文化理论、社会学理论等其他的思考维度引入先秦儒学典籍的翻译传播之中,为该领域的研究注入了新的活力,得到了新的洞见。例如,陈薇以"模因论"为理论基础,分析了儒学作为华夏精神内核的主导强势模因,以及文化模因在译介过程中的变异趋势⑥。杨静从中西文化交流的视角,对美国20世纪的中国儒学典籍英译活动进行了全面、系统的梳理⑦。季红琴从读者接受的视角对《孟子》英译本做了问卷调查及网络销售评价,发现其接受程度不容乐观,在此基础上,探寻了《孟子》英译与传播的有效范式,以为中国文化典籍的翻译及对外传播提供操作性参考⑧。冯华从"经文辨读"的视角,分析了《论语》英译和中华文化传播之间的关系⑨。

---

① 杨平:《〈论语〉的英译研究——总结与评价》,《东方丛刊》2008年第2期,第129—149页。

② 杨平:《〈论语〉英译的概述与评析》,《浙江教育学院学报》2009年第5期,第37—47页。杨平:《20世纪〈论语〉的英译与诠释》,《孔子研究》2010年第2期,第19—30页。

③ 李玉良、罗公利:《儒家思想在西方的翻译与传播》,中国社会科学出版社,2009。

④ 戴俊霞:《〈论语〉英译的历史进程及文本形态研究》,《安徽工业大学学报(社会科学版)》2011年第1期,第58—60页。

⑤ 王东波:《辜鸿铭〈论语〉翻译思想探析——文化翻译的范例》,《孔子研究》2011年第2期,第121—126页。

⑥ 陈薇:《传统儒家文化模因西方传播的异化趋势研究》,《湖北社会科学》2014年第7期,111—113页。

⑦ 杨静:《美国二十世纪的中国儒学典籍英译史论》,博士学位论文,河南大学,2014。

⑧ 季红琴:《基于读者接受的〈孟子〉英译与传播研究》,博士学位论文,湖南师范大学,2016。

⑨ 冯华:《"经文辨读"背景下的〈论语〉英译与中华文化对外传播——以理雅各英译本为例》,《外文研究》2017年第3期,第67—72页,第108—109页。

2018 年,夏长洪梳理了《中庸》的英译与传播研究状况①;同年,孔蕾、秦洪武采用文本数据挖掘法,考察了儒学在西方传播的话语构成特征,发现文化隐喻是西方儒学传播的主要话语模式②。李玉良指出在儒学的传播过程中,儒家观念通过西方哲学概念纳入西方伦理哲学范围,使得儒学西哲化,但是,儒学的此种传播方式,是儒学世界化的形态之一③。

2) 译本评述

海外对先秦儒学典籍英译本的评述及翻译研究,迄今已有将近 70 年的历史。

早在 1953 年,学者谭卓垣(Cheuk-Woon Tamm)在其研究中评述且肯定了1945 年前《论语》英译本的史料价值并涉及了若干语词的英译问题,在分析后推而广之地给出了中国典籍英译的若干建议④。杜润德(Stephen W. Durrant)于1981 年刊发了一篇重要的论文《论翻译〈论语〉》(On Translating Lun Yu),以长达 11 页的篇幅系统评述了《论语》在西方流传译本的语言特征,并重点分析了刘殿爵译本的诠释特点。杜润德指出,翻译正在社会学学者中重新确立其自身的地位,因为而今社会学学者们的研究几乎都是依赖于翻译著作而展开的。基于此,我们应该反思译者的两重义务:对读者的义务及制约其译事的注释传统;除此之外,还需注意如何在译文中传递原文的风格和基调及如何灵活使用意译与直译⑤。

学者史景迁(Jonathan Spence)着重分析了传教士译本反映的历史背景,并且对比了理雅各的《论语》译本与利斯的译本,认为后者更注重《论语》之于当下价值的阐释⑥。学者森舸澜(Edward Slingerland)认为《论语》文本的哲学特性并

---

① 夏长洪:《〈中庸〉英译与传播研究》,硕士学位论文,厦门大学,2018.

② 孔蕾、秦洪武:《儒学海外传播话语模式研究》,《外语教学》2018 年第 3 期,第 78—83 页.

③ 李玉良:《儒经翻译影响下的海外儒学传播——以芬格莱特儒学研究及其传承为个案》,《中国文化研究》2021 年第 1 期,第 170—180 页。

④ Cheuk-Woon Tamm. "On Studies of Confucius," *Philosophy East and West* 3, No. 2 (1953): 147‐165.

⑤ Stephen W. Durrant, "On Translating Lun Yu," *Chinese Literature: Essays, Articles, Reviews* 3, No.1(1981): 109‐119.

⑥ Jonathan Spence, "What Confucius said, Jonathan Spence reviews Simon Leys's translation," *New York Review of Books* (Apr. 1997).

未经由白牧之、白妙子夫妇的译本得以传达①。郑文君(Alice W. Cheang)在分析了四部《论语》译本后得出结论：四部译本所传达的都是个人化的阐释，而非孔子本然的声音②。

史嘉柏(David Schaberg)分析了多个译本后指出：各译本之间并无本质的不同，因为其依照的原本几乎相同，差异只是体现在译文的语言风格上。与此同时，作者亦指出安乐哲、罗思文的哲学化《论语》译本和白牧之夫妇的《论语》译本是诸多译本中颇为独特的。前者将《论语》置于哲学的语境中予以深思，着力挖掘出《论语》所代表的中国哲学的特质，且在译文中体现了《论语》的现代价值及其与杜威实用主义的相通之处；而白牧之夫妇的译本则呈现出把《论语》置入历史加以文献学考察的倾向③。费乐仁和诺曼·吉拉尔多(Lauren Pfister & Norman J. Girardot)分析了理雅各儒学英译本中所体现的哲学观及神学观④。

国内最早的译本评述要追溯到辜鸿铭于 1883 年对理雅各英译《论语》的评介。辜鸿铭认为虽然理雅各译本在海外影响深远，可不过是满足了当时时代的需要，质量也不甚让人满意，也不能真正起到把中国文化译介出去让世界了解的作用；其译文反而有可能误导目的语读者，使其对中国文化产生误解及偏见⑤。

阎振瀛于 1971 年出版专著，研究理雅各英译的《论语》。专著致力于分析理雅各的翻译策略、翻译特质，并追溯了理雅各译本中注疏的来源及涉及的原始版本⑥。曹惇重点分析了詹姆士·雷格(即理雅各)和辜鸿铭的《论语》译本，对比了理氏、辜氏和苏慧廉、韦利、庞德以及基于辜鸿铭的新译本中的一些名句，得出结论说这几个译本在理解《论语》原意及英文表达方面均存在不足⑦。

---

① Edward Slingerland, "Why Philosophy Is Not 'Extra' in Understanding the Analects?" *Philosophy East and West* 50, No.1(2000)：137 – 141.

②Alice W. Cheang, "The Master's Voice：On Reading, Translating and Interpreting the Analects of Confucius," The Review of Politics 62 NO.3(2000)：563 – 582.

③ David Schaberg, " 'Sell it! Sell it!'：Recent translations of Lunyu,"*Chinese Literature: Essays, Articles, Review*s 23 (Dec. 2001)：115 – 139.

④ Lauren Pfister, *Striving for "The Whole Duty of Man", James Legge and the Scottish Protestant Encounter with China* (Frankfurt am Main：Peter Lang, 2004).

⑤ 该文据辜鸿铭言乃发表于 1884 年《字林西报》上，实际上辜氏记忆有误，该文实际发表于 1883 年。辜鸿铭：《中国人的精神》，黄兴涛、宋小庆译，海南出版社，1996，第 109—121 页。

⑥ 阎振瀛：《理雅各氏英译论语之研究》，台湾商务印书馆，1971。

⑦ 曹惇：《〈论语〉英译本初探》，《翻译通讯》1985 年第 8 期，第 2—8 页。

谭文介对理雅各《论语》译本中颇多"亦步亦趋"的直译之处加以批判,指出由文化差异及语言差异造成的翻译困难必须由意译来解决①。楚至大肯定了理雅各《四书》译本的权威性,但认为其译文过于直白,对原文欠缺深层次的理解,造成了读者的接受困难,且对原著的背景知识欠缺导致对译文的理解有误②。陈飞亚评论了理雅各译本的优点:① 具有学术价值;② 有韵律;③ 不乏名言警句的气韵③。柳存仁重点研究了西蒙·利斯的《论语》译本,指出前人的注疏对经典翻译的作用是不可估量的④。乔华林、陈范霞分析了林语堂《论语》译本中的三处失误⑤。

甄春亮对理雅各英译《论语》的特点进行了充分的描述,认为其注释来源值得商榷,且部分注释影响了读者理解原文。在翻译策略方面,理雅各通篇采取的直译策略难免导致译文可读性下降⑥。程钢考释了韦利和理雅各译本的注释,从中辨析出两位译者翻译《论语》时所依照的注疏⑦。高峰枫肯定了白牧之夫妇《论语》译本的研究价值,但也指出其译本缺乏"敬典之意"⑧。

洪涛对比了《孟子》的理雅各译本及刘殿爵译本,从句法结构及重要表达两个层面予以详尽分析。作者认为中英语法及语言结构的不同造成了理雅各译本中修辞句的变形,但增添连词及副词以造成起承转合顺畅亦是理氏译本的一大特征。孟子辩论所用语词堪称翻译难点,因为要从形式上模仿容易,可气韵难以复制,译者需要在深谙英文语言结构的基础上将"亦步亦趋"与"灵活处理"的策略融为一体⑨。

---

① 谭文介:《对 James Legge 译〈论语〉中若干译文的看法》,《湘潭大学学报(社会科学版)》1992 年第 3 期,第 73—75 页。

② 楚至大:《难能可贵与美中不足——评理雅各两段〈孟子〉的译文》,《中国翻译》1995 第 6 期,第 28—30 页。

③ 陈飞亚:《简评理雅各英译〈论语〉》,《陕西中医函授》1999 年第 4 期,第 43—45 页。

④ 柳存仁:百年来之英译《论语》其一——读西蒙·李新译《论语》,收于任继愈主编,《国际汉学》(第四辑),大象出版社,1999,第 109 - 127 页。

⑤ 乔华林、陈范霞:《被扭曲了的孔子形象——评林语堂对〈论语〉的译介》,《平顶山师专学报》1999 年 1 期,第 5—6 页。

⑥ 甄春亮:《里雅各翻译的〈论语〉》,《天津外国语学院学报》2001 年 2 期,第 5—8 页。

⑦ 程钢:《理雅各与韦利〈论语〉译文体现的义理系统的比较分析》,《孔子研究》2002 年第 02 期,第 17—28 页。

⑧ 高峰枫:《〈论语〉是不是"孔门福音书"?》,《读书》2002 年第 5 期,第 138—145 页。

⑨ 洪涛:《〈孟子〉辩辞的英译》,《聊城大学学报(社会科学版)》2003 年第 3 期,第 42—44 页。

张小波以《论语》《中庸》的辜鸿铭译本为研究对象,梳理了辜鸿铭"归化"主导的翻译策略,且分析了"归化策略"在传递文本特质及照顾读者理解等层面的积极意义①。王辉着力分析了庞德所译的《论语》。作者指出:因庞德对中国文字创造性的解释,所译《论语》有颇多误读之处,但其误读事出有因,折射了庞德意欲用《论语》之诗意精神对抗西方当代文化的实践诗学取向②。周发祥锁定西蒙·利斯的《论语》译本,从中西互释的角度分析了译本中体现的汉学思路。作者认为西蒙·利斯的译本体现了让原作走向译语读者且获取更好理解的倾向,中国读者也可以从该译本的阅读中反观《论语》思想的域外价值③。

黄雪霞对理雅各的《论语》译本给出了否定性评价,指出其理解谬误及翻译谬误④。陈琳琳研读了理雅各英译《孟子》中的成语典故,认为某些翻译失真,其原因在于某些无法克服的文化差异造成了理雅各对原文的理解错误。但同时她也肯定了理雅各用心加注以增进文本学术价值的努力。文末作者针对所选典故的英译不当之处提出了自己的解决方案⑤。与此同时,她还研读理雅各英译《孟子》全本,在功能理论及交际理论的指导下,探求理雅各追求对等的翻译策略。作者依据功能理论所提出的译文应在译文读者里造成与原文之于原文读者同样阅读感受的准则,通过对理雅各所译《孟子》中词汇、句式及修辞格的考察,认定理雅各的翻译策略基本达成了此项要求⑥。

张静致力于探索理雅各独特的翻译思想。该探索基于理雅各英译的《孟子》展开,着力考察其译本所体现的理雅各独特的宗教融合策略及文化观。作者认为理雅各将儒学定位为和基督教具有同样宗教理念的思想,可以平等对话,共济众生,且理雅各用各种翻译策略实现了自己的这一主张⑦。王东波在其学位论

---

① 张小波:《强势语下的无奈——辜鸿铭古籍英译的归化》,《湛江海洋大学学报》2004 年第 5 期,第 70—74 页。

② 王辉:《理雅各、庞德〈论语〉译本比较》,《四川外语学院学报》2004 年第 05 期,第 140—144 页。

③ 周发祥:《西人读孔今犹新——西蒙·利斯〈论语〉注本评介》,载阎纯德主编《汉学研究(第八集):中国文化研究汉学书系》,中华书局,2004,第 395—404 页。

④ 黄雪霞:《试析〈论语〉理亚各译本的失与误》,《福建商业高等专科学校学报》2005 年第 2 期,第 34—35,49 页。

⑤ 陈琳琳:《试析论理雅各对〈孟子〉中些许成语典故的翻译》,《江西科技师范学院学报》2005 年第 3 期,第 65—67 页。

⑥ 陈琳琳:《理雅各英译〈孟子〉研究》,硕士学位论文,福建师范大学,2006。

⑦ 张静:《理雅各〈孟子〉翻译研究》,硕士学位论文,山东大学,2008。

文中以中国历代翻译理论为观照,细心研读了理雅各和辜鸿铭的《论语》英译本,总结出理雅各译本"严谨学术"及辜鸿铭译本"忠实"的特征①。吴志刚关注了理雅各《孟子》英译本中的五处误译,与其他《孟子》英译本做了比照,察其优劣,且对两处误译给出了自己的解决方式②。

谭晓丽在其博士学位论文中以翻译伦理为视阈,研究了安乐哲、郝大维合作翻译的儒学典籍。其研究中心在于考察安氏、郝氏两人译本中传达儒学原典精神的翻译策略,并且总结了可供后续典籍英译者参考的准则③。谢青对比分析了林语堂和韦利的《论语》译本,考查了其各自的翻译目的,以及对翻译策略的选择,深入探寻了译本差异的成因④。张德福评述了魏鲁男(James R.Ware)《论语》英译本的特点,发现其翻译从语义、词汇、语法、问题对应等多个维度再现了原作的思想,同时,文章也评述了该译本的利弊得失⑤。张德福评述了森舸澜《论语》译本的翻译,发现其通过增补、综合、释译等手段,建构了典型的丰厚翻译,并评述了此种翻译对中国典籍外译的借鉴意义⑥。

肖静文从翻译学和语用学相互作用的角度分析了《孟子》的英译本⑦。吕文丽从接受理论的视角分析了《孟子》英译本的基本特征⑧。朱峰选取了从1828年到2007年间的17个《论语》英译本,分析了原文本,正文和副文本,总结了译本呈现的学术特征,也描述了其存在的问题:对个体性、历史及对文本复杂性的遮蔽⑨。

① 王东波:《〈论语〉英译的缘起与发展》,《孔子研究》2008年第4期,第119—125页。

② 吴志刚:《准确理解原作是典籍英译的关键——理雅各英译〈孟子〉指瑕》,《重庆科技学院学报(社会科学版)》2009年第5期,第147—148页。

③ 谭晓丽:《和而不同——安乐哲儒学典籍合作英译研究》,博士学位论文,复旦大学,2011。

④ 谢青:《〈论语〉韦利英译本和林语堂英译本之对比分析》,《河南工业大学学报(社会科学版)》2013第3期,第119—122页。

⑤ 张德福:《魏鲁男〈论语〉英译本之大醇小疵》,《上海翻译》2015年第4期:第59—65页。

⑥ 张德福:《森舸澜〈论语〉英译本的"丰厚翻译"》,《外语学刊》2017年第5期,第111—116页。

⑦ 肖静文:《翻译学和语言学相互作用下的〈孟子〉英译研究》,《北方文学》2019年第23期,第242页,第244页。

⑧ 吕文丽:《接受理论视角下〈孟子〉英译本的特征分析》,《华北理工大学学报(社会科学版)》2019年第4期,第132—138页。

⑨ 朱峰:《西方汉学家17个〈论语〉英译本之底本探析(1828—2007)》,《国际汉学》2020年第3期,第101—112页,203—204页。

3) 儒学概念英译研究

王辉考察了"仁""礼"等《论语》基本概念词的英译。作者认为"humanity"及其形式变化可称"仁"的对等词,而"礼"现有的译词都不足以反映其特定的内涵。在对"君子""忠""信"等词做出评价后,作者指出,关键词的翻译并不能代表释经整体,对《论语》的英译推进还应该从多方面予以研究①。廖梦楠通过建立平行语料库,筛选了理雅各、韦利、辜鸿铭三位译者英译本中"仁""君子""礼""德"的英译,运用翻译目的论、阐释学等交际理论分析了译者选择语词背后的动机,且对译词的优劣做出了评判。杨平分析了诸多"仁"的英译词后认为"仁"应采取音译②。

李萍着重检视了《论语》中概念词译法所体现的中西文化重要的差异因素及依据语境而变化的翻译规律③。张继文分析了《论语》中主要的概念词,认为英语世界译词呈现"学术性"与"通俗性"两种样态,而《论语》本身属于哲学文本,故而应采取五种异化的方式,以体现原词的"学术性"④。

戴祥萍在梳理了"仁"的诸多含义后将其要义解释为道德观念,故而认为辜鸿铭"moral character"及"moral life"的译词是相较其他译法更为合理的选择。作者指出,"仁"的译法探讨还可根据"仁"与"礼"的关系展开⑤。孙际惠以贝尔曼所提出的翻译当"存异"的伦理为出发点,审视了理雅各、韦利及安乐哲不同的"仁"的英译方式,厘清了理雅各意欲把"仁"纳入西方基督教思想体系的倾向、韦利意欲让西方读者走进"仁"的倾向及安乐哲所采取的异化策略。作者指出,存异实乃对文化的真正尊重,而异化则是实现存异的重要途径⑥。

张阳从翻译的文化视角切入,提出在翻译时应注重从文化语言学的角度挖掘语词背后的文化意义,且在译语中予以传达。在此指导思想下,作者遴选了

---

① 王辉:《〈论语〉中基本概念词的英译》,《深圳大学学报(人文社会科学版)》2001 年第 5 期,第 116—121 页。

② 杨平:《〈论语〉的英译研究——总结与评价》,《东方丛刊》2008 年第 2 期,第 129—149 页。

③ 李萍:《从〈论语〉关键概念词译法体会典籍翻译中历史文化和语境要素》,《科技信息》2009 年第 21 期,第 118 页。

④ 张继文:《〈论语〉概念词词义解读与翻译——以〈论语〉英译为例》,《长春大学学报》2009 年第 7 期,第 46—49 页。

⑤ 戴祥萍:《〈论语〉核心理念"仁"的英译研究》,《重庆科技学院学报(社会科学版)》2010 年第 15 期,第 115—116 页。

⑥ 孙际惠:《从翻译存异伦理探讨儒家概念词英译——以"仁"为例》,《焦作大学学报》2010 年第 4 期,第 80—83 页。

《论语》韦利英译本中各章对"礼"的翻译,以表格形式列出,并且考释了各种翻译对于"礼"的文化内涵挖掘的程度,最终得出结论,韦利对"礼"的翻译(以"rite"为主)只传达了其作为"社会制度"的内涵,而忽视了"礼"在个人修养方面的重要意义维度。而美国学者穆勒(Muller)译本对"礼"所采用的"propriety"译法则能观照到修身与个人遵守社会秩序的双重维度,可以实现"礼"的文化含义在译语中的动态对等,故可作为参照翻译①。罗丹、贾德江以翻译的目的论为指导思想分析了理雅各与辜鸿铭《论语》译本所体现的目的,且对比考释了两人对"仁""礼"两个关键词的英译。作者认为辜鸿铭为"仁"所选取的译词更能体现其在儒家文化中的深意,而理雅各采取的直译及音译加注的方式并不能准确地传达原词的文化含义②。刘白玉、高新华、窦钰婷从"仁""君子""礼"三个概念英译考证中得出结论:音译加注释是儒学概念最好的英译处理方式③。

李坤认为造成《论语》核心概念英译困难的主要原因是概念丰富的文化负载信息及人文哲学特征,故我们对核心范畴的翻译应予以宽容,对其翻译困境从传达文本其他特征方面予以弥补④。刘白玉、扈珺、刘夏青梳理了"仁"的英译现状,通过对"仁"的英译词进行回译,指出其译词单一的含义与"仁"丰富内涵间的矛盾。作者在"郑海凌先生和谐翻译观"的启发下提出了应该寻求一种和谐、稳定的方式即音译加注的解决方式,期待译语读者在注释的帮助下接受"Ren"进入理解框架,最终再去除注释,以保留中国文化特色⑤。

吴娟娟对辜鸿铭和理雅各译本中的"君子"和"小人"分别施以译词对比统计,评价其优劣,肯定了理雅各及辜鸿铭依据不同语境选取不同译词的策略⑥。殷小娟则在其研究文章中点评了丁往道、刘殿爵、韦利及辜鸿铭四人英译《论语》

---

① 张阳:《从翻译的文化转向看"礼"的英译》,《中国校外教育》2011年第14期,第120,148页。

② 罗丹、贾德江:《目的论观照下的〈论语〉中"仁"和"礼"的英译——基于两个译本的对比研究》,《南华大学学报(社会科学版)》2011年第2期,第95—98页。

③ 刘白玉、高新华、窦钰婷:《〈论语〉关键词英译探讨》,《山东工商学院学报》2011年第3期,第111—113页。

④ 李坤:《〈论语〉英译困境及思考——以〈论语〉核心概念词在译本中的英译比较为例》,《牡丹江大学学报》2011年第4期,第84—87页。

⑤ 刘白玉、扈珺、刘夏青:《中国传统文化元素翻译策略探讨——以〈论语〉核心词"仁"英译为例》,《山东外语教学》2011年第1期,第96—100页。

⑥ 吴娟娟:《谈〈论语〉英译本中对"君子""小人"的翻译——基于理雅各、辜鸿铭译本的对比研究》,《青年文学家》2012年第4期,第129—130页。

中对"仁"的处理方式①。

茅芹芹以阐释学指导研究,分析了"仁"的多重内涵,并列出了英文中存在的多个"仁"的译词及形成的原因,着重讨论了辜鸿铭和理雅各为"仁"选取的译词,认为他们选择的译词都未能传达出"仁"的丰富内涵。在文末作者建议我们采取汉语拼音"Ren"加注释这样一种异化的处理方式②。富苏苏、张易娟厘清了辜鸿铭《论语》译本中对五个核心词的误读③。

丁大刚、宋莉华分析了理雅各英译《孟子》中对"性善"的处理④。张琳琳撰文分析了《孟子》中哲学术语的英译策略⑤。杨久红对理雅各《论语》英译本中的"君子""仁"以及"礼"等关键词的英译展开研究,分析其思想文化价值及在《论语》传播中的作用和意义⑥。谢有莲从文化协调的视角分析了各译本中"仁"的翻译策略及差异,并提出应在历史的动态演变中把握术语的内涵,运用相关方法保留中国文化的韵味⑦。

刘玉宇分析了安乐哲和罗斯文《论语》译本中的"天"和"仁",发现其表面异化的翻译策略背后隐藏着对中国文化的他者化。而只有消除文化偏见,才能达到去西方文化中心主义的目的⑧。蔡新乐研究了《中庸》译文中"民鲜(能)久矣"的英译⑨。同年,他还研究了《论语》中"仁"的英汉译解原理⑩。

① 殷小娟:《〈论语〉四个英译本中"仁"的翻译效果对比》,《宜春学院学报》2012 年第 9 期,第 109—112,115 页。

② 茅芹芹:《从阐释学视角观〈论语〉中"仁"字英译》,《剑南文学(经典教苑)》2012 年第 3 期,第 130,132 页。

③ 富苏苏、张易娟:《译者主体性观照下辜鸿铭〈论语〉关键词英译误读》,《作家》2013 年第 4 期,第 180—181 页。

④ 丁大刚、宋莉华:《理雅各英译〈孟子〉"性善"之辨》,《外国语》2015 年第 3 期,第 91—99 页。

⑤ 张琳琳:《〈孟子〉中哲学术语的英译策略》,《沈阳师范大学学报(社会科学版)》2016 年第 5 期,第 153—156 页。

⑥ 杨久红:《理雅各〈论语〉英译本中关键词的内涵浅析》,硕士学位论文,辽宁大学,2017。

⑦ 谢有莲:《文化协调视角下儒学术语的英译问题——以〈论语〉中"仁"的解读为例》,《济宁学院学报》2018 年第 2 期(39 卷),第 80—86 页。

⑧ 刘玉宇:《论典籍英译中的去西方中心主义问题——从安乐哲、罗思文〈论语〉关键词的英译说起》,《学术研究》2019 年第 2 期,第 30—36 页,第 177 页。

⑨ 蔡新乐:《求放心以成中庸的英译:以"民鲜(能)久矣"为个案》,《中国比较文学》2020 年第 2 期,第 76—93 页。

⑩ 蔡新乐:《〈论语〉之中"仁"的英汉译解原理简论》,《外语与外语教学》2020 年第 2 期,第 69—83 页,第 149 页。

通过以上三方面的综述,我们可以摸索出如下的研究光景:

先秦典籍的外译(包含英译)历史已经有数百年,然而,其在目的语国家的接受状况并不容乐观;其或因为传教士的翻译带上了颇为浓厚的西方宗教色彩,而近代的汉学家也因受到其文化身份和生活经历的影响,未能完美地展现儒学思想本然的光辉。思想要传播,需要依托语词概念,但是我们发现在儒学概念的英译研究中,大多数学者倾向于"英译加注"的解决方案。而"音译加注"绝非一劳永逸的解决方案,因为音译本身提供的只是陌生符号,而注解则意味着理解的延迟出场,并不利于读者在情境中抓捕思想的精华。那些儒学概念的关键词现有的翻译在何种程度上是合适的,又在何种程度上出了问题,我们应该顺着怎样的思路给出整体的解决方案,这是当下先秦儒学典籍英译需要直面的问题,也是本研究最终意欲探索且尝试解决的。

而本研究,则在已有研究的基础上拓展如下:

首先,本研究将辟出专章,描述先秦儒学发展的历程。先秦儒学语境,是先秦儒学范畴从中生长的原初意义空间,是考量概念范畴时描述意义的起点,所以本研究引入对先秦思想的整体描述,希望借助对历史及典籍的交替阐述全面地呈现先秦文化的特质。

其次,本研究将借助洪堡特语言哲学思想,描述先秦儒学思想和其语言形式的关联。其实我们可以从先前的文献梳理中看到:现有的研究,在讨论译词时相对忽略了儒学范畴的语言形式特征及其形式特征与中国文化智慧的独特关联。故而本研究将在描述古汉语特质的基础上来审度先秦典籍,以凸显先秦儒学思维方式的特质——先秦典籍由古汉语书写而成,古汉语独特的"观"之特性决定了其意义的多样性和情境性,进而先秦儒学也非单纯的概念思辨体系,而体现了中华民族独特的"求道"智慧。这些都是分析核心范畴原义和评价译词并提出相应修改方案的前提,因为我们有一个根本的出发点:翻译先秦典籍的目的终究是向译语读者传递独属于中华民族的实践智慧。

最后,推演英译模式。从前的研究基本落脚于单个的语词翻译研究,而本研究试图从宏观层面总结出先秦儒学关键词现有的几种英译模式并分析各自的得失,最终从中西文化及中西哲学融通的视角,融合之前的模式,提出"时中"翻译模式及相关原则,用以为后续的典籍翻译者提供整体的思路参照。

1.3　本书结构

第一章为导论。该章陈述研究背景、选题意义、文献综述、全书结构及创新点。

第二章追溯先秦儒学思想起源,研读原典,推演先秦儒学的核心精神并提炼核心范畴。该章欲通过对先秦儒家思想的勾勒及对原典的解读,明晓先秦儒学思想的特质,在此基础上提炼出可以最大限度表征先秦儒学核心思想的范畴。此章为全篇论证的基础,其重要意义有三方面:① 思想史及原典的解读为范畴意义的讨论提供可参照的历史和文化背景;② 为范畴选择提供理据;③ 为循着先秦儒学的基本精神寻求可行的翻译模式提供重要启示。

第三章在可译性视阈下讨论先秦儒学核心范畴的意义特质。通过对重要意义理论的揣读,发掘对典籍翻译之难最具解释力的理论主张,并以此为指导,探寻古汉语符号特性所引发的范畴意义特性,并探讨古汉语符号特质与先秦儒学思维方式的关联。

第四章为核心范畴的英译比析。本章将对选定的范畴及英译语词进行细致入微的对比描摹。每一个范畴梳理其在先秦文化语境中的意义全貌,再分析其译词在英语语境中的意义关联及可能引发的读者认知,分析其相较原范畴意义维度的更改,并在章末总结译词的整体特征。

第五章引入哲学视角,对几种典型的翻译模式进行深度描写,分析其语言表征,洞悉译词所牵涉的哲学渊源,探究此种哲学思想与先秦儒学思想的通约性;在此基础上,本着在翻译中最大限度传达先秦儒学思想要旨的诉求,基于对现存译词模式的去伪存真,凭借先秦儒学思想自身特质的启示,提出可行性的解决方案,并论证其意义及价值。

第六章总结整个研究,阐发笔者经此研究形成的对典籍翻译的体认。

1.4　研究创新点

　别于该领域研究的现有成果,本书的创新点主要有以下几条:

（1）研究方法创新：将西方思想史引入单个范畴研究，以探究其意义源头，描述其在典籍中的意义生长，呈现范畴立体的意义全貌。

（2）研究思路创新：① 对译词的分析非执守于单个语词在句段语境中传递原意的忠实性判断，而是关注译词在整个英语语境中的意义导向，及其与原范畴意义维度相比发生的变化；② 完成译词分析后并未执守对每个范畴现有译词做倾向性拣选，而是走向宏观把控，归纳译词呈现的几种语言运作特征，挖掘其背后的宏观理解框架及牵涉的哲学渊源；③ 分析此种哲学思想与先秦儒学思想的通约性。

（3）研究对象创新：第一次将"兴"提升为与"仁""义""礼""智""中"并行的先秦儒学核心范畴，运用现象学相关思想来刻画其意义模式，并首次考量其英译。

（4）翻译方法创新：基于先秦儒学"执中""中道"的特质提出了"时中"的翻译模式，为之设立操作规则。

1.5　本章小结

先秦儒学思想的跨文化理解与传播，是"讲好中国故事"的重要组成部分，因为先秦儒学从根底上塑造了中国文化的核心气质。我们将在后文对所提出的先秦儒学核心范畴相关问题一一展开回答，详细描摹文化经由翻译而传达的深层图景，探寻典籍翻译的可能空间及重要意义。

2

先秦儒学思想要略及核心范畴

本章主要描摹先秦儒学的基本样态,洞察其体现的核心精神,并基于此推演可代表先秦儒学基本精神的范畴。对先秦儒学基本样态的描述以先秦儒学传世典籍为主线,先为《论语》,后接《中庸》《孟子》《大学》《荀子》。但在评述典籍之前,本章首先梳理儒学思想源头,讲述祭祀文化到周代礼乐文化的转变及周代礼乐文化的集中体现——"六艺"。

2.1　儒学思想的根源

如绪论中所述,"轴心时代"之后,原有的思想体验经由这一时期文化英雄的改造,以新的解释进入后起的思想资源之中,故而必须先对儒学之前的传统加以打量,以寻找儒学思想的源头。那是一个历史与传说无法确切分明的时代,是民族初始经验的寓所,那个时代在先秦儒学思想的成长过程中留下了不可磨灭的痕迹。那些痕迹以种种醇厚的民俗和古老的风尚表现出来,形成最初的文化符号。那个时代虽然逃不脱偶尔的冲动,丢不掉倏忽的闪念,虽然还满含着突发奇想和冥冥的神示,但是它昭示了中华民族理性格局的初步形成,对中华民族文化发展的进程和日后的流向都发挥着种种有形或无形的影响。

2.1.1　巫觋时代——中国的原始宗教

初民时代人类族群面临的生存环境极度险恶,猛兽出没,天灾频发。到了旧石器时代的中晚期,氏族公社产生,上古时期的人民形成了较为稳定的血缘集团,以集体的方式生活劳作。人的体质和思维在此基础上便有了进步。原始人进入恶劣的自然世界,面对周遭的自然灾害、凶狠野蛮的野兽,他们固然一方面能够体会到自身的力量,能够以简单的方式收获食物,获得温饱;然而另一方面,他们又无时无刻不感受到自然界的神秘。于是人类开始了对自然界各种姿态及变化的探索。在初民的想象中,这世界是被各种各样的神灵所掌管,树有树神,水有水神,河有河神,于是他们臆想出各种各样的神灵,赋予神灵以人格,崇拜神灵。他们通过载歌载舞,通过在洞穴里造出图腾,通过某些神秘的仪式与神灵直接交通,以求远离灾难、疾病,得到保护与福佑。这是中国初民最原始的宗教,是一种万物有灵的最为简单的宗教形态①。这一时期人的精神世界投射于外,生活的方方面面都处于神灵的控制之下。

起初有专门人员负责事神,其他人各据其位,所谓民神不杂;后来干脆演变为人人祭神,家家做法,任意通天,所谓民神杂糅。这两个阶段在《国语·楚语》中记载甚详,据观射父讲,最初的时代民与神不分,共同居住于大地上。但在人间已经有了事神的分工,有巫、觋、祝、宗等负责侍奉神明的各个需求。在祭祀仪式中,那些精爽不二、恭敬整肃、智慧能够和同上下、圣明光照远近的巫和觋负责降神、制定神参与祭祀时候的位置和顺序,并掌管祭祀所用的祭品、器具、时间及服制;恭敬神明的太祝负责山川名号及宗庙事务;宗伯负责祭祀用牲畜、玉帛、神灵之名号、祭坛的位置陈设等。这样一批心率旧典者共同行使其职责的时候,神人秩序就和谐安宁,神能够获得其馨享,乃能够降福于百姓,于是乎祸乱灾害不起,财用不匮。而在九黎乱德之后,家家各为巫史,相互之间没有诚信。百姓为了祭祀而日益破败,却得不到赐福。祭祀缺少规矩,民神不分。百姓不再对神怀有敬意,神也不再保佑收成,最终导致祸乱灾害连绵不绝,百姓也没有了生气。颛顼有感于此,派下重、黎两人,使重管神的事情,黎管人间的事情。重和黎乃成为沟通天地的大巫②。

巫师自身不具有权威,他的权威由自身的洁净通灵而降神来实现,这样他就

---

① "万物有灵"论由英国人类学家爱德华·泰勒最先提出。爱德华·泰勒:《原始文化:神话、哲学、宗教、语言、艺术和习俗发展之研究》,连树声译,上海文艺出版社,1992,第72—79页。

② 劳思光:《新编中国哲学史(第一卷)》,广西师范大学出版社,2005,第27—29页。

必须以各种各样的方式来悦媚神灵,求得神的眷顾,以便使神来满足自己的要求。瞿兑之在《释巫》中对早期巫觋恭请神灵的方式做了如下解说:"人嗜饮食,故巫以牺牲奉神;人乐男女,故巫以容色媚神;人好声色,故巫以歌舞娱神;人富言语,故巫以词令歆神。"[1]牺牲、容色、歌舞、词令都是巫取悦神的努力。神在某种意义上是人的情感精神的投射,与人一样具有饮食、男女、声色、言语的喜好,而巫通过牺牲、容色、歌舞、辞令以获得神的福佑。可见在先民的生活中,人是完全皈依于神的,通过媚神来获得神的赐福,所有行为的信心乃是投放于外界的神,此时人的自我意识还没有觉醒。

2.1.2　殷商时期的祭祀

古巫登山通神,以舞降神。而那个时候的神往往与鬼神信仰有关。《正字通·示部》言:"阳魂为神,阴魂为鬼;气之伸者为神,气之屈者为鬼"[2]。伸,指往上升天,所以称为天神。而屈指附游在地表,故而《礼记·乐记》云"幽则有鬼神"[3]。而说到神,又必须提及"示"。甲骨文"示"指地神。而我们的文明形态最初为农耕文明,所以早期的神的观念极可能就是地神。故而天神、人鬼、地祇是上古时期的三种神灵结构。但在巫觋时代,多神共存,不分位格。

《礼记·表记》载:

> 殷人尊神,率民以事神,先鬼后礼。[4]

殷人将其信仰的最高神称为"帝"。帝是世界上一切的掌管者,不仅自然界的万事万物受其调遣,人类的所有活动也在他的目光之下。殷人的帝不再是原始部落的首领神,他可以发号施令,拥有天庭,且有部下为之施行号令。但"帝"毕竟与鬼不同,他并不主动受用祭祀的牺牲品,人们不能够直接与他沟通。如果人们想向帝祈求风调雨顺,并不能够像我们今天了解的祈求神灵帮助那样呼他的名号或者跪拜其神像,先民必须经由王献祭品给先公先王来使之影响帝,以求

---

① 瞿兑之:《释巫》,《燕京学报》第 7 期,1930,第 1327 页。
② 张自烈:《正字通》,廖文英补,国际文化出版公司,1996,第 838 页。
③ 引自《礼记·乐记》,选自阮元校刻《十三经注疏》,中华书局,1980,第 1530 页。
④ 引自《礼记·表记》,选自阮元校刻《十三经注疏》,中华书局,1980,第 1642 页。

得降雨丰年①。

殷人的祭祀主要是用羊、牛、猪甚至人为牺牲的,献祭自然神祇和祖先亡灵,且以后者居多。据考证,殷人的祭祀的方式有五种:彡、翌、祭、壹、劦;彡是伐鼓,翌为舞动羽毛,祭是指献酒肉,壹是指献社稷,劦是指把历代祖妣合并祭祀②。每周一复,称为一祀。前面两项是乐舞,为了娱祖先,而后三项则是为了享祖先。可见那时候的祭祀表现为将精神和物质两方面的成果都奉献给死去的祖先。这说明当时的人们相信:祖先的生命虽然已经结束,但并没有从世界上消逝,他们依旧以某种形式存在着,依然能够享受人间的种种精神快乐和物质快乐,且能够以某种直接的或者间接的方式对活着的人们产生影响。这种相信毋宁说也是一种信仰。殷时代的人们献祭祖先,以求得对现实生活的福佑。

人类学家卡西尔在其名著《神话思维》中指出:"任何的献祭都包含着一种对自身感觉欲望的限制与克制"③。相比祭祀,我们在巫术中很难看到个体自我限制的观念,人的欲望推动着他去求告神灵,使神灵按照自己的意愿行事,而不论这个意愿本身可能有多么的悖谬。随着人的理智的觉醒,这一点逐渐得到了改观,人类不再尝试直接通过巫术来控制或者说贿赂神灵来完成自己的意愿,而更多从自身出发,以克制自己的感性欲望,透过对自身的惩罚、禁欲等形式来获得神圣力量的庇护。从巫觋文化发展到殷商时期的祭祀的过程,也恰好印证了这一点。巫术所体现的是一种神秘性,而祭祀则具有了道义的神圣性。

总而言之,在殷商时期占卜以求得上帝福佑的行为已经发展成为王室祭祀活动的一个重要的组成部分。而绝地天通之后的上层巫觋在宗教活动中已经逐渐祭司化。弗雷泽评述说殷商文化的意识已经超越了巫术阶段。因为他们"努力通过祈祷、献祭等温和谄媚手段以求哄诱安抚顽固暴躁、变幻莫测的神灵"④,所以殷人可以被认为已经进入宗教阶段,但因为其具有至上神的观念,只能算处在自然宗教的多神信仰阶段。祭祀活动的发展使得祭祀礼仪慢慢形成规范的体系,为礼仪的制定提供了基础,与此同时,祭司阶层分化出祝、宗、卜、史,为后来

① 陈梦家:《殷虚卜辞综述》,中华书局,1988,第561页。
② 郭宝钧:《中国青铜器时代》,生活·读书·新知三联书店,1963,第228页。
③ 恩斯特·卡西尔:《神话思维》,黄龙保、周振选译,中国社会科学出版社,1992,第240页。
④ 詹·乔·弗雷泽:《金枝》,徐育新等译,中国民间文艺出版社,1987,第84页。

的职官制度也奠定了基础。

2.1.3　周代礼乐文化的形成

从殷商文化过渡到周文化,中国文化实现了质的飞跃。王国维先生在《殷周制度论》一文中点明:"中国政治与文化之变革,莫剧于殷周之际。"[①]在静安先生看来,周制与殷制之最大不同在于,"纳上下于道德,而合天子、诸侯、卿、大夫、士、庶民以成一道德之团体"[②]。可以说此前的时代人是以神为导向,自周开始华夏民族则进入以人为导向的时代。当然这一演变过程是渐进而漫长的,其代表人物是周公,标志性事件则是周公制礼作乐。

在《论语·为政》篇中,孔子言:"殷因于夏礼,所损益可知也;周因于殷礼,所损益可知也。"[③]《论语·八佾》篇中也言:"周监于二代,郁郁乎文哉,吾从周。"[④]同篇又说:"夏礼吾能言之,杞不足征也;殷礼吾能言之,宋不足征也。文献不足故也。"这说明礼乐自夏、殷既已形成,到周代则有了较大的发展,而成为周代民族精神的特征。周灭殷之后,成了中原新的霸主。然而其没有陷入狂喜的骄矜之中而趾高气扬,而是怀着一种深深的忧惧。《易·系辞下》云:"作《易》者,其有忧患乎?"[⑤]又云:"君子安而不忘危,存而不忘亡,治而不忘乱,是以身安而国家可保。"[⑥]

《周易》的忧患意识或发端于周文王,据司马迁在《报任安书》中所言,周文王"拘而演《周易》……大抵圣贤发愤之所为作也"[⑦]。这一忧患意识在周族推翻殷商之后更得到了进一步的加强,周族的精英分子如武王、周公、召公、成王等时时刻刻保持戒慎恐惧。周部族原为居住于渭河流域的小邦,本为农耕部族,原与殷商为一体。取代商成为中原共主后,由于受当时受条件所限,无法实现有效的统治,故而分封大批血亲功臣为诸侯,以藩屏周室。各诸侯本就是周天子之亲属,

---

① 王国维:《殷周制度论》,载于《观堂集林》,河北教育出版社,2003,第231页。
② 王国维:《观堂集林》,河北教育出版社,2003,第232页。
③ 引自《论语·为政》,选自阮元校刻《十三经注疏》,中华书局,1980,第2463页。
④ 引自《论语·八佾》,选自阮元校刻《十三经注疏》,中华书局,1980,第2467页。
⑤ 引自《易·系辞下》,选自阮元校刻《十三经注疏》,中华书局,1980,第89页。
⑥ 引自《易·系辞下》,选自阮元校刻《十三经注疏》,中华书局,1980,第88页。
⑦ 萧统:《文选》,李善注,上海古籍出版社,1986,第1864—1865页。

相互之间又交通婚媾,以周为大宗,各个诸侯国为小宗,在诸侯国内又有嫡庶之别,这样就建立起一个完整的以"亲亲尊尊"为基本制度,以公侯伯子男五等爵为等级的礼乐之邦。正是通过亲亲尊尊的原则,周王室的统治才得到了稳固。然而,周以发源于西部边陲之小邦取代殷商,其统治的合法性不免烦恼着周族的精英分子。我们从《易传》记载可以明显看出这种忧患意识在周这样一个僻处西陲的小邦最终在与中原霸主殷商的战争中获胜并成为新的中原霸主时愈益激烈:"《易》之兴也,其当殷之末世,周之盛德耶? 当文王与纣之事耶?"①这种忧患精神被周公所继承发扬。周公代替周成王当国政时,负责监视殷商遗民的三位周武王的弟弟与殷王室后裔叛乱,周公于是东征,并作《大诰》以表示自己的合法性,词云:"呜呼! 允蠢鳏寡,哀哉! 予造天役,遗大投艰于朕身,越予冲人,不卬自恤。"②"朕言艰日思。"③因为三监控制殷商遗族之成败事关周王室政权的保持,其叛乱无疑给新生的政权以巨大的冲击,周公发表诰词,号召诸侯及大臣一起来消灭叛乱,申言不要为忧患所吓倒,要完成文王未竟的功业。《大诰》中又言:"无毖于恤,不可不成乃宁考图功。"④"天閟毖我成功所,予不敢不极卒宁王图事"⑤。即不要诉说自己的艰苦,天之所闭塞的艰难,国家多难,正是需要用我的成功去解决此局面。在忧患意识下,人的信心不再安放在外界的神身上,转而寄托在自己本身的谨慎及行为的努力上。"敬""敬德"的观念也就此产生。

《说文》云:"敬,肃也。"⑥周人所强调的"敬"与宗教所强调的虔敬近似但实际不同。宗教的虔敬要求消解自身的主体性,将自己毫无保留地投掷于神的面前彻底皈依。而周人所强调的敬,是在忧患意识中产生的,它指的是一种态度:人的精神由被动变为主动,由消极听候神的指示变为积极引导自身的行为,将自己的官能欲望消解于自身所负的责任面前,且这种态度是发自内心的、完全是自发的。《尚书·无逸》中记载,周公告诫成王要以殷商之中宗、高宗及祖甲和周文王为榜样,这四位王都是仁明圣哲之王,"厥或告之曰:'小人怨汝詈汝。'则皇自

---

① 引自《易·系辞下》,选自阮元校刻《十三经注疏》,中华书局,1980,第90页。
② 引自《尚书·大诰》,选自阮元校刻《十三经注疏》,中华书局,1980,第199页。
③ 引自《尚书·大诰》,选自阮元校刻《十三经注疏》,中华书局,1980,第199页。
④ 引自《尚书·大诰》,选自阮元校刻《十三经注疏》,中华书局,1980,第199页。
⑤ 引自《尚书·大诰》,选自阮元校刻《十三经注疏》,中华书局,1980,第199页。
⑥ 许慎:《说文解字》,中华书局,1963,第188页。

敬德。厥愆，曰：'朕之愆。'允若时不啻。不敢含怒。"[1]即如果有人说百姓怨恨他们，他们就立即谨慎地检点自己的行为。如果真是自己错了，马上说是自己的错，一点不敢生气。这就将敬的心理状态，描写得很清楚，面对百姓的批评责难，圣王不是向天告罪，亦非惩罚百姓，而是反躬自省。

与殷商敬鬼神不同，周的精神变革在于将个体的德行作为天命转移的根源，周人认为正因为殷商后王的残酷暴虐，才导致天命的转移。而天命的转移落实于君主的德性，周文王以其德行而成为周民族最大的英雄，甚而远胜于周武王之武功。《诗·大雅·文王》云："周虽旧邦，其命维新。"[2]言周虽为旧邦，但到了文王能够新其德以及于民，而始受天命。可以说，正是在忧患意识的促发下，另一重要的观念"德"有了创造性的转化。"敬德"指的便是忧患意识，指的是人在敬的作用下自觉而负责任的行为，而"明德"指的是"敬德"的结果，即行为的正确与明智。由此，周人便建立起从忧患意识到"敬"，且由敬贯穿起"敬德""明德"的观念世界，这也成为省察自身行为、指导自身行为的标准；它们要求人对自身的行为负责，中国最早的人文精神就此出现。

这一人文精神集中体现在周人的祭祀制度之中。相较殷代，周代宗教传统的本质性转化表现在两个方面。首先，周代虽然还保留着殷人颇多的杂乱的自然神，但周人已经不再单纯求靠神来指示自身的行为，神的活动范围缩小了；其次，因为忧患意识而来的"敬"的精神，神对于人仅居于监察的地位，神的作用也往往取决于统治者的表现。如《尚书·康诰》中记载文王之功业，乃云："惟乃丕显考文王，克明德慎罚；不敢侮鳏寡，庸庸，祇祇，威威，显民，用肇造我区夏，越我一、二邦以修我西土。惟时怙冒，闻于上帝，帝休，天乃大命文王[3]。"显赫先父文王，能够公平施人恩惠，执行惩罚又小心谨慎，不敢欺侮那孤苦无告者，他勤勉敬事，畏惧天命，使民达于光明。因而缔造了我周国，来治理我们西方。因此缘故，这一情形上闻于天，天上的帝非常高兴，于是发布了一个伟大的命令给文王，使他消灭了殷商，接受了成为天子的使命。《召诰》中亦记载："王敬作所，不可不敬

---

① 引自《尚书·无逸》，选自阮元校刻《十三经注疏》，中华书局，1980，第 223 页。
② 引自《诗经·大雅·文王》，选自阮元校刻《十三经注疏》，中华书局，1980，第 503 页。
③ 引自《尚书·康诰》，选自阮元校刻《十三经注疏》，中华书局，1980，第 203 页。

德。我不可不监于有夏,亦不可不监于有殷。"①在周初召公等人的眼里,夏与殷都是存在了非常久的中原共主,他们都是"服天命"者,然而他们都灭亡了,所谓天命终究是不牢靠的。因此,召公痛切地说,周必须以夏、殷为借鉴:夏朝与殷商说是受到天命福佑,然而由于夏桀与商纣暴虐无道,不体恤百姓,不敬修自己的德行,做出很多天怒人怨的事情来,百姓对他们痛恨至极,因此夏商都毁灭了。今天的"嗣王"必须引以为鉴,修德济民。天命既以人自身之德为依归,故而天命对统治者的支持附有严格的条件,国君的德行与作为常常成为天命转移的标准。天乃是养民而生的,国君如果不能敬修其德,使得百姓怨愤不已,则天命将不再。这与过去认为天命无条件支持统治者的观念是完全不同的,一有失德,天命便会转向其他人,故有"天命靡常"之说。《召诰》中屡次言"我不敢知曰"②,这确实也是天命不可知不可信赖的意思。从此,对人类世界的祸福吉凶的解释及感知都奠基于理性的运作,而非神秘不可测的神意。

其次,天意从在王转为在民,王不过是代天保民者。到了周初,人文精神跃动觉醒,人们认为天命并不降在王身上,而是降在人民身上,所以《酒诰》中有"惟天降命,肇我民惟元祀"③之说。天命自此从巫卜的手中解放出来,直面人民,开始显现于民情之中,而统治者则开始从民情中去把握天命,"厥命罔显于民"④。民情相较天命更为可信,应该由人民来决定统治者的是非得失。春秋末年,郑国的执政子产明确地提出"天道远,人道迩"的思想。据《左传·昭公十七年》⑤记载,那年冬天有彗星出现,有人说这是要发生大火的征兆,说只有向天祭祀神灵才能够避免,子产并不当一回事。到了第二年郑国果然发生了火灾。于是原来要求子产祭祀的人就跟子产说,这次必须祭神了,否则又会发生大火的。子产又一次拒绝了这一提议。这时就有个叫子大叔的人来劝子产:"宝以保民也,若有火,国几亡,可以救亡,子何爱焉?"子产曰:"天道远,人道迩,非所及也,何以知之?焉知天道?是亦多言矣,岂不或信。"⑥因此还是没有祭拜神灵,后来郑国也

---

① 引自《尚书·召诰》,选自阮元校刻《十三经注疏》,中华书局,1980,第213页。
② 见《尚书·召诰》,阮元校刻《十三经注疏》,中华书局,1980,第211—213页。
③ 引自《尚书·酒诰》,选自阮元校刻《十三经注疏》,中华书局,1980,第206页。
④ 引自《尚书·酒诰》,选自阮元校刻《十三经注疏》,中华书局,1980,第207页。
⑤ 选自阮元校刻《十三经注疏》,中华书局,1980,第2082—2088页。
⑥ 引自《左传·昭公十七年》,选自阮元校刻《十三经注疏》,中华书局,1980,第2085页。

没发生火灾。这里有趣的是,无论是子大叔还是子产,其所关心的都是人世,国家的财货在他们看来不是用来取媚于神灵,而是用来保民的;子产会认为天道太过遥远,反不如人道切近,人道尚且不清楚,又怎么能够懂得天道。孔子对于子产推崇备至,说他是古代的仁者,由此看来并非无因。当然,子产并非不信天,他只是拒绝将自然的天象与人事联系起来,不认为天象的变化预示了人间的事情,因而也不需要向鬼神祈求什么,而更加强调个体德性的作用力,相信即使有什么祸患也能够通过修德来得到豁免。这一观念在《左传》中并不是孤例,另有很多类似的表述,可见,到了春秋时期,人的意识觉醒已经成了很普遍的认知,鬼神及天意如何最终还是要靠人来决定的。

原始宗教形态的变化也引起了周代祭祀行为的诸多改变。殷商时期的祭祀侧重的是取悦神灵,以载歌载舞的形态满足神灵耳目之欢,以祈求其保佑自己。在这个过程中,仪式并不重要。周初忧患意识的出现,天命权威的衰落,使得天居于监察的地位,祭祀活动的完成并不意味着福佑定能到来;同时,敬的观念要求人们谨言慎行,时刻保持戒惧之心,人们在祭祀时的言行仪表都是天监察的对象,故而在礼仪活动中仪节本身成了人们关注的重心。如《周礼·春官·司服》就讲述了君王在各种祭祀时着装的不同,王行祭祀时,因为祭祀对象不同,穿戴亦不同,正是通过这种区分,人们在仪式中的方方面面实现了对于天地山川的区分,也从而实现了人世等级的划分。《周礼·春官·大司乐》记载了不同的祭祀所用的不同音乐歌舞,贾公彦《疏》云:

> 分此六代之舞,尊者用前代,卑者用后代,使尊卑有序。①

音乐本身本无所谓尊卑,但在礼仪化的过程中,宫商角徵羽五音分享了人间的秩序,并向天地神人的世界渗透,从而使得世界围绕人世建构起来。因为世界与人世同构,则人世的谦虚谨慎能够透过仪式影响到神,获得神的赐福。卡西尔曾经指出:"一旦宗教冥想不再专断地限制自身和祭品内容,而是着重于作为献祭要点的献祭形式,这种转变即刻发生。现在人的思维从献祭的纯粹物质特性进展到献祭的内在活动和确定性方面,能够赋予献祭以意义和价值的正是这种

---

① 引自《周礼注疏·贾公彦疏》,选自阮元校刻《十三经注疏》,中华书局,1980,第788页。

'崇拜'动机。"①此处指明：正是当献祭者慢慢将注意力集中于献祭形式本身时，祭祀活动才开始获得一种新的意义。而周代的祭祀正经历了这样的变化，从而促成了礼的形成。祭祀本身的神秘性已经有所削减，祭祀中的仪文慢慢成为中心，赋予了祭祀礼仪本身以神圣性。此一时期天的威权逐渐转化为礼的威权，当时的精英分子普遍认为人的德性及人间的秩序才是人的命运所在。因此据《左传·昭公二十五年》记载，郑国子大叔曾经就礼仪的区分告诉赵简子，礼是"天之经也，地之义也，民之行也"②。在这礼乐化的过程中，周公居功厥伟。正如杨向奎先生所言："没有周公就没有传世的礼乐文明，没有周公就没有儒家的历史渊源。以德、礼为主的周公之道，世世相传，春秋末期遂有孔子以仁、礼为内容的儒家思想。"③周公制礼使得祭祀活动中的规矩礼仪具有了未成文的法律效力，对个体成员从外在行为及仪表作出强制性的要求，达到了对个体的约束、限制及保证群体组织持续的稳定作用。而在制度层面则具体体现为嫡长制、分封制、祭祀制，其最主要的目的则在于维护已经形成的尊卑长幼的等级制度。其外在的形式表现为个体必须遵守一套固定的礼仪制度，在言语、服制、嫁娶、祭祀、丧葬等领域按照礼仪的规定行事。在此基础上，它发展成了团体各种具体的行为规范及人际关系的仪节。

礼作为一切道德的依归，功用自然也是包罗万象的。它能够"经国家，定社稷，序民人，利后嗣"④，是"上下之纪，天地之经纬也，民之所生"⑤，是"国之干"⑥。礼是春秋时期的时代精神，是周代文化的精粹，是一般人共同承认的规范。我们权且称其为春秋时期的道德法则。正是到了周代，人的自觉才开始发动，从而确认了自我作为人的精神力量的价值。正是到了周代，由忧患意识推动，德性的自觉在精英阶层中普遍确立，从《诗》《书》《礼》《易》《春秋》相关记载中我们可以看出这一反省观念，而德落实到实际生活中，则为礼。总而言之，三皇五帝时期的宗教乃是完全的原始自然宗教；到了殷商时期，人们主要是通过卜辞来决定自己

① 恩斯特·卡西尔：《神话思维》，黄龙保，周振选译，中国社会科学出版社，1992，第 246 页。
② 选自阮元校刻《十三经注疏》，中华书局，1980，第 2 页。
③ 杨向奎：《宗周社会与礼乐文明》，人民出版社，1992，第 136 页及第 279 页。
④ 引自《左传·隐公十一年》，选自阮元校刻《十三经注疏》，中华书局，1980，第 1736 页。
⑤ 引自《左传·昭公二十五年》，选自阮元校刻《十三经注疏》，中华书局，1980，第 2108 页。
⑥ 引自《左传·僖公十一年》，选自阮元校刻《十三经注疏》，中华书局，1980，第 1802 页。

的行为,这两个阶段的人还是将自身的行为交托于外在的神(自然神,祖宗神,帝);而到了周代,以周公、召公为代表的精英分子在原始的文化传统中建构起了相对于神的人的觉醒,从而开启了中国道德精神的大门,确立了中国文化以人世为中心的思维模式。

2.2 孔子及其《论语》

陈荣捷在《中国哲学文献选编》中曾评价道:"如泛说孔子塑造了中国文化,这是毫无疑问的。然而,如缩小范围,说孔子也塑造了中国哲学的特质——亦即他决定了尔后中国哲学发展的方向,或建立了中国哲学发展的模式——则似乎过度夸张。然而此说真实无误,它比一般所理解的还要来得真实。"[①]然而孔子对自己有一个评价,他说自己是"述而不作,信而好古,窃比于我老彭"[②],又说"郁郁乎文哉,吾从周"[③],这就要求我们回到周文,回到"六艺"。

2.2.1 "六艺":儒家思想的渊源

孔子是儒家的创始人,但他自称"述而不作",其思想乃是自觉继承集成夏商周三代已然成型的礼乐文化,将之推陈出新,提升到一个新的高度。欲了解孔子,则必须了解三代之文化,而《诗》《书》《礼》《乐》《易》《春秋》实为三代文化之结晶,其成书定本虽晚,但所载资料仍可以看作三代传世文献。

"六艺"又名"六经",儒门以传承"六艺"为己任。这在历代几无疑义,《庄子·天运》篇记载说孔子向老子问礼,自云:

> 丘治《诗》《书》《礼》《乐》《易》《春秋》六经。[④]

司马迁《史记·太史公自序》说及儒家,也说他们"以六艺为法"[⑤]。近世学者不论对儒学起源有何分歧,都对儒家继承"六艺"无异议。钱穆先生从《论语·雍

---

① 陈荣捷:《中国哲学文献选编》,杨儒宾、吴有能、朱荣贵、万先法译,江苏教育出版社,2006,第17页。
② 引自《论语·述而》,选自阮元校刻《十三经注疏》,中华书局,1980,第2481页。
③ 引自《论语·八佾》,选自阮元校刻《十三经注疏》,中华书局,1980,第2467页。
④ 郭庆藩:《庄子集释》,王孝鱼点校,中华书局,1961,第531页。
⑤ 引自《史记·太史公自序》。司马迁:《史记》,中华书局,1999,第2487页。

也》篇载孔子要求弟子子夏"汝为君子儒,无为小人儒"①一语出发,以为"儒"这个词在孔子之前就已经有了,儒者乃是"术士,即通习六艺之士。古人以礼、乐、射、御、书、数,为六艺,通六艺,即得进身贵族,为之家宰小相,称陪臣焉。孔子然,其弟子亦无不然。儒者乃当时社会生活一流品"②。钱穆的看法有三点需要我们注意:首先,儒者是通习"六艺"者,仅仅掌握一门技艺在孔子看来是不够的,那样的话不过是"器"罢了;其次,熟习"六艺"乃进身之阶,贵族不再是固定地通过血缘而确定,而是可以通过自身的学习来实现,这就为人的世界提供了一种很大的可能性,即学与习在这一时期具有了非常重要的可以参与政治生活的潜能;最后,孔子及其弟子以熟习"六艺"为标志,儒者在当时有一比较庞大的群体,其价值意义先是由礼仪活动或者说执礼来界定的,只是到了孔子,才将儒提升到一个新的高度,后世以孔子为儒家之开创人,不是因其肇事此一流品,而是因为他将儒的精神加以升华。因此欲弄清儒学之核心范畴,首先必须对"六艺"之内在精神有一定的了解与把握。

"六艺"乃夏商周三代文化典籍之总名,马一浮先生以为"六艺"乃我中国学术之总则:"现在要讲国学,第一须楷定国学名义。……举此一名,该摄诸学,唯六艺足以当之。六艺者,即是《诗》《书》《礼》《乐》《易》《春秋》也。此是孔子之教,吾国二千余年来普遍承认一切学术之原皆出于此,其余都是六艺之支流。故六艺可以该摄诸学,诸学不能该摄六艺。今楷定国学者,即六艺之学,用此代表一切固有学术,广大精微,无所不备。"③马一浮先生为中国传统学术之殿军人物,其所论"国学"名义云云且先不论,然将"六艺"视作中国学术之源头,则是非常有见地的看法。汉代就有人提出"六艺"为当初官学所传授之内容,到春秋时代由于政治恶化,战争频任,官学渐渐失传,民间讲学兴起,于是有诸子之学百花齐放,遂造成华夏之璀璨文明。而当时诸子教书育人,其共同的思想基础还是"六艺",自然这里所说的"六艺"是文献类别意味的"六艺",而不是我们现在所称说

---

① 引自《论语·雍也》,选自阮元校刻《十三经注疏》,中华书局,1980,第2478页。

② 钱穆:《古史辨第四册序》,载于罗根泽编《古史辨》(第四册),上海古籍出版社,1982,第1页。关于儒家起源,陈来先生曾撰文详细述评。见陈来:《说说儒——古今原儒说及其研究之反省》,载于陈明主编《原道》第二辑,团结出版社,1995,第315—336页。

③ 马一浮:《马一浮集(第一册)》,浙江古籍出版社、浙江教育出版社,1996,第10页。

的几种典籍。诸子在"六艺"原有的基础上有所增损，或褒奖之，或批评之，或尽力鄙弃之，各自发挥为用。故而可以说"六艺"实为我中华学术之源头。就诸子来说，道家多对"六艺"持批评或者淡化的态度，而儒家则是不遗余力地推奖"六艺"，可以说儒家就是在"六艺"这一文化土壤生成的。

1993 年在湖北郭店出土的楚简中有对"六艺"的描述，这是现在所知最早的记载战国或更早时人们对于"六艺"的认知的资料：

> 礼，交之行述也。
>
> 乐，或生或教者也。
>
> 书，□□□□者也。
>
> 诗，所以会古今之诗也者。
>
> 易，所以会天道人道也。
>
> 春秋，所以会古今之事也。[①]

可见，礼是人际交往的规范及处事的规则；乐的主要作用在于陶冶人的性情，以实现教化功能；书的作用在出土的楚简中缺字，据其他文献可以知道其为记事之书；诗是将古今诗歌汇集的诗集；易的作用是会通天道和人道，也就是说它是透显人与天的关系的书，最早的时候易还是占卜用的书；春秋则是会通古今历史，通过阅读历史乃获得今日的鉴戒，是文化价值和时代精神在历史流变中的体现。有必要指出的是，"诗""书""礼""易""乐""春秋"不是专名，而是六类古书的统称。我们知道，今日所见的《诗》是许多地域诗歌的合集，它和我们今天理解的总集如《文选》之类有些相像；《尚书》是夏、商、周三代创世档案文献资料的汇编，《书》最早的意思只是指用文字记载下来的材料，如许慎《说文序》所云"著于竹帛谓之书"；《礼》即就今日所见便有《礼记》《周礼》《仪礼》三家，《礼记》又有"大戴礼""小戴礼"两个学派；《易》则传说有夏代的《连山》、商代的《归藏》和周代的《周易》，总体而言都是占卜之用；《春秋》亦然，"春秋"一词本为史书的通名，仅据《墨子》所载，就有周、宋、齐、燕等国之史书并称"春秋"者。综上，"六艺"乃三代文化之代表，可以说它进一步孕育了儒家精神。

"六艺"于个体修养的功用、其不足之弊端及游心于"六艺"能够达到的个体

[①] 李零：《郭店楚简校读记（增订本）》，中国人民大学出版社，2007，第 209 页。

样态，《礼记·经解》篇言之其详：

> 入其国，其教可知也。其为人也，温柔敦厚，诗教也。疏通知远，书教也。广博易良，乐教也。洁静精微，易教也。恭俭庄敬，礼教也。属辞比事，春秋教也。[①]

诗跟性情有关，它直接作用于人的感情，更容易为人所接受，然而诗本身亦内含礼的精神，其化人也深，故而诗之教使人性格柔和而富有张力，感情深厚而坚固。读诗读得不好容易使人情感流于散漫，不能具有坚定的决断。书是三代庙堂文献的汇编，记载着过去贤明君主的言语行事，具有垂鉴后世的价值。后来者熟读深诵，了解古圣贤王嘉言懿行，做事就能够通达。读书读得不好就可能厚诬苛责古人，以无为有，以有为无，即孟子所谓"尽信《书》则不如无《书》"[②]。乐则能够直接感通人的性情，使之随乐而化，故能够使人性情平和，具有广博的气度。但乐毕竟是直接感知于人的耳目口腹，而自然的欲望总会有欲求不满的嫌疑，好丽声美色，好玩乐宴饮，好美食吉服，都是人之常情。如果发扬乐的精神而不能够自我节制，就会沉迷乐的活动中外在的陈设、器物、服饰、场所等，如此则是过分了。易是会通天道人道的学问，最初乃占筮之法，神秘精微，渺不可测，故而它最初仅仅用于占卜。后来卦爻辞才逐渐向德性化的解释的路数上走，乃成为推演天道以明晓人道之学。到了春秋时期，智识阶层会认为学易者如果德性光明，则占卜必将获得吉祥，其性格淫邪的话，占卜就会遭到凶咎。那些不能够认识清楚易之用的人很容易陷入迷信，迷恋技术性的操作，对于占卜的结果坚信不疑，如结果吉利，虽远亦能够相悦；如结果对己不利，则残贼成害，是为失于贼。礼的作用在于规范人际交往，它作用于生活中婚丧嫁娶、迎来送往、礼聘征问等方方面面。在礼仪活动中，人能够对人恭敬，对己检肃，为人处世庄重大方，参加礼仪活动敬慎恐惧。礼既然关乎生活之各方面，则其所涉具体仪节至为繁多，如果不能够对礼抱有敬心，只是徒然以仪节之烦琐贵重来骄人，则与礼之精神根本相悖。"春秋"为史书之类，其所教多从前言往事着眼，阅读历史就是看古人之行事，这在漫长的时期内形成了一套规律，所谓天道即人道，人道通过"春秋"得到

---

① 引自《礼记·经解》，选自阮元校刻《十三经注疏》，中华书局，1980，第 1609 页。
② 引自《孟子·尽心下》，选自阮元校刻《十三经注疏》，中华书局，1980，第 2773 页。

体现。这些规律是通过"春秋"之一字褒贬来实现的,善于读"春秋"者看到执笔者记事所使用的词汇就能够有所警戒,能使人见善从之见恶恶之,而不为乱。如果只是斤斤于某年某月某日发生了什么事情之类,那就没有读出"春秋"的教的意味,不过是一团乱麻,让人无所适从。

"六艺"之中礼乐常常连用,礼乐具有"别异和同"的社会效能。人首先是能群的动物,这是人与禽兽之不同。儒家认为礼的作用在于区分等级,周天子、各国诸侯、诸侯国的大夫及士还有平民在礼的世界里各有其职分,各尽其责;而乐则将分裂的各等级和同起来,使其和睦相处。这一点在《礼记·乐记》有系统论述:"乐者为同,礼者为异。同则相亲,异则相敬。乐胜则流,礼胜则离。"①就作用而言,乐注重情感的和同,礼则从外检束人的行为。礼的精神偏重在建立秩序,以分别贵贱亲疏,使社会保持有序,民众之间根据各自在礼中的位置保持和敬;乐则可以补救过度的礼所造成的疏离,使得上下和同,制造其乐融融的氛围。如此则贤者与小人之间各自有其生活空间,政治便能够达致清明,民众就能够得到治理。因为乐从人心中发出,故而其本质是安静和谐;礼自外边对人的行为加以约束,因而显得很有文饰。而最高的乐则是非常简单的,最高的礼是没有什么花哨的外表的。乐的教化深植于人心则百姓就没有怨言,天下所有人都遵礼而行就不会有争执,君王守礼就可以平治天下。天子带头施行礼乐,则天下之民众必能够做到父子有亲,长幼有序,礼敬之风弥满四海。礼乐是个体修养的共同促进者,只是一者对内,另一者对外而已。礼乐共同作用,才会使得个体在礼仪活动中具有圆融自在、温文尔雅的气质,而不是成为礼仪活动的傀儡,进而至于损伤了其性情之正。

乐是诗乐舞三者的结合,乐教后来分为舞蹈与诗歌两途。如《论语·八佾》篇载孔子以为《韶》乐是美之极致,也是善之极致;认为《武》乐虽然说足够华美,但从以善来感染人的角度来说还有所欠缺②。《韶》是传说中表现圣王舜的美德的舞蹈。舜能够率天下以孝,对于加害于他的人也能够既往不咎,以善行感动天下尽达于善,故而孔子非常推崇《韶》乐。有一次他在齐听到《韶》乐,竟然感动到

---

① 引自《礼记·乐记》,选自阮元校刻《十三经注疏》,中华书局,1980,第 1529 页。
② 见《论语·八佾》,阮元校刻《十三经注疏》,中华书局,1980,第 2469 页。

有好几个月都食不甘味,完全沉醉在美妙的音乐之中。《武》则是颂扬周武王征伐商纣王的舞蹈,尽管气势惊人,阵容庞大,看上去非常华美,但孔子认为它宣扬武力,不符合"善"的原则。可以看出,舞蹈诉诸人的听觉和视觉,其内容本身亦能够对人造成影响,使之失去平和中正之性。也由此孔子摒弃靡靡之音。又如《左传·襄公二十九年》①记载吴国季札来聘问,并观于周乐,由文中可见,季札所观的都是些诗歌舞蹈,其重心则是诗。诗是乐的内容。我们可以看到,季札观乐,主要是从政治兴衰的观点发表评价。诗教主要在于熏陶濡染,由一地诗歌之内容则可以推知一地政治风俗之美恶。如观郑风则说郑地的音乐细碎,其民不能够忍受,郑国要先灭亡的;观秦风的时候说秦国的诗乃是继承了夏声,是周之旧邦,必将能够兴盛;观齐风则说,诗歌体现了精神之宏大壮阔,只有姜太公的封地才可能有这样的音乐,其国家不可限量。这样的观诗方式使我们意识到,诗作为人的志意的发动,透显个体的精神状态,观于诗便能够了解这个地方的政俗。另外,好的诗歌又能够养成个体"温柔敦厚"②的性格,使民俗淳美。

《书》与《诗》常常被相提并论,如《左传·僖公二十七年》记载赵衰赞誉郤縠之为人云:

> 说礼乐而敦诗书。诗书,义之府也;礼乐,德之则也;德义,利之本也。③

《诗》与《书》在当时的精英阶层中扮演着价值根源的角色,在当时的外交征聘等活动中有着重要的应用。引《诗》《书》作为根据在《左传》中多有,《论语》《孟子》亦然。诗的功能,清代劳孝舆《春秋诗话》所说颇有见地:"自朝会聘享,以至事物细微,皆引《诗》以证其得失焉。大而公卿大夫,以至舆台贱卒,所有论说,皆引《诗》以畅厥旨焉。"④劳氏所论不完全是事实,就《诗》之用而言,还是局限于公卿大夫等贵族阶层,所谓贱卒皂隶则未必。但就引用《诗》来表达自己的意思而言,《诗》成为重要的思想资源,是周这一文明共同体共享的价值渊源,引《诗》为证具有两方面的价值,一者拥有共同的话语模式便于思想的交流;二者,"断章取义"地引用《诗》能够制造一种温柔、敦厚的表达氛围,从而显示朝会聘享等礼仪

---

① 选自阮元校刻《十三经注疏》,中华书局,1980,第 2004—2009 页。

② 引自《礼记·经解》,选自阮元校刻《十三经注疏》,中华书局,1980,第 1609 页。

③ 选自阮元校刻《十三经注疏》,中华书局,1980,第 1822 页。

④ 劳孝舆:《春秋诗话》,商务印书馆,1936,第 42 页。

的神圣性。在当时,如果不能恰当地引用《诗》来表达自己的意思,应对别人的提问,就是自绝于文化体之外的举动,甚至会引发争执与矛盾。《尚书》本是夏商周三代文献资料的汇编,与《诗》相同,它在当时的生活中也具有非常大的影响力,是价值评判的依据与根源。据陈梦家先生统计,《论语》《孟子》《左传》《国语》《墨子》《礼记》《韩非子》《荀子》《吕氏春秋》九本先秦经典引用《尚书》共计一百六十八处,其中《论语》与《韩非子》只引了一两条,其他几种引用《尚书》较多①。引《书》为证正是因为其具有法度的地位,可以为价值判断提供根据。

《春秋》则是历史的结集,其意义在于经由历史经验的获悉以实现规诫。《孟子·滕文公下》说:"孔子成《春秋》而乱臣贼子惧。"②孔子之作或述《春秋》不论,然将《春秋》作为训诫的源泉则无有疑问。晋人范宁《春秋穀梁传序》评价孔子作《春秋》:"一字之褒,宠逾华衮之赠。片言之贬,辱过市朝之挞。"③《春秋》对于那些以其言行表现德性的价值者,即使卑贱也要加以褒扬;对于那些危害道义者,即使富贵也要批评。由《春秋》之传承久远,则那些依仗权势为非作歹者根本不能洗脱其恶名,而那些退守其身的有德者,其声名亦能够随着《春秋》光大。这就是《春秋》能够成为百世不易的规范,历朝历代统治者对其尊崇有加的原因。史在先秦文化中具有非常重要的地位,经由《春秋》确立起来的秉笔直书、扬善惩恶的史的精神影响了几千年的历史写作。《春秋》既是警戒恶行的,但同时它又褒奖美德的渊薮。《左传·昭公二年》就记载了这样一件事,韩宣子来鲁国出使,在太史氏那里看到了《易》与《春秋》,他感慨道:"周礼尽在鲁矣。吾乃今知周公之德与周之所以王也。"④由《易》与《春秋》能够看到周公之德和周之所以能够王天下的原因在于,《易》及《春秋》体现的刚大雄健、自强不息、不虚美、不隐恶的人文德性精神就是周族之民族精神,有这样伟大的精神,必然能得到天下。可以说,在当时人看来,学习《春秋》乃是为了由对历史的了解获得道德楷模与行为鉴戒,从而培养起向善恶恶的观念。

与《礼》《乐》《诗》《书》《春秋》不太相同的是,《易》最初为职业占卜者所拥有,

---

① 陈梦家:《尚书通论》,中华书局,1985,第11—35页。
② 引自《孟子·滕文公下》,选自阮元校刻《十三经注疏》,中华书局,1980,第2715页。
③ 引自范宁:《春秋穀梁传序》,选自阮元校刻《十三经注疏》,中华书局,1980,第2359页。
④ 引自《左传·昭公二年》,选自阮元校刻《十三经注疏》,中华书局,1980,第2029页。

它的指向还是神秘世界,是一个技术性的事务。它会通天道与人道的功能则是后起的,后来者引用《易》时常常将其卦爻辞加以发挥,使之成为德性的支撑。如《论语·子路》篇:

> 南人有言曰:"人而无恒,不可以作巫医。"善夫!"不恒其德,或承之羞。"子曰:"不占而已矣。"[①]

即南方人以为,没有恒心,就不能做巫师的。孔子很认可这个说法,并引《易·恒卦》九三爻爻辞"不恒其德,或承之羞"为证[②]。其意义一脉相承,即人如果无恒心,连卜筮尚且不能为之,何况认识人事的凶吉。孔子引述《周易》是从义理上来说明,重点在于发挥爻辞所体现出来的德性,而不再向神秘世界突进。《易》由义理、术数两端塑造了对于《易》的认知,其道德性一面更是在宋明儒学那里得到了极大张扬。

"六艺"是夏商周思想智慧的精华,是礼乐文明的府库,是后来儒学的基础。孔子对于"六艺"推崇备至,《史记·孔子世家》说孔子弟子三千,接受《诗》《书》《礼》《乐》等的教导,其中通"六艺"者七十二人。又传说孔子删定"六艺",这一说法或许值得讨论,但孔子的思想源头出于"六艺"则是确凿无疑的事情。《礼》《乐》共同规定了族群在世界中的秩序,人与人交往中的原则规范;《诗》《书》是价值的源泉,古人的思想行事流传下来,成为后人的楷模;《春秋》以其所载历史,形塑了中国的历史观,并为历史超越时代的真实性、不朽性确立了寓褒贬于文字的传统,成为族群共同记忆的范本;《易》则以其幽隐神秘会通天道和人道,反映"天人合一"的基本精神和价值导向。

2.2.2 重建礼乐——孔子的使命

杨儒宾所译之江文也《孔子的乐论》自序中,曾用一段诗意的文字描述孔子的时代:"那是个天地神人四象太和的时代,情意知没有分家,经史子集仍为一体。……身为轴心时代的奠基者,孔子自然而然地成为历史行程与社会性建构的交汇,同时,他也自然而然地成为人的精神的往各方向充分发展而又未丝毫异

---

① 引自《论语·子路》,选自阮元校刻《十三经注疏》,中华书局,1980,第 2508 页。

② 引自《易·恒卦》,选自阮元校刻《十三经注疏》,中华书局,1980,第 47 页。

化的统一。"①这是对孔子时代最诗意的赞誉。道德何以具备情感？艺术何以为神祇？政治何以为理想？固然都和"礼乐"密不可分。一部《论语》二十篇，说的正是诗书礼乐。

按照一般的史书描绘，整个远古，尧舜禹汤、周文王周武王的时代都弥漫着诗乐的精神，和谐美好。那个时代的"礼乐"是外在教化的工具，诉诸政，诉诸神；到了春秋时代，据范宁《春秋穀梁传序》记载："幽王以暴虐见祸，平王以微弱东迁。征伐不由天子之命，号令出自权臣之门……下陵上替，僭逼理极。天下荡荡，王道尽矣。"②这一时期，由于君王的暴乱竟导致周王朝衰落，东迁洛京后周天子的权威更是一路走低，各个诸侯国之间争地争人，你来我往，打得好不热闹。原来维持政治秩序的礼乐至此全然崩坏，诗开始消逝，礼开始被遗弃，甚至士大夫连最简单的避讳之礼也说不清楚。孔子生当这样一个乱世，其修《春秋》终极目的是要拨乱反正，以回到西周或者远古时期的礼乐精神。这样的说法，固然不错。但孔子的境界，远不止于此。他作为轴心时期的奠基者，用自己理性的阐发将礼乐气象恢弘光大，成为整个华夏民族的精神内核。也就是说，乐与诗可被称作儒家全部学说的源头，华夏民族的基本精神由此而建立。将孔子看成华夏文明第一人近乎无可争议，历史上无人可以与孔子的成就相比拟，故历朝历代对于孔子的崇敬膜拜不一而足，也就理所当然了。

孔子通过其一生的授业解惑及其后学的发展，经由礼乐精神塑造了中华民族的性格和文化心理结构。其思想的立足点正在于恢复礼乐的精神，重建世界的秩序，关于这一点我们先来看《论语·阳货》中几乎是最为重要的一段文字③：

> 宰我问："三年之丧，期已久矣。君子三年不为礼，礼必坏；三年不为乐，乐必崩。旧谷既没，新谷既升，钻燧改火，期可已矣。"子曰："食夫稻，衣夫锦，于女安乎？"曰："安。""女安则为之。夫君子之居丧，食旨不甘，闻乐不乐，居处不安，故不为也。今女安，则为之！"宰我出，子曰："予之不仁也！子生三年，然后免于父母之怀，夫三年之丧，天下之通丧也。予也有三年之爱

---

① 江文也：《孔子的乐论》，杨儒宾译，华东师范大学出版社，2008，第 27 页。
② 引自范宁：《春秋穀梁传序》，选自阮元校刻《十三经注疏》，中华书局，1980，第 2359 页。
③ 李泽厚：《论语今读》，生活·读书·新知三联书店，2008，第 488 页。

于其父母乎?"①

"旧谷既没,新谷既升"暗指季节的改换。钻燧改火,特指古代的一种仪式。古代人用钻木聚焦阳光的方式取火,但是不同的季节所用的木材不一样。每到改季节时,便要举行一定的仪式,称为"改火",而在此亦指季节年月轮回。此一整句,被宰我用以暗示服丧时间足够长,可停止于此。"食夫稻,衣夫锦",古人守丧的时候必须根据远近亲疏不同穿不同的丧服,饮食也非常简单,非如此则不能够表达内心的悲哀。这也是"礼"的具体表现。孔子认为守丧时吃稻应不觉可口,因为心里有哀思。宰我偏偏强调"心安"。怎会心安呢? 古代守丧,都是住在临时搭建的草棚中,睡在草铺上,拿土块当枕头。宰我实在是背孔子之心而行!故被孔子称为"不仁"。

宰我名予,字子我,为孔门高弟,以"言语"位列孔门"十哲"。宰我以言语便给出名,据《孟子》一书,子贡称"自生民以来,未有孔子也",有若赞孔子"出于其类,拔乎其萃",而宰予则干脆夸道:"以予观于孔子,贤于尧舜远矣"②,宰我对于孔子的推尊可谓至矣尽矣,但其在孔子门内,因为思路敏捷,言语犀利,有时候会问得孔子哑口无言,似乎不大讨孔子的喜欢,据说有一次他白天睡觉,就被孔子骂,说他是"朽木不可雕也,粪土之墙不可圬也"③,对他甚至是无话可说。宰我睡午觉被孔子骂,后来学者莫衷一是,如刘向就说孔子以小恶责以大言,太过无谓;朱熹则分辩说孔子不过是以之为标靶,以批评言行不一的恶习罢了。宰我似乎也不当回事,他或许喜欢口头上占些便宜,但心思却是纯正的,否则估计也无法在孔子那里混个优等生资格。《论语·雍也》④就曾记载有一次宰我问孔子说,有一个仁者,别人告诉他说有个人掉进井里了,他会相信这个说法而跑去施救吗? 孔子对此很不以为然,说怎么可能那样啊,君子会跑去救,但不会傻到跳井;君子虽然会被欺骗,但不会被愚弄。这里宰我恐是在开玩笑,表达仁者并不是那样的迂腐,而孔子愤愤然之色跃然纸上,由此可见宰我的口才之好,他位列"言语"科也不是没有道理。宰我在孔子门下既久,其对孔子思想之了解自可谓

---

① 引自《论语·阳货》,选自阮元校刻《十三经注疏》,中华书局,1980,第 2526 页。
② 引自《孟子·公孙丑上》,选自阮元校刻《十三经注疏》,中华书局,1980,第 2686 页。
③ 引自《论语·公冶长》,选自阮元校刻《十三经注疏》,中华书局,1980,第 2474 页。
④ 引自《论语·雍也》,见阮元校刻《十三经注疏》,中华书局,1980,第 2479 页。

通达,当不至于不解何为"三年之丧"。或许我们可以说,正是因为了解孔子对于礼乐精神的虔敬,这个调皮的宰我才会以"三年之丧"来跟孔子开玩笑。在孔子自然是痛心疾首,谆谆告诫其他弟子,宰我的价值或许便在此。

但细究宰我的提问以及孔子的回应,恰可以看出孔子对礼的态度。宰我以言语著称,其论辩在逻辑性上有其存在的理由,其合理性有着充分的表达:当我为父母守丧时礼乐活动是停滞的,三年之期过于漫长,礼乐制度必然因此受到损坏。"礼必崩,乐必坏"的看法实际隐含了这样一层意思,当我坚持"三年之丧"的训诫时,我原来的生活将受到影响,群体活动也必然会暂时废止。这个可能性与孔子对于礼乐精神的坚持有着逻辑上的内在矛盾,礼乐经由人的活动来体现,当人的生活停止时,礼乐也就失去意义。自然,宰我亦并非简单地否定三年之丧,而是提出了"期年"这一替换方案,因为旧的粮食吃完,新的就必将取而代之,钻木取火的木棒也使用过一轮了。其更深的价值意义或许在于,宰我认为礼仪必须随着时空的变异而有所调整,实践层面的考虑必须置于优先地位。

三年之丧是原本就有的礼制,只是如宰我之"困惑"所揭示,到了孔子的时代,在礼坏乐崩的浪潮中,三年之丧早已受到了时人的反对。与此同时,也出现了对礼的新解释和新说明。早在春秋早期,礼就有狭义和广义之分。狭义指仪式节文,广义指一个社会的和谐秩序及礼的根本精神。《左传·昭公五年》记载:

> 晋侯谓女叔齐曰,鲁侯不亦善于礼乎? 对曰:鲁侯焉知礼。公曰:何为? 自郊劳至于赠贿,礼无违者,何故不知? 对曰:是仪也,不可谓礼。礼所以守其国,行其政令,无失其民者也。①

这里晋侯问女叔齐为何鲁侯熟知礼法,仍不知礼? 女叔齐指出这只是"仪"(礼法礼貌),只是一些枝节的东西,而"礼"之真义在于建立一个安定秩序,能"守其国,行其政令,无失其民者也"。这一时期,对于礼的一种观念是:礼应该有其内在的品质和精神生命,而不应该仅仅是一整套被要求遵守的僵死的仪文形式。这一精神首先由将礼与仪分开来体现。据《左传·昭公二十五年》记载,子大叔受到赵简子的接见,赵简子问子大叔周旋揖让之礼。子大叔说那些不是礼,是"仪"而已。于是赵简子问何为礼。子大叔对曰:"吉也闻诸先大夫子产曰:'夫

---

① 引自《左传·昭公五年》,选自阮元校刻《十三经注疏》,中华书局,1980,第 2041 页。

礼,天之经也。地之义也,民之行也。天地之经,而民实则之。则天之明,因地之性,生其六气,用其五行。气为五味,发为五色,章为五声,淫则昏乱,民失其性。'"①我们从这段话中可以得知:子大叔认为礼与仪式有着本质的区别,它立足于民对天地的效法,从而天然地具有天经地义的必然性,因天之明,则地之性,民见天地之所攸宜,从而取法之,并践行于自己的日常生活之中。自然,这是为礼寻找其外在的宇宙论性质的根据,但不难发现先民对礼之看重,其不仅仅是一系列"揖让周旋"之事,更加重要的是在这些仪式节文后面所体现的礼的精神。原来是礼、仪两者混而为一,现在随着人们对于礼的认知愈来愈深,则需要将两者区分开来,以寻求确定的"礼"的本质。无疑在当时的一批精英分子看来,礼不但是那些仪式,更是社会规范和统治秩序以及背后的人文精神。

宰我的大不敬并没有引起孔子申斥,而是将其思路引向情理层面。对孔子而言,三年之丧是一个无须讨论的问题,它只是生活中自然而然的符合礼仪的行为。因而在孔子的回应中并无论辩的手段,孔子不企求以语言的论辩来说服宰我,他更多关注的是三年之丧后的情感本身,孔子思考的乃是礼仪的生命价值,而非其形式意义。"子生三年,然后免于父母之怀"的问难不仅仅针对宰我,而且具有自问的味道,他正是通过自省的方式切入礼仪的本质。或许这一刻孔子有对自己父母的怀恋,正是在对父母的真挚怀恋中,作为子女自然地会"食旨不甘,闻乐不乐,居处不安",因为心有所思所恋,则味觉、听觉、感觉都处于一种不安宁的状态。孔子之所以认为宰我不仁,乃是因为宰我在施"礼"时,只把它当作外在的约束,作为一种强制的规定,而并未与内心的情感相勾连。在孔子眼中,礼不仅仅只是繁文缛节,不应该被认为只是空洞的有待遵守的程序,就"三年之丧"的礼制来说,它以父母子女之亲情为深刻的情感基础,与"孝悌"紧密相连,而孝悌又是建筑在亲子之爱上。正如钱穆先生于《论语新解》中所提出:"孔子之学所重最在道,所谓道,即人道也。其本则在心。人道必本于人心,如有孝弟之心,始可有孝弟之道,有仁心,始可有仁道也"②。经由孔子,礼的规范就变成了发自内心的人的情感要求,强制性的规定变成了自觉的生活理念。概言之,在孔子的世界

---

① 选自阮元校刻《十三经注疏》,中华书局,1980,第 2105—2011 页。
② 钱穆:《论语新解》,巴蜀书社,1985,第 4 页。

里,礼不再是简单的外在的繁文缛节,自然,孔子还是会遵守礼仪的,并没有说要取消礼仪节文,正如文质不可一偏一样。孔子对于礼仪方面的持守在《论语·乡党》中有非常细致的描摹。文中从孔子在宗庙、朝廷与人交谈的神态,到参与朝廷及乡党政治生活的情态,再到所穿衣服的款式质地、饮食的配料等各方面表现了孔子守礼而行的样态。在孔子,是将礼与仁相联系,与人本身内在的心性挂钩,与人区别于动物性的所在即人之所以为人挂钩。"礼"与人的生命情谊息息相关,且能从与这种情谊的关联中实现最动人的意义。相较上古时代,礼的意义由巫术祭祀所赋予,是"神"的准绳命令,而经过孔子的阐释,如李泽厚先生所总结的:"礼获得了心理学的内在依据,由服从于神变成服务于人本身,成为人内在欲求和自觉意识的外显。"①

显然宰我并没有这样的体会。宰我固然提出了一个极为有力的、符合理智的、务实的方案,但这明显打破了建立于情感上的心理结构。而所谓"不安"正是源于自身的行为没有建立在内心的体认上。宰我的观点反映了在礼仪活动展开过程中形式与情感认同的可能的分离,实际上三年之丧这一通丧是在长期稳定中发展出来的礼仪形式,它具有传统的力量,也是长期的情感认同的结果,因而具有合情合理的属性。宰我的诉求过分夸大了形式的问题,而忽略了三年之丧在群体中的情感认同性。

当孔子以"食夫稻,衣夫锦,于女安乎"问难宰我时,宰我以理智性的思考紧抓形式上的缺陷,而答以"安"。以情感的不安来达成"三年之丧",这必然要求每一个体反躬自省,只有回到自身才能够回答这一问题,因为这最终是一个心安与不安的问题。安与否的问题根源于内心,不安源于生命的欠缺性。在情感与形式的融合中,经由反思转化,对于父母的敬爱与思恋不只是存留于三年之丧中,父母成为我们永远思念的对象,生命因融入其中而获得永恒的圆满。

如果按照宰我的观点推论,则礼仪的形式本身完全可以废止,毕竟从根本上说,三年与一年并无本质区别。孔子明显洞察了这一问题,如果形式日渐消逝,则连带附着于礼仪活动中的情感亦将淡化。故而即使礼的真正精神在礼仪活动中可能不再存在,"仁"仍被引为礼的根据之一,放置在人们的理智化的情感之

---

① 李泽厚:《华夏美学·美学四讲》,生活·读书·新知三联书店,2008,第57页。

上，人们在参加礼仪活动时就仍然必须维持对礼的真正的信念，顺礼而为，而不计较自己一身的毁誉。唯有如此，才能够重新振兴礼乐。

正因为能够领受到父母三年劳之怀之的辛劳与心情，在感同身受于他者的心境中，人能够获得反身而诚的生命体悟。如《论语·为政》所云："视其所以，观其所由，察其所安。人焉廋哉，人焉廋哉？"①"所以"是外在的行为表现，"所由"是内在的意念活动，"所安"则是行为表现与意念活动合而为一的坦然状态。当人深入并以参与的态度进入某项事务时，外在的行径与内在的思索是一体的，人所面对的是心灵与身体的结合。礼仪活动同样是外在的形式与内在的情感的合一。真正能达到安然必然是经历外在和内在的双重转化，其内思于心，则外形于事务，其不仅成己，亦成物。如欲达到这一安然的状态，则需敬。子路问孔子说怎样做才能够叫君子。孔子说要不断地修养自己，并保持严肃恭敬的态度。子路听后问这样是不是就足够了。孔子说还不够，将自己修养好了还不够，还要使周围的人们安乐。子路又问做到使周围的人安乐是否就足够了。孔子说没有那么容易就能够做到修养自己而使所有百姓都安乐的，尧舜尚且都还做不到。对外的所有关怀都来自内心的关怀。当自身感受到外物的失衡时，修己以敬便是自然而然的事情。所谓敬，正是以戒慎恐惧的态度来面对事务，以谦卑的姿态来面对事务，相应地，自心敬重事物，任何事物也同时能够敬重自心。

下面我们来看《论语·泰伯》中另外一段重要的文字：

子曰："兴于诗，立于礼，成于乐。"②

朱子《集注》以为，这里的"兴"是兴起的意思。诗本源于人的性情，由于受到自然人事的感发而有所吟咏。而人的性情有过有不及，需要诗之无邪来纠正。当初学者吟咏诗歌之时，其声抑扬顿挫，非常容易引起情感的共鸣，在不由自主间，就能够喜好那些善的美的，憎恶那些丑的恶的。礼于内表现为恭敬谦逊辞让，发于外则是各种各样详备的礼仪节文，礼仪从外修正约束人。故而学者如果能深得礼之精神，则必能够卓然挺立，不被外部种种诱惑利欲所动。由《诗》、

---

① 引自《论语·为政》，选自阮元校刻《十三经注疏》，中华书局，1980，第 2462 页。
② 引自《论语·泰伯》，选自阮元校刻《十三经注疏》，中华书局，1980，第 2487 页。

礼更进一步是乐。乐有宫商角徵羽五声,有黄钟、大吕等十二律,这些声律交相唱和可以涵养人的情性,去除人心内的渣滓、邪僻。由《诗》之兴发感动,到礼之固执无违,最后达于心怀道义、腹含仁德,自然便能够合于道德的要求,是为君子人格之养成。在朱子看来,诗、礼、乐的精神从根底上来说还是一个化的问题,是从初学到成人经由兴发到自行之而到从心所欲的过程,即经由这样一种陶养训练以达成"成仁"这一儒家精神追求。

"兴于诗"的"兴"原属于《诗》之"六义"一种,是作诗的一种方式。我们非常熟悉的"赋比兴"原则中,赋指描述,比指比喻,而兴是最独特的。孔子认为,这是诗歌之根本。东汉郑众解为:"兴者,托事于物则兴者也。……诗文诸举草木鸟兽以见意者,皆兴辞也。"①诗歌在表述心志之前,都先要描写一个自然的东西,往往是草木虫鱼鸟兽。也就是说,诗歌所描写的内容,往往与意欲表述的东西没有直接的对象化的联系。诗歌所描写的内容往往造就了一种情境,托起了一种气势,使得后续所描述的东西或者意欲表达的东西有了意义生发的基础。诗歌像是一种语言游戏,唤起了一种"共举"的语境力量,我们也可以把其称为气韵,从而使得那些"被兴者"可以达到最真切的领会。中国古典诗歌,从《诗经》中的"关关雎鸠,在河之洲"到唐诗中的"鸡声茅店月,人迹板桥霜",其着力点都在制造一种兴发的情境,诗人的情感表达因之有了生发的基础。"兴者"和"被兴者"之间,有着某种奇妙的关联。这种关联不是因为两者之间有某种外观的可被比附的相似,而是两者共同分享了某种"气韵"。好似见到兴者,被兴者自然而然就会来到人们的心里,"兴"是一种不可摹状却实实在在发挥作用的力量。孔子说兴于诗,指的正是人通过诗歌的"兴"的特质得以教化的可能。

再看"立于礼"。"立"在《论语》中最初出现,便是《为政》篇中的"三十而立"。此字古来便有不同的解释,何晏《论语集解》以为"有所成立也",皇侃《论语义疏》云:"谓所学经业成立也。古人三年明一经,从十五至三十是又十五年,故通五经之业,所以成立也。"宋翔凤《论语发微》云:"立也者,立于礼也。君子惟明礼,而后可以居室。不然,风俗之衰与人伦之变,未有不自居室始者。故曰人有礼则

---

① 引自孔颖达:《毛诗正义》,选自阮元校刻《十三经注疏》,中华书局,1980,第271页。

安,无礼则危也。"①从以上的注解不难看出,立大致指的是做人有了成就。"立于礼"者,《论语集释》以为,"恭敬辞让,礼之实也。动容周旋,礼之文也。朝庙、家庭、车舆、衣服、宫室、饮食、冠昏、丧祭,礼之事也。事有宜适,物有节文,学之而德性以定,身世有准,可执可行,无所动摇,是立于礼"②。立于礼正指的是人通过掌握熟悉了礼之文、礼之事,并将之贯彻到日常生活中,才可算作有所成。"立"于"礼",说明孔子认为人的成就始终是和明礼结合在一起的,在礼中站立,为成就自己的人格和地位打下基础。《论语》的开篇便讲"学而时习之,不亦乐乎"③,孔子所强调的不是我们今天意义上的知识性的学习,而是学礼,或者说学习传统,并把礼践行到生活中去。在生活中,礼所起的作用不仅仅是为了规约人的生活秩序,更重要的是还与人类伦理性的情感相连,是对人本身之为人起建构作用。

最后回到"成于乐"。首先必须明确的是,孔子所推崇的音乐乃雅乐,而非一般所谓的音乐。"雅乐"是指先民在祭祀活动及各类典礼中演奏的音乐,"由于它带有很大的礼仪性质,必然是动作缓慢,声调平和,音乐手法则以重复为主"④。孔子在评论鲁太师所奏音乐时感慨道:"乐其可知也:始作,翕如也;从之,纯如也,皦如也,绎如也,以成。"⑤此即体现了雅乐曲式上的特征,音乐一开始演奏的时候以齐奏为主;"从之,纯如也",一旦音乐放开来演奏时,音声和谐;"皦如也",节奏分明;"绎如也",曲式简洁,一调连贯到底,少有变化。鲁太师即鲁国掌管音乐的最高官员。《论语·微子》篇说到,到周政日衰,礼崩乐坏,乐师无所用,各种朝廷的乐师随之星散于各国。宋翔凤《论语发微》沿袭了《周礼》中记载的奏乐的基本程序,以时间流程表述了乐的形成。"始作时金奏颂也。考《仪礼·大射仪》,纳宾乃奏《肆夏》,乐阕后有献酢旅酬诸节,而后升歌,故曰从之。'从'同'纵',谓纵缓之也。入门而金作,其象翕如变动。缓之而后升歌,重人声,其声纯一,故曰纯如,即《乐记》'审一以定和'也。继以笙人,笙者有声无辞,然其声清

① 何晏紫、皇侃及宋翔凤之观点皆从《论语集释》中引述。见程树德:《论语集释》,程俊英、蒋见元点校,中华书局,1990,第72页。

② 程树德:《论语集释》,程俊英、蒋见元点校,1990,第531页。

③ 引自《论语·八佾》,选自阮元校刻《十三经注疏》,中华书局,1980,第2457页。

④ 刘再生:《中国古代音乐史简述》,人民音乐出版社,1989,第44页。

⑤ 引自《论语·八佾》,选自阮元校刻《十三经注疏》,中华书局,1980,第2468页。

别,可辨其声而知其义,故曰皦如。继以间歌,谓人声笙奏间代而作,相寻续而不断绝,故曰绎如。"①宋氏把翕解为"金作"(敲击钟),"纯如"解为"人声","皦如"解为"笙人","绎如"解释为"间歌","人声笙歌间代而坐",然后合奏,则乐"已成"。此一解释则将孔子所论完全视作孔子谈论音乐演奏的程式,试想孔子当日观鲁太师奏乐,竟只流于将此一演奏过程详录如此,这与孔子深通音乐大为不合。

孔子本身是熟习音乐的。《礼记·檀弓上》记载:"孔子既祥,五日弹琴而不成声,十日而成笙歌。"②是说孔子的母亲去世后第二十五个月,孔子为其举行大祥祭礼。起初五天弹琴都不能成声,可过了十天之后,配合笙歌就能和谐地弹出乐曲。《史记·孔子世家》中记载孔子从师襄子学琴:

> 孔子学鼓琴师襄子,十日不进。师襄子曰:"可以益矣。"孔子曰:"丘已习其曲矣,未得其数也。"有间,曰:"已习其数,可以益矣。"孔子曰:"丘未得其志也。"有间,曰:"已习其志,可以益矣。"孔子曰:"丘未得其为人也。"有间,有所穆然深思焉,有所怡然高望而远志焉。曰:"丘得其为人,黯然而黑,几然而长,眼如望羊,如王四国,非文王其谁能为此也!"师襄子辟席再拜,曰:"师盖云文王操也。"③

孔子学琴十天还是弹奏同一首曲子,师襄子说可以学习其他的了。孔子说自己虽然掌握了曲调,但还未能够掌握弹奏的技巧。过了段时间,师襄子又对孔子说现在已经掌握技巧了,可以更进一步了。孔子说自己虽然掌握了技巧,但还未能够掌握作曲者之志。又过了几天,师襄子又催孔子。孔子说自己还不够好,虽然弹琴,但未能够与作曲者达到精神的沟通,不知道他是怎样的人。几天之后,孔子气质竟就发生了变化,似有所深思,其志向亦似变得极为高远,乃说知道作曲者是谁了。其人皮肤暗黑,身材颀长,眼神具有威仪,如同统治着天下,除了文王还有谁能够作出这样的曲子啊,必然是周文王所制曲。师襄子听了感佩不已,说他的老师也说过这曲子是《文王操》。这是一段孔子学琴的佳话。"进"指学习新的曲子。"益"指增加曲目,同"进"。"数"指节拍,也指音乐之技。"志"可

---

① 程树德:《论语集释》,程俊英、蒋见元点校,1990,第217页。
② 引自《礼记·檀弓上》,选自阮元校刻《十三经注疏》,中华书局,1980,第1278页。
③ 引自《史记·孔子世家》。司马迁:《史记》,中华书局,1999,第1551页。

作志趣、意旨。"穆然"指默然静默沉思的样子。"怡然"指和悦的外貌。"几"通
"颀"。"望羊"亦作"望洋",指远远望去的样子。文中所述孔子学琴的经历,从开
始掌握曲子的大致意义("曲"),到就演奏技巧打磨熟悉("数"),都是技术层面的
事情,孔子并不满足于此,进而探求作曲者的精神境界。可以说,孔子是用"心"
而不只是用"指"在弹奏乐曲,只有这样才能让乐曲流露出思想内涵("志")。最
后,孔子还要达到如与作曲者面面相照默会于心("人")。从《史记·孔子世家》
记载的这段话我们可知孔子对音乐的体认是超乎一般人对音乐的感受,并非流
于表浅的感官愉悦。孔子对于音乐的学习与"得其为人"息息相关。"为人"一词
揭示了音乐对于孔子不同寻常的意味,乐曲总是和人,乃至和人生有某种密切的
关联,显示出某种灵魂性的东西。正如《礼记·乐记》中所描绘的:"凡音之起,由
人心生也。……乐者,音之所由生也,其本在人心之感于物也。是故其哀心感者,
其声焦以杀;其乐心感者,其声啴以缓;其喜心感者,其声发以散;其怒心感者,其声
粗以厉;其敬心感者,其声直以廉;其爱心感者,其声和以柔。"[1]从声到音,从音到
乐,人的领悟总能到达遥远深邃之处。乐赋予人们的终究是某种情境,这种情境是
栩栩如生的,且有引发力量,引发人们对生存境遇的领悟。换言之,《论语》中所谓
的"成于乐",关键不在于"乐"的形式能给人带来感官的愉悦之美,而在于透过乐的
和谐令人心生肃穆庄严与温柔敦厚之情,因此,以"乐"之和谐来表征道德生命的圆
成,达到无入而不自得,从心所欲而不逾矩的境界。概而言之,孔子透过音乐之
"美"要追寻的是音乐之善,其至善至美的一面对君子人格的涵养有着范导作用。

"兴于诗,立于礼,成于乐"代表了孔子对于君子人格塑造的追求。徐复观先
生在《中国艺术精神》中谈到孔门艺术精神时说:"乐的正常的本质,可以用一个
'和'字做总括。"[2]而礼乐的精神与实际的作用正是在呈现一种和谐的生命状
态,礼以注重形式分别意义来推展生活中的次第,而乐则是在情感认同层面来串
联以达成生活中的统一。正是因为乐主和同,《荀子·乐论》才会说:"乐者,天下
之大齐。"[3]大齐就是完全同一。而《礼记·儒行》中有"歌乐者,仁之和也"[4]之

① 引自《礼记·乐记》,选自阮元校刻《十三经注疏》,中华书局,1980,第1527页。
② 徐复观:《中国艺术精神》,华东师范大学出版社,2001,第12页。
③ 引自《荀子·乐论》,选自王先谦撰《荀子集解》,沈啸寰、王星贤整理,中华书局,1988,第380页。
④ 引自《礼记·儒行》,选自阮元校刻《十三经注疏》,中华书局,1980,第1671页。

说。所以,和中亦有仁的意味。仁者的状态,是天下归仁,浑然与物通体,这也是乐和同的精神境界。"乐和仁的会通统一,即是艺术与道德在最深的根底中,同时也即是在其最高的境界中,会得到自然而然的融合统一,因而道德充实了艺术的内容,艺术又助长安定了道德的力量。"①

由此我们不难理解为什么《论语·先进》篇中孔子让弟子各自讲述其志向,而孔子独"吾与点也"②。"与"意为嘉许,孔子何以独独"与"点?朱子《集注》以为:"其胸次悠然,直于大地万物上下同流,各得其所之妙,隐然自见于言外。视三子之规规于事之末者,其气象不侔矣,故孔子叹息而深许之。"③朱熹认为曾点的境界是道德精神的最高境界,同样也是仁的精神状态的体现。我们看到曾点在回答孔子问答之前正在鼓瑟,他所道出的人生境界也体现了满满的乐感,体现了"大乐与天地同和"的艺术境界。这种境界,乃是经过事之末后达到的道德境界。他沐浴于大自然中,歌唱于亭台楼阁,物我合一,物我两忘。孔子对于曾点的志向深致嘉许,因为曾点的政治理想也就是孔子由自我的道德关怀发散至关怀人类与宇宙的大生命、会通天人之道,进而将之落实在现实生活中所呈现的和谐圆融的理想境界。当然,对孔子而言,如此的生命境界还是要回归到人世间,以成就其"成己成物"的理想。

至此,"兴于诗,立于礼,成于乐"的成人境界,便全然呈现。通过诗之"兴",我们得以进入原发的意义的情境,领悟礼的情感本体且在熟练践行礼的过程中,完成人性的自我塑造,最终达到与天地同和的"乐"之大境界,物我两忘,在道德境界和艺术境界交汇的最高点达到"至诚"。

在礼坏乐崩、世道浇漓的情况下,孔子对于礼乐的热情始终不改,希求重现礼乐精神。重现礼乐文化无非两途,或者推倒重来,或者夯牢基础。孔子自然是选择了第二条道路,从而为礼乐的精神重新寻到了源头活水,其归本之处在于仁。我们知道仁是孔子的核心范畴,儒学又被称作仁学。据统计,《论语》中出现"仁"字的段落有 58 处,"仁"字出现有 105 次,孔子是将"仁"贯彻到了其实践育人的方方面面。与"仁"相联系的是孔子对"君子"概念的改造,原来的君子仅仅

---

① 徐复观:《中国艺术精神》,华东师范大学出版社,2001,第 14 页。
② 引自《论语·先进》,选自阮元校刻《十三经注疏》,中华书局,1980,第 2500 页。
③ 朱熹:《四书章句集注》,中华书局,2011,第 130 页。

是贵族的名号,其最初的意义是君之子,后则成为贵族的泛称。孔子则更进一步,使之成为一个德性的主体,是可以经由行仁而达到的人生目标,从而礼乐的基础由贵族扩展到所有人,"礼不下庶人"①这一状态彻底改变。这就为贵族社会解体之后平民社会的兴起奠定了稳固的思想根基。

2.3 《论语》之后的先秦儒学经典

2.3.1 《中庸》:君子之道

《韩非子·显学》说"孔、墨之后,儒分为八"②,即子思、孟氏、乐正氏、子张、颜氏、漆雕氏、仲良氏、孙氏(荀子一派)所代表的八个派别。而这八派中,曾子、子思、孟子和荀子的学说流传下来,其他各派都湮没无闻。通常讲先秦儒学,都是由孔子直接进入孟子,后面讲《礼记》时会涉及《中庸》《大学》,因为《中庸》的成书年代,在儒学史上颇有争议。一种观点认为其成书于孟子之后,思想承自《孟子》且吸收《易传》;另一种观点认为《中庸》成书于《孟子》之前,乃孔子之孙子思所作。近些年来的考古发现为后一说提供了大量证据,故本书中从后一说,用《中庸》承《论语》,《孟子》承《中庸》,以《大学》《荀子》断后作为先秦儒家的综合之道。③

《中庸》在中国文化史上的地位是毋庸置疑的。自它在宋代被从《礼记》中抽取出来,单独成篇且被纳入《四书》学体系之时起,就成了经典中的经典。朱熹的《中庸章句序》中言:"中庸何为而作也?子思子忧道学之失其传而作也。盖自上古圣神继天立极,而道统之传有自来矣。……推本尧、舜以来相传之意,质以平日所闻父师之言,更互演绎。……历选前圣之书,所以提挈纲维、开示蕴奥,未有若是之明且尽者也。"④朱熹认为,子思忧虑道统失传而作《中庸》,其吸取历代圣贤之洞见,从尧、舜、禹到成汤再到文、武再及孔子,都有一以贯之的思想,如"允执厥中""执中""中庸""时中",即"中"的思想贯穿始终——朱熹称

---

① 引自《礼记·曲礼上》,选自阮元校刻《十三经注疏》,中华书局,1980,第1249页。

② 王先慎:《韩非子集解》,钟哲点校,中华书局,1998,第457页。

③ 东汉郑玄与唐代孔颖达注《礼记》时,都认为《中庸》为子思所作。宋儒更说子思通过写《中庸》来接续传承儒家的道统。

④ 朱熹:《四书章句集注》,中华书局,2011,第14—15页。

为"历代圣贤之心法"。宋代黎立武在《中庸指归》中曾断言:"《中庸》者,群经之统会枢要也。"①所谓群经指儒家"六艺",即在黎立武看来"六艺"的世界是彼此通达的,某种意义上,它们都是对"中庸"之道的揭示,只是其揭示的方式不同而已。中庸是中国文化思想的特质之一,是中国文化精神与灵魂的直接诠释。法国哲学家弗朗索瓦·于连曾评述说:"被称为'中国人'的这一族群,在其历史过程中形成的特有的生活方式,不是由'存在'、由'上帝'、由'自由'这些范畴构筑的,而是由'中庸'来'规定'的,这是历史过程中形成的天命。"②

《论语·公冶长》借子贡言:

> 夫子之文章,可得而闻也;夫子之言性与天道,不可得而闻也。③

相比文章,性与天道为何难闻?朱注言:"文章,德之见乎外者,威仪文辞皆是也。性者,人所受之天理;天道者,天理自然之本体,其实一理也。言孔子之文章,日见乎外,固学者所共闻;至于性与天道,则孔子罕言之,而学者有不得而闻者。"④也有皇疏引太史叔明云:"文章者,六籍是也。……以此言之,举是孔子死后,七十子之徒,追思曩日圣师之德音难可复值。六籍即有性与天道,但垂于世者可踪,故千载之下,可得而闻也。至于口说言吐,性与天道,蕴藉之深,止乎身者难继,故不可得而闻也。"⑤两处颇具代表性的解释表明孔子的"文章"可从孔子外在的具体言行来加以体会领悟,而性与天道,隐没于言行之后,只可于孔子亲身体察,孔子又未曾将"性"与"天道"以对象化的方式阐明,故不可得而闻。这样就给我们遗留下一个问题,性与天命究竟是怎样联系在一起的?且孔子的那些可以"日见乎外"的德(行为),与性和天道的关系又是怎样的?《中庸》开篇讲"天命之谓性"⑥,正是回答了第一个问题;紧承其后的"率性之谓道"则是回答了第二个问题。故而《中庸》上篇,是直承《论语》的孔门文献。

"中庸"一词在《论语》中多次出现。《论语·雍也》云:"中庸之为德也,其至

---

① 黎立武:《中庸指归》,见纪昀编撰《文渊阁四库全书》,上海古籍出版社,第二百册,2003,第718页。

② 弗朗索瓦·于连,狄艾里·马尔塞斯:《〈经由中国〉从外部反思欧洲——远西对话》,张放译,郑州:大象出版社,2006,第37页。

③ 引自《论语·公冶长》,选自阮元校刻《十三经注疏》,中华书局,1980,第2474页。

④ 朱熹:《四书章句集注》,中华书局,2011,第79页。

⑤ 程树德:《论语集释》,程俊英,蒋见元点校,1990,第320页。

⑥ 引自《礼记·中庸》,选自阮元校刻《十三经注疏》,中华书局,1980,第1625页。

矣乎！民鲜久矣。"①《论语·子罕》中孔子曾言："吾有知乎哉？无知也。有鄙夫问于我，空空如也，我叩其两端而竭焉。"②《论语·尧曰》记载尧命舜"允执其中"③。《中庸》则作："执其两端，用其中于民。"④孔颖达《礼记正义》引郑玄《三礼目录》云："名曰中庸者，以其记中和之为用也。庸，用也。"⑤《说文解字》以为："中，内也。从口。上下通。"⑥中不是任何形式的实在，而是"上"与"下"之间的贯通。庸，《庄子·齐物论》言："庸也者，用也；用也者，通也；通也者，得也。"⑦《说文》以用为"可施行也"⑧，而可施行必与行为之事紧密相关。扬雄《方言》："用，行也。"⑨故"中庸"第一个层面的含义，指向人的行为。可《论语》中也有与"中"连用的"行"字，如"不得中行而与之"⑩。所以"中庸"必比"中行"更多一层深意。朱熹言："庸，平常也。"⑪结合上述含义，庸指平常的行为。"平常"（庸）与"中"有何关联？若但言"中"而不言"庸"，则"中"会悬空成纯粹的一种空间观念。若但言"庸"而不言"中"，那么平常行为的意义便不显明。我们还是要从"中"的深刻意蕴中来寻找答案。

清代学者胡煦有一段很精彩的关于圣人"执中"的描述："盖两端皆不能举中，惟中为能周于两端，达于四旁。今有百斤之木于此，令于一端举之，虽万斤之力不胜矣。若于其中挟之，则百斤之力可耳。卦爻贵中，其势其力，与边旁殊也。况大化由中而出，是即周易之大原乎？尧之执中，舜之用中，孔子之时中，均非无见于此也。"⑫"周于两端，达于四旁"点出了"中"上下通达的核心作用：举木时，通过"执中"，达到四两拨千斤的效用。但此"执中"是一个隐喻，因为举木时，其

---

① 引自《论语·雍也》，选自阮元校刻《十三经注疏》，中华书局，1980，第 2479 页。
② 引自《论语·子罕》，选自阮元校刻《十三经注疏》，中华书局，1980，第 2490 页。
③ 引自《论语·尧曰》，选自阮元校刻《十三经注疏》，中华书局，1980，第 2490 页。
④ 引自《礼记·中庸》，选自阮元校刻《十三经注疏》，中华书局，1980，第 1626 页。
⑤ 引自阮元校刻《十三经注疏》，中华书局，1980，第 1625 页。
⑥ 许慎：《说文解字》，中华书局，1963，第 14 页。
⑦ 郭庆藩：《庄子集释》，王孝鱼点校，中华书局，1961，第 70 页。
⑧ 许慎：《说文解字》，中华书局，1963，第 70 页。
⑨ 扬雄：《方言》，四部丛刊初编本，1929 年二次影印本。
⑩ 引自《论语·子路》，选自阮元校刻《十三经注疏》，中华书局，1980，第 2508 页。
⑪ 朱熹：《四书章句集注》，中华书局，2011，第 19 页。
⑫ 胡煦：《周易函书约存》，卷五，见纪昀编纂《文渊阁四库全书》，上海古籍出版社，2005，第四十八册，第 176 页。

重心容易找到,而世间诸多事态里,"中"是处在非现成化的境遇里的,要求判断力的加入才能真实把握。所以孟子说执中,会强调"权"的作用,没有"权"的参与,无法抵达真正的"中",而会落入对现成的"一端"的固执里①。所以"中"是上下贯通后的权衡之果,是程颐讲的"不偏"。

王夫之《说文广义》中把二义有机结合在一起:"中,本训云和也。其字从口,而上下贯通,调和而无偏胜,适与相宜。周子曰:'中也者,和也。'酌之以中,所以和顺义理,而苟得其中,自无乖戾也。……东西南北之无倚,上下之皆贯,则居事物之里矣,故又为内也。与外相对。故不偏依于一方,不偏不倚,必贯其内矣。"②以贯通义为基础,"中"与"和"相通。而贯通在中国古代思想中恰有十分重要的意义。"道"之为道路,正因为它连接起且通向不同的地方,在"不同之处"建立起相互的通达,所以扬雄《法言·问道》中言:"道也者,通也,无不通也。"③方以智曾将道的学名称为"通几",所谓通,指贯通,几,意为隐微。通几,即为通观天地后从表象中感知其隐微的本质。而所谓为道,就是通达如何达到自身的技艺。"中""和""道"在贯通意义上,是相互生发的、是一体的。

所以,"庸"与"中"联系在一起,"庸"为用,但非寻常之用,而是"通"之用,对应的不是技,而是通达之"艺"。"中庸"所意味的正是上下通达的"智慧"或"道艺"。

总体而言,《中庸》一开篇"天命之谓性,率性之谓道,修道之谓教"④这一宏大命题通过命、性、道、教四者共同托举起一个境。"修道之谓教"一句,《哀公问政》前半段引孔子阐述云:"文、武之政,布在方策,其人存,则其政举;其人亡,则其政息。人道敏政,地道敏树。夫政也者,蒲卢也。故为政在人,取人以身,修身以道,修道以仁。仁者人也,亲亲为大;义者宜也,尊贤为大。亲亲之杀,尊贤之等,礼所生也。在下位不获乎上,民不可得而治矣!"这一章要义有二:首先指明"中庸"之道具体实现于君臣、父子、夫妇、兄弟、朋友这五伦关系之中,即"五达道";而其践行则需知、仁、勇"三达德"。"三达德"是天命之性的真实内容,是实

---

① 如《孟子·尽心上》云:"执中无权,犹执一也。所恶于执一者,为其贼道也。"见阮元校刻《十三经注疏》,中华书局,1980,第2768页。

② 王夫之:《说文广义》卷二,见《船山全书》九册,岳麓书社,1996,第240页。

③ 汪荣宝:《法言义疏》,中华书局,1997,第109页。

④ 引自《礼记·中庸》,选自阮元校刻《十三经注疏》,中华书局,1980,第1625页。

现"五达道"所具备的基本条件,知、仁、勇的"三达德"若不实现于"五达道"之中,便会流于神秘和高远。其次是说明个人如何实现"中庸"之道,其关键如《中庸》所述是"修身以道,修道以仁"。

《中庸》开篇第一句为"天命之谓性,率性之谓道,修道之谓教"。朱熹将此"性"解作"性即理",影响后世达六七百年。"命",有集注家解释为"命令",有的人解释为"赋予",所以按通常的解释,这句话是说天命令人的、赋予人的就是人的性。可是人从天这里到底得到了怎样的馈赠或者命令呢?这和天的性质有关。在中国古代的文化语境中,特别是孔子、子思的语境中,"天"并不是西方文化语境中的"人格神","上天之载,无声无臭"①,那时的"天"更像是一种境域,人并不是被动地从天那里得到其性,而是立天地间这种境域中,与天共同参与了性的生成。天的命与人的性之间一定是有某种相互需要、相互构成的关系。其实我们把《中庸》接着读下去便可明晰这一点:人从天命得到的性不是任何意义上的现成者,不是那种可以直接被概念把握的理、气、欲,而是那种未发但可发、将发的状态,《中庸》又云:"喜怒哀乐之未发,谓之中;发而皆中节,谓之和;中也者,天下之大本也;和也者,天下之达道也。"②"和也者"的"和"是说不要让日常中的"喜怒哀乐"等各种情绪放肆流荡,要使其符合规范,如此"发而皆中节,谓之和"。诸情感即不至泛滥,则进一步使之凝聚于内,是为"喜怒哀乐之未发,谓之中"。君子由和到中,便能通达率性之道,所以和为天下之达道。"谓之"和"之谓"是两种不同的语式。程、朱在这一点上都有所强调,但是真正把其区分讲得很明确的还是戴震:"凡曰谓之者,以下所称之名辩上之实。"③所以此处并不是对"中"与"和"本身的规定,而是"中"与"和"的一个范例。这一表述的要点是用"中"与"和"对"已发"和"未发"进行区分。天命给人的性,是一种势态,是"情的未发",与情紧密相关。郭店楚墓竹简《性自命出》对"性"的论述如下:"喜怒哀悲之气,性也。及其见于外,则物取之也。性自命出,命自天降。道始于情,情生于性。始者近情,终者近义。"④我们看到子思学派主张,性就是喜怒哀乐之气。"情生

① 引自《诗经·大雅·文王》,选自阮元校刻《十三经注疏》,中华书局,1980,第505页。

② 引自《礼记·中庸》,选自阮元校刻《十三经注疏》,中华书局,1980,第1625页。

③ 戴震:《孟子字义疏证》(《戴震全书》第六册),黄山书社,1995,第176页。

④ 荆门市博物馆:《郭店楚墓竹简·性自命出》,文物出版社,2002,第2页。

于性"表明,情是"喜怒哀乐之气"外化的结果,"及其见于外,则物取之"。所以喜怒哀乐之气,是情之未发,它也属于情,但却非表现于外的对象化的情,而是原生的情,自天而降的情,我们为了将其与发于外的喜怒哀乐之情区分开,便称其为"原情","原情"即性。

这样的喜怒哀乐之气,我们也可以把它称为"元气",是人的生存状态的原发态、待发态。其通过物的激发变作具体的情是再自然不过的事情,虽然它们都是以隐蔽的前对象化的状态共存着。所以所谓性,就是情,是原情和元气与外界相遇时经过外物激发变成了狭义的对象化的情。

这一段论述和《中庸》的开篇几乎是可以完全对应的。《中庸》起始所讲的"天命之谓性,率性之谓道,修道之谓教"一段,完全能够从郭店楚简《性自命出》找到线索:"性自命出,命自天降"正是"天命之谓性";"道始于情,情生于性"对应了"率性之谓道",循天然之情而运行即为道。《性自命出》中还有一段:"凡人,虽有性,心亡定志,待物而后作,待悦而后行,待习而后定。"①其中的"作""行""习"正是"修道"之"修"的具体内容,恰好对应了"修道之谓教"。至于喜怒哀乐段无须赘述。上述《性自命出》引文与《中庸》的第一段完美呼应起来,且将《中庸》第一段的哲理及含义更为清晰准确地表现出来。

《中庸》下篇是以诚为中心展开的。《中庸》讲到"诚"时言:

> 诚者,天之道也。诚之者,人之道也。诚者不勉而中,不思而得,从容中道,圣人也。②

朱熹之谓"诚者,真实无妄之谓,天理之本然也"③,还是顺着天理的思路进行的。可是天理之本然是给定的,无所谓诚与不诚。诚归根到底该是人的境界。我们回顾《性自命出》中"天—命—性—情—道"的关联,再联系"诚者,天之道",可以推断"诚"来自天,落于道,中间必定要走过"命—性—情",而我们在上一节也已分析过,从性自命出,性为原情,原情感于外物而生成"情"。所以,诚必定和从"原情"到"情"的这一发展有关。"诚"是原情待发、将发的那个状态。那个状

---

① 荆门市博物馆:《郭店楚墓竹简·性自命出》,文物出版社,2002,第 1 页。
② 引自《礼记·中庸》,选自阮元校刻《十三经注疏》,中华书局,1980,第 1632 页。
③ 朱熹:《四书章句集注》,中华书局,2011,第 32 页。

态是无伪的。

"唯天下至诚,为能经纶天下之大经,立天下之大本,知天地之化育,夫焉有所倚? 肫肫其仁! 渊渊其渊! 浩浩其天! 苟不固聪明圣知,达天德者,其孰能知之?"①"肫肫其仁",指明"诚"与"仁"的关联。至诚的状态,就是"肫肫其仁",能肫肫其仁,在此仁的精神内在境界中,便天人物我合一,最终"渊渊其渊","浩浩其天"。"渊渊"言世界之深邃,"浩浩"形容世界无限高远,正因为其无限深邃高远,便能将人、物、我统帅其中。在此中,人能立、能知,借用天下之大经、大本,达到化育。且借此力量使得万物之性凸显,达到"为天下至诚,为能尽其性。能尽其性,则能尽人之性;能尽人之性,则能尽物之性。能尽物之性,则可以赞天地之化育。"郑玄注以为:"言诚者,天性也。诚之者,学而诚之者也"②。天性就是人人天然而有的本性,此性就是诚。诚之,是学此本性之诚。诚者是圣人,诚之者是贤人。贤人学得至诚,即是圣人,与诚合一,所以凡事不勉而中,不思而得,从容中道,一切大用皆出于本性。贤人未到这样不勉而中的境界,须由智仁勇认识五达道所含的真理,安于事,果于行,这就是择善固执。

《中庸》一篇以"中庸"为核心,考察天人物我之合一,从天往下落,最终落实于君子人格的修养,故而君子重在修道,要在君臣、父子、夫妇、兄弟、朋友这样的伦常世界中践行仁义礼智勇。

2.3.2 《孟子》: 仁心的发动

孟子,名轲,字子舆,邹人。孟子生当战国时期,是儒学传人,据说为孔子之孙子思门人的学生。与孔子相似,他曾经周游列国宣扬其政治理想,然而未见获用,于是退而与弟子著《孟子》。据司马迁《史记·孟子荀卿列传》记载,"孟轲,邹人也。受业子思之门人。道既通,游事齐宣王,宣王不能用。适梁,梁惠王不果所言,则见以为迂远而阔于事情。孟轲乃述唐、虞三代之德,是以所如者不合。退而与万章之徒序《诗》《书》,述仲尼之意,做《孟子》七篇。"③我们可从这一段落中读出两个重要信息:一是孟子的学业传承,"受业于子思之门人",即孟子的学

---

① 引自《礼记·中庸》,选自阮元校刻《十三经注疏》,中华书局,1980,第 1635 页。
② 见郑玄注《中庸》,阮元:《十三经注疏》,中华书局,1980,第 1632 页。
③ 引自《史记·孟子荀卿列传》。司马迁:《史记》,中华书局,1999,第 1839 页。

说连同其为人都和子思有着内在关联和密不可分之处,《荀子·非十二子》即将子思、孟子列为一派。二是孟子也曾怀着"治国平天下"的理想,其学说多着眼于现实政治经济文化,带有人道和民本的色彩。

孟子受子思学派的影响,主要体现在其对"诚"的思考。《中庸》言:"诚之者,人之道也。"①孟子承袭《中庸》,以为"居下位而不获于上,民不可得而治也。……诚身有道,不明乎善,不诚其身矣。是故诚者,天之道也;思诚者,人之道也"②。"思诚"是人之道,"诚"要靠"思"。而思要靠"心"来实现,因为"心之官则思,思则得之"③。"心"在孟子的学说体系中心的地位大大提高,其性善说也是依托于"心",即孟子用"心—性"说代替了子思学派的"身—命—性—情"说,自此"心"在理解天性时占据了源头性的地位。

《孟子·尽心上》曰:

> 尽其心者,知其性也。知其性,则知天矣。存其心,养其性,所以事天也。夭寿不贰,修身以俟之,所以立命也。④

以上文字可以说是孟子心性说的体现,亦为《尽心》篇的纲领,可以视作《孟子》全书哲理的统帅。其结构有点类似《中庸》与《性自命出》的第一段,都在追究天、性、命的含义且寻找着直接领会天、性、命的切入点。《中庸》找到的天、性、命的切入点是"情"的未发,《性自命出》找寻到的突破口是"情"之气态,孟子找到的则是"心"。到了孟子这里"心"脱颖而出,成为学说的灵魂。在孟子看来,心是人认识的发端,尽心才能知其性,知其性才能知天,所以最根本的东西是靠尽心来得到的。

《中文形音义综合大字典》释"思"云:"旧时误以为心主思想,意念。小篆思:从心从囟,亦从囟声。囟音信,即'头脑盖',乃主记识之器官,心与囟相汇合为思,其本意作'容'解,乃妙为想象以神通事理之意。"⑤张祥龙先生在其《先秦儒家哲学九讲》中对此"容"的解释为:"心和头脑共同使身成为深邃广大的容。容

---

① 引自《礼记·中庸》,选自阮元校刻《十三经注疏》,中华书局,1980,第 1632 页。
② 引自《孟子·离娄上》,选自阮元校刻《十三经注疏》,中华书局,1980,第 2721 页。
③ 引自《孟子·告子上》,选自阮元校刻《十三经注疏》,中华书局,1980,第 2753 页。
④ 引自《孟子·尽心上》,选自阮元校刻《十三经注疏》,中华书局,1980,第 2764 页。
⑤ 高树藩:《中文形音义综合大字典》,中华书局,1989,第 489 页。

可分为两部分,上半部分是屋子,下半部分是山谷,都是空的,可以用来充实的去处。囟和心既是身体的部分,又深刻地影响着身体。于是我们的身体就像是一个容器,且能容天下,容纳所有的意义。"①即在先秦时期,人们不把思想与身体对立起来,而是把心与思想看作广义的身体的中枢性功能,其特质是具有强烈的感受力。心处于人的中央,最具生机感,昭示生命的存在。它的跳动状况和人的思想、感受直接相关,也和人的情感与情思紧密关联。故心具有"思想""感受""情思"等基本的含义。那么如何"尽心"以知性再知天呢?

"养心莫善于寡欲"②,这是"尽心"的重要途径。即首先要去除本心的欲念,心就会合乎本性了。孟子此项主张后来被宋儒大大发展,提出了"存天理灭人欲"的教条化道德。"灭"是宋儒受佛家冲击采用的思路,并非先秦儒家自身的特点。孟子讲的"寡"是一种用心,是心的修补、更新与复原。且这个过程本身是用心来完成的,即需要用一颗本来有欲念的心来完成"寡欲",用有欲念的心来审度欲望。这绝不同于用沾了油渍的手拿起香皂到水里洗却油渍:手的自洁可以依靠水和香皂,可抽象的心,其自洁是无现成的外力可依傍的,是完全在其自身的把持中完成的。寡欲不是简单的线性追求,不是靠少吃美味、少看美色、隐居修行即可顺利达成的。孟子对此的解决方式是找寻让寡欲得以实现的情境和时机。

第一个时机就是生存形势的逼迫。《孟子·告子下》对生存形势作了充分的说明:"人恒过,然后能改。困于心,衡于虑,而后作。征于色,发于声,而后喻。"③朱熹注:"衡与横同。恒,常也。犹言大率也。横,不顺也。作,奋起也。征,验也。喻,晓也。"④人常常有过错,然后再改正。当心忽然置于困境中,为逆境所焦虑,之后便能奋发且兴起了。这在人的面色、声音中都会表现出来,然后才会明晓自己的能力。所以,寡欲不是纯粹的遏制自身欲望,其可借助的第一个时机就是困心衡虑之时,利用这个情境所提供的势态得以发奋,得以兴发,使得心得以还原、恢复与滋养。让苦难情势来更新心,让困难情境来兴发心,这样一来心与情都可脱欲入境,恢复本色。在此基础上我们可更深刻地领悟《孟子·告

---

① 张祥龙:《先秦儒家哲学九讲:从〈春秋〉到荀子》,广西师范大学出版社,2010,第214页。
② 引自《孟子·尽心下》,选自阮元校刻《十三经注疏》,中华书局,1980,第2779页。
③ 引自《孟子·告子下》,选自阮元校刻《十三经注疏》,中华书局,1980,第2762页。
④ 朱熹:《四书章句集注》,中华书局,2011,第348页。

子下》的名言："天将降大任于是人也，必先苦其心志，劳其筋骨，饿其体肤，空乏其身，行拂乱其所为，所以动心忍性，曾益其所不能。"①苦心志，劳筋骨，饿体肤，空身、乱为等都是将人置入"困心衡虑"之境，这样才能使人"动心忍性"（谏劝其心、约束气禀），曾益其所不能（这颗心借助原本状态做不到的，有了完成的可能，比如寡欲）。在这里强调一点，原本所不能做到的是相对心的有欲态说而言，而非心的原初态。心的原初态是拥有一切可能的，只是因为役于欲，可能性便被遮掩或消退，现在困境又重新激发且恢复了这种可能。这就是"尽心"，为尽性和事天提供了可能。

第二个"尽心"的时机指忽然遭遇的人生的猝发时机。这里的时机必须是突发的，措手不及的，人忽然见到的而非现成完备的。孟子论"四端"时曾举过一个非常著名的例子，云："今人乍见孺子将入于井，皆有怵惕恻隐之心。非所以内交于孺子之父母也，非所以要誉于乡党朋友也，非恶其声而然也。"②汉代赵岐注云："孺子，未有知之小人。暂见小孺子将入井，贤愚皆有惊骇之情，情发于中。"③"怵惕恻隐"，"怵惕"被朱子解为"警动貌"。恻，《说文》解为"痛"，朱熹解为"伤之切"；隐，朱熹解为"痛之深"④。试想某人突然看见一个小孩子在井边上，马上就要落下去，便会立马显出紧张的样子，赶忙上前去相救。孟子连用几个"非所以"来说明人心生出救助之举并无现成的原因或目的：既不是因为和孩子的父母私人关系好，也并非想以救助之举在乡党邻里获得称赞及声誉，更不是因为没有救助孩子的恶名让他烦恼。在这样的危急时刻，所有功利性的思考都是来不及生发的；这种生死存亡的困境是具有时间爆发力的，会使人们抛开所有心的现状可能带给人的种种思虑，一下子回归到怵惕恻隐之心里去。这个过程不受人们的主观控制，却又切切实实地发自内心，是人生本有之心的喷发流露，是"诚"的直接显身。这个突发的情境已经挣脱了平日人们常浸入其中摆脱不掉的利害关系的牵绊，让人原本的心喷涌而出。孟子用这个例子来证明性善说，在这里也更能表现心的本面目突然呈现时其天然的趋向。这种心的发作是合乎人

---

① 引自《孟子·告子下》，选自阮元校刻《十三经注疏》，中华书局，1980，第2762页。
② 引自《孟子·公孙丑上》，选自阮元校刻《十三经注疏》，中华书局，1980，第2691页。
③ 见赵岐注《孟子·公孙丑上》，选自阮元校刻《十三经注疏》，中华书局，1980，第2691页。
④ 朱熹：《四书章句集注》，中华书局，2011，第237页。

的原本生存结构的,心的原本生存结构孟子名之曰"性",即人的本心。

在孟子这里,心的常态是未发、待发且猝然而发。即在孟子看来,这颗心不完全受人们的控制,而是在特定的情境下会有出乎意料的举动。即心猝然而发很"奇",它猝然而发的举动会构成某种意义,往往和"义"相关。孟子曾论证说:"一箪食,一豆羹。得之则生,弗得则死。呼尔而与之,行道之人弗受,蹴尔而与之,乞人不屑也。"①"得之则生,弗得则死"又营造了一个生死攸关的情境。呼,就是吆喝,呵斥。蹴,践踏,在此段中理解为脚踩了再拿给人吃。行道之人,指行路的普通人。大意很明显,在快要饿死的情况下,呵斥着给人的食物,或践踏了再踢给人的食物,人们会有拒绝接受的可能。这里的选择表面看来似乎与道德无关,甚至以某些道德标准来衡量,吃嗟来之食可以被称作是一种"忍辱负重",如此才能够将来有所作为。然而孟子会说人在这时候是可以不要命的,他将这种情况称为"舍身而取义",义是道德,而且是很重要的道德。在生命的紧急关头,反而会将这种道德表现得非常凸显,而这时的取义正说明了"心"在危机状态下的天然趋向。

困心衡虑及触机而发是孟子认为能够实现"尽心"的两种情境。这两种时机、两种情境正是"心"的自洁可以借助的外力。这种外力是靠"兴"而"作",来对心产生忽然强大的影响的,使得心一下就跃回本真态,人也在瞬间领悟"本心"的样子,感受到"本心"强大的真倾向。这种依靠情境而"尽心"的方式固然真切,但大多数时候偶发是无法持久的,如昙花一现而瞬间消逝,毕竟人是很难始终保持恻隐、羞恶、辞让、是非之心的。而"苦其心志"虽可长久,但依照现实世界的真实情况看,在困境中能完成尽心后而发奋并有所作为、有所成就的"倜傥非常之人"是非常少的。所以孟子提出了一种通常的养心向善的方式,即养气:

> 夫志,气之帅也;气,体之充也。……持其志,无暴其气……我善养吾浩然之气……其为气也,至大至刚,以直养而无害,则塞于天地之间。其为气也,配义与道;无是,馁也。是集义所生者,非义袭而取之也。行有不慊于心,则馁矣。我故曰:告子未尝知义,以其外之也。②

---

① 引自《孟子·告子上》,选自阮元校刻《十三经注疏》,中华书局,1980,第2752页。

② 引自《孟子·公孙丑上》,选自阮元校刻《十三经注疏》,中华书局,1980,第2685页。

"浩然之气"是孟子特用的一个名词。后人对这个名词的解释多之又多,如董仲舒以为,"阳者天之宽也,阴者天之急也,中者天之用也,和者天之功也。举天地之道,而美于和,是故物生,皆贵气而迎养之。孟子曰'我善养浩然之气者也'"①。朱熹则将"浩然之气"看作"天地之正气,而人得以生者"②。孟子以为,"夫志,气之帅也;气,体之充也"③,在孟子那里,气无疑是鼓荡于身体内部的那个东西。这样的话,气马上就具有了身体感。根据孟了,气乃是跟着志走的,而气又是跟着心走的。这个气就和人的元神有关,且更与人们的道德感相配合。所以可以"直养而无害"。但气一定要和义与道相配,且是在与义的结合之中气才能够聚合起来,所以是集义所生。孟子提出"养气"说,是某种程度上对先前修身学艺的代替。我们从孟子引《诗》的方式可见,在孟子这里重要的思想不是通过与经典发生艺术化的对话来产生的,而是由自己的论点产生的。孟子的养气说将先哲隐秘的修身方式明显化且具体化了。

春秋战国是一个反思"性"的时代。孟子所提出的性善说是针对先秦时期流行的各种关于"性"的说法而展开的。告子以生之为性,将人的天然欲望视作性,即"食色,性也"④。所以告子认为人性无善或不善,处理好则为善,处理不好则为不善。"或曰:'性可以为善,可以为不善。是故文王兴,则民好善;幽厉兴,则民好暴。'"⑤面对"性无善恶之分,纯属生而具有""性可善可不善"及"性有善有不善"三种观点,孟子提出了反驳,以其自身的理论论证了"性善"。

孟子将"性"定义为人的共通本质及天然趋向,或者说人不同于禽兽的那一部分。孟子认为世界上的任何一类事物都有一种同性,且只有此类才具有,是为其通性。所以,任何一类事物所具有的性定是区别于其他事物的核心所在:"人之所以异于禽兽者几希,庶民去之,君子存之。"⑥人区别于禽兽者,正是人之本性。而且他对"人必有其本性"或"人性必有其特定的趋向"举了一个非常好的譬

---

① 引自董仲舒《春秋繁露·循天之道》,选自苏舆撰、钟哲点校《春秋繁露义证》,中华书局,1992,第447页。

② 朱熹:《四书章句集注》,中华书局,2011,第231页。

③ 引自《孟子·公孙丑上》,选自阮元校刻《十三经注疏》,中华书局,1980,第2685页。

④ 引自《孟子·告子上》,选自阮元校刻《十三经注疏》,中华书局,1980,第2748页。

⑤ 引自《孟子·告子上》,选自阮元校刻《十三经注疏》,中华书局,1980,第2749页。

⑥ 引自《孟子·离娄下》,选自阮元校刻《十三经注疏》,中华书局,1980,第2727页。

喻："今夫麰麦，播种而耰之，其地同，树之时又同，浡然而生，至于日至之时，皆孰矣。虽有不同，则地有肥硗，雨露之养，人事之不齐也。故凡同类者，举相似也，何独至于人而疑之？"①即是说任何地方种麦子，种的时间差不多，到了一定时候都会成熟。雨水充沛的程度不同，人对其悉心照料的程度也有可能不一样，但这些差异都不会妨碍其成熟。所以只要是同类的事物，都有其相似的特性，为什么到人反而就认为没有共同特性呢？孟子在此用此例说明了人是必定有其特性的，从而反驳了性乃生而有之的偏动物性（和禽兽一样要吃饭喝水睡觉繁衍后代等）。既然是非动物性的，势必就和道德性相关。但孟子在此举的例子只能用以阐明人性有某种天然的趋向（或向善，或向恶），即必定是有善恶的，但此例并不足以明晓性的具体取向，即告知人性究竟是善是恶。孔子说"性相近也"②大抵也止于这个层面。

在论证了人必定具有共同特性和天然趋向后。孟子正式提出了"性善说"。"人性之善也，犹如水之就下也。人无有不善，水无有不下。"③利用水的譬喻，孟子是要论证"性善"的不可逆性，或者说"性善"是一种天然倾向的具体内容。"乍见孺子将入于井"是孟子提供的"性善是人之天然倾向"的具体情境。从中引发出来四端之说，作为性善的具体发端：

> 由是观之，无恻隐之心，非人也；无羞恶之心，非人也；无辞让之心，非人也；无是非之心，非人也。恻隐之心，仁之端也；羞恶之心，义之端也；辞让之心，礼之端也；是非之心，智之端也。人之有是四端也，犹其有四体也。有是四端而自谓不能者，自贼者也；谓其君不能者，贼其君者也。凡有四端于我者，知皆扩而充之矣，若火之始然，泉之始达。苟能充之，足以保四海；苟不充之，不足以事父母。④

由孟子看来，人性并不是可为善，而是必然为善。善的具体表现就是"四端"，尤其是"恻隐之心"，或曰"不忍人之心"。所以他说："人皆有不忍人之心。先王有不忍人之心，斯有不忍人之政矣。以不忍人之心，行不忍人之政，治天下

---

① 引自《孟子·告子上》，选自阮元校刻《十三经注疏》，中华书局，1980，第 2749 页。
② 引自《论语·阳货》，选自阮元校刻《十三经注疏》，中华书局，1980，第 2524 页。
③ 引自《孟子·告子上》，选自阮元校刻《十三经注疏》，中华书局，1980，第 2748 页。
④ 引自《孟子·公孙丑上》，选自阮元校刻《十三经注疏》，中华书局，1980，第 2691 页。

可运之掌上。"①所谓"不忍人之心"和"恻隐之心""羞恶之心""辞让之心""是非之心"一样,属于善之端,是非功利的很纯粹的人性。只要是人,就生而有之,孟子给的"孺子将入于井"的例子无疑是很有力的。

孟子的性善论颇像康德的绝对律令,即善是先验普遍的②。但与康德不同的是,孟子所说的这种先验普遍性却又与经验世界的人之情感直接相连,且以此为绝对基础,先验的善也是通过现世的心理情感被确认和证实的。孟子言:"仁义礼智根于心。其生色也,睟然见于面,盎于背,施于四体,四体不言而喻。"③先验的善心却与感觉、生理、身体、生命直接相勾连,所以孟子在强调先验的善时又强调了经验的学习,即养心、养气,这与之前论述的养心养气说承续为一体。

孟子在儒学史上的重大贡献在于其"性善"论的提出为儒家保留了一份生命的活力,这份活力根源于孟子对于人的内心深处的仁义礼智四端的发露,为儒家埋下了自新的根苗。孟子所说的"存心养性"在宋代新儒家那里大大发展起来,成为理学"内圣"的门径。

2.3.3 《大学》:修身的展开

《大学》文本的作者及其成篇时代因为史料缺载一直不够明朗。到了北宋,程颢和程颐两兄弟推举《大学》:"《大学》,孔氏之遗书,而初学入德之门也。"④二程将《大学》看作求道入学之门,但并未提及其作者。朱子云:"盖孔子之言,而曾子述之。其传十章,则曾子之意而门人记之也"⑤。即朱子认为《大学》是孔子传于曾子,而曾子后学又加以扩展。案曾子即曾参,为孔门高第。《史记·仲尼弟子列传》记载:"曾参,南武城人,字子舆。少孔子四十六岁。孔子以为能通孝道,故授之业,作《孝经》。死于鲁。"⑥考察《大学》,载有曾子"十目所视,十手所指,其严乎"⑦一语,则合理的推测为,《大学》一书必非曾子自著,而是其后学作品,

---

① 引自《孟子·公孙丑上》,选自阮元校刻《十三经注疏》,中华书局,1980,第 2691 页。
② Immanuel Kant, *The Metaphysics of Morals*(Cambridge: Cambridge University Press, 1996).
③ 引自《孟子·尽心上》,选自阮元校刻《十三经注疏》,中华书局,1980,第 2766 页。
④ 朱熹:《四书章句集注》,中华书局,2011,第 3 页。
⑤ 朱熹:《四书章句集注》,中华书局,2011,第 1—4 页。
⑥ 引自《史记·仲尼弟子列传》,司马迁:《史记》,中华书局,1999,第 1748 页。
⑦ 引自《礼记·大学》,选自阮元校刻《十三经注疏》,中华书局,1980,第 1673 页。

其成篇必于曾子身后,应是其门人或后传的手笔,但又早于《大学》写定的西汉初期。

"六艺"与《左传》《国语》《道德经》及《庄子》等重要典籍中尚未见"大学"两字。《周礼·春官》记载:大司乐"掌成均之法",后人以"成均"为大学,亦有以《诗经》中之"辟雍"即大学,但其并不正式,且所教内容皆以乐为主。而自孔子以平民的身份施教化于社会后,诸子百家都兴起了私人教学。儒家主要教授《诗》《书》《礼》《乐》,兴起了民间讲学的系统。孟子后,司徒系统及大司乐系统所管的教育与孔子所开创的民间讲学逐渐融合为一体,构成了古代最初的教育制度。对学校的概念慢慢形成,但一开始并无大学、小学之分。正式提出大学名称的除了《大学》,还有《祭义》《王制》《学记》及《大戴礼记》的《保傅篇》。《学记》主要是记载学校之制度方面的典章,而《大学》更关注大学这一独特教育体验之目的。

《大学》开篇即点出大学的精神所在,必须注意的是,根据《大戴礼记》所载,所谓大学乃是诸侯士大夫嫡子所为之学,至孔子讲学以后,才开始成为君子人格理想修养之一部分。

《大学》开宗明义,开篇即提出"三纲领""八条目"的核心主张:

> 大学之道,在明明德,在亲民,在止于至善。知止而后有定,定而后能静,静而后能安,安而后能虑,虑而后能得。物有本末,事有终始,知所先后,则近道矣。古之欲明明德于天下者,先治其国,欲治其国者,先齐其家;欲齐其家者,先修其身;欲修其身者,先正其心;欲正其心者,先诚其意;欲诚其意者,先致其知,致知在格物。物格而后知至,知至而后意诚,意诚而后心正,心正而后身修,身修而后家齐,家齐而后国治,国治而后天下平。自天子以至于庶人,壹是皆以修身为本。其本乱而末治者,否矣。其所厚者薄,而其所薄者厚,未之有也。此谓知本,此谓知之至也。[①]

这一段是《大学》灵魂之所在,被认为是《大学》思想的纲领统帅,其中包含明明德、亲民、止于至善的"三纲领",格物、致知、诚意、正心、修身、齐家、治国、平天下是从个人修养到家国政事参与的"八条目"。《大学》之三纲领是目的,八条目则是手段与方法。关于"三纲领",朱熹以为:"大学者,大人之学也。明,明之也。

明德者,人之所得乎天,而虚灵不昧,以具众理而应万事者也。但为气禀所拘,人欲所蔽,则有时而昏;然其本体之明,则有未尝息者。故学者当因其所发而遂明之,以复其初也。新者,革其旧之谓也,言既自明其明德,又当推以及人,使之亦有以去其旧染之污也。止者,必至于是而不迁之意。至善,则事理当然之极也。言明明德、新民,皆当至于至善之地而不迁。盖必其有以尽夫天理之极,而无一毫人欲之私也。此三者,大学之纲领也。"又以为"'修身'以上,皆是明明德之事也。'齐家'以下,新民之事也。物格知至,则知所止矣。'意诚'以下,则皆得所止之序也。"①"三纲领"是儒家的政治信念的体现,所谓"明明德"者是要将君子人格的修养通过政事得以体现发扬,从而制造一个德性化的光明充溢的理想世界,这一点可以与儒家的"大同"理想相生发;"亲民"则是政治理念的精神维度,政治理想的最终目标是要实现亲民,使民获得物质与精神的富足与安宁,这就要求君子人格必须投射于社会领导上去,以纯化民风民俗;"止于至善"则是政治理想的进一步发扬,儒家的思想不会停留于一个固着的状态,不论"明明德""亲民"抑或是"修身",其最重要的是要实现"至善"的境地,是追求成为尧舜那样的圣人,此一目标或愿景不曾实现,则君子之修身行道无止尽。

随后的"传"的部分则围绕"三纲领"展开,以"八条目"作为实现的条件,此"八条目"具有普遍性,"自天子以至于庶人,一是皆以修身为本",这就为修身奠定了坚实的基础,当然每个人的处境不同,其职分亦相别异。"诚意""正心""修身"又是"齐家""治国""平天下"的基础。其核心在于"修身",修身的目的则小而言之是"齐家",大而言之是"平天下",所以后来有所谓寻忠臣于孝子之门的说法,就与此观念息息相关。

《大学》继承了《论语》《中庸》《孟子》以来的思想传统,进一步突出了修身与政治的关系。我们看到,原先的仁义礼等核心范畴在《大学》之中转化为具体的修身途径,以实现"明明德"的理想世界的建立,其内圣外王的思路进一步发展,到荀子将礼乐构建为一种外在的制度,从而儒学也被完全政治化、礼法化了。

2.3.4 《荀子》:礼义外化的构建

荀子,名况,战国晚期人。其学术渊源不详,一般被认为是儒家晚期的代表

---

① 朱熹:《四书章句集注》,中华书局,2011,第3—4页。

人物，以其性恶论、隆礼义、法后王等思想著称于世。其一生游学，曾在齐国稷下学宫三任祭酒，入楚为兰陵令，于是终焉以老，著书立说，教授弟子①。其所存著作为《荀子》三十二篇，大多为本人所作。

提到荀子则必提其"性恶论"。然而荀子所谓"性"实际与孟子所说"性"并非一回事。"今人之性，生而有好利焉，顺是，故争夺生而辞让亡焉；生而有疾恶焉，顺是，故残贼生而忠信亡焉；生而有耳目之欲，有好声色焉，顺是，故淫乱生而礼义文理亡焉。"②依引文来看，人"性"本是中立物，如生下来就有所好利、有所厌恶者，生而有耳目声色之欲求，这显然是就人的自然情态呈现的事实而言。人之"性"如果不受到节制，自然会显露其欲求，如果人人以自己的欲望满足为本能的追求，必然会造成动乱与纷扰，这就会造成社会的暴力化，会破坏掉文明的样态而导致混乱。这样的自然性被荀子称为"恶"。

此外，荀子认为"性"是"天之就也，不可学，不可事"③。那些可学可能的礼义乃是人为的，是为"伪"。与"性"为先天相对，"伪"乃后天成就，即"性伪之分"。而人性就是饿了要吃饭，冷了要穿暖，劳累了要休息，这是人自然的情性。现在有个人饿了，见到长辈没有吃饭就要让他先吃；劳累困顿了也不愿意休息，是因为他知道如果自己休息了就有人要代替他劳累。有了食物，儿子、弟弟先让给父亲、兄长；看到重活，儿子、弟弟主动承担下来，这两种行为都和人情相悖。可以说，要做孝子，是礼义教化的结果。如果都顺着自己的情性做事情，就没有辞让一说了，因为辞让是违背人的性情的。由此观之，人性恶是很明显的事情；人表现出来的善良都是人为教化所致。如果人顺从于自己的天生之"性"行事，那么就会和动物一样。关于"性"的来源，荀子认为是天造成的，所谓"性"是人先天具有的，是人学之前就有的本能。这样的话，天下所有人的性则是一样的，在学之前没有什么分别。因此，徐复观先生以为，"从荀子所界定的人性内容，如前所说，实与告子为近。"④从以上对"性"的考察，不难看出为什么荀子会以"性恶"为学说，"人之性恶"是就人的性情的发源而言，指的是人的通性，而非人的本质性

① 荀子一生遭际在《荀子引得》序已讲述得非常详细，可以参考哈佛燕京学社引得编撰处：《荀子引得》，上海古籍出版社，1986，第 1—2 页。

② 引自《荀子·性恶》，选自王先谦撰《荀子集解》，沈啸寰、王星贤整理，中华书局，1988，第 434 页。

③ 引自《荀子·性恶》，选自王先谦撰《荀子集解》，沈啸寰、王星贤整理，中华书局，1988，第 435 页。

④ 徐复观：《中国人性论史（先秦篇）》，上海三联书店，2002，第 235 页。

的界定。这就与孟子从"人之异于禽兽几希"①立论"性善"有了根本的不同。

因为"人之性恶",必然产生"淫乱生而礼义文理亡"②等结果,若无"师法之化,礼义之道"③制约,必然发生"争夺""犯分""乱理"等危害社会秩序之乱象。在荀子那里,"性"并无是非价值判断的能力,"固无礼义",亦"不知礼义",故人"顺是"之"性",必然造成恶的结果。荀子所谓"伪",非谓虚假之意,而是"感而不能然,必且待事而后然者"④,是指人除生理本能之外,还具有后天的教育和学习能力,也就是"人为"的意思,具体来说就是礼乐文化,礼乐加之于人,才能够起伪。荀子既将合于礼义者称为善,则人性中的恶必须经由善来解除,即"化性而起伪"⑤。荀子从社会政治的角度入手,认为礼治的功能强于其他方式,是最为可行的。与孔孟从内心言礼不同,荀子更多从外在的规范角度论礼:

> 礼者,治辨之极也,强国之本也,威行之道也,功名之总也。⑥

礼的规范不仅有助于个人实现"伪",更能够保证社会的安宁稳定。故而他说"人无礼则不至,事无礼则不成,国无礼则不宁。"⑦荀子以人性为恶,人性中欲求纷争是最恶的部分,故而需要用礼来节制个人的各种欲望,用礼来提升人的道德修养。因此在荀子看来,礼具有规正及控制欲望的价值。古代的圣人认识到人性本恶,偏颇狭邪,狂悖易乱,故而制定礼义法度来规约人的情性。而今人更需要从礼义的角度克制其欲望,以维持社会的秩序。

如上所论,荀子以先圣为应对性恶而制作礼义。人的"好利""疾恶""耳目之欲,有好声色",是人生而有之的本能欲望,是普遍存在的人"性"。人的"性恶"正由于欲求太多,无法得到满足,乃顺其本能而发生争执纷乱。在荀子看来,"性"是先天而然,不可能变易,所以只好从后天的教育入手,从"度量分界"的角度对其进行礼义化的驯化,以便实现"化性起伪"。礼义的根源在于圣人,圣人的积极方面在于透过礼实现教化,消极方面在于同时对人性加以制约,使其不至陷于乱。圣人与普

---

① 引自《孟子·离娄下》,选自阮元校刻《十三经注疏》,中华书局,1980,第 2727 页。
② 引自《荀子·性恶》,选自王先谦撰《荀子集解》,沈啸寰、王星贤整理,中华书局,1988,第 434 页。
③ 引自《荀子·性恶》,选自王先谦撰《荀子集解》,沈啸寰、王星贤整理,中华书局,1988,第 435 页。
④ 引自《荀子·性恶》,选自王先谦撰《荀子集解》,沈啸寰、王星贤整理,中华书局,1988,第 438 页。
⑤ 引自《荀子·性恶》,选自王先谦撰《荀子集解》,沈啸寰、王星贤整理,中华书局,1988,第 438 页。
⑥ 引自《荀子·议兵》,选自王先谦撰《荀子集解》,沈啸寰、王星贤整理,中华书局,1988,第 281 页。
⑦ 引自《荀子·修身》,选自王先谦撰《荀子集解》,沈啸寰、王星贤整理,中华书局,1988,第 23 页。

通人不同,其性一开始即是伪的,是创造礼义的基础。《荀子·性恶》曰:

> 问者曰:人之性恶,则礼义恶生? 应之曰:凡礼义者,是生于圣人之伪,非故生于人之性也。……圣人积思虑,习伪故,以生礼义而起法度。然则礼义法度者,是生于圣人之伪,非故生于人之性也。①

"积思虑"指的是圣人在内心不断地反省思虑,建立起价值标准;"习伪故"则指的是圣人通过学习仿效古代圣人所奠定的礼义制度,而建立起新的礼义。《荀子·性恶》又说:"故圣人化性而起伪,伪起而生礼义。礼义生而制法度,然则礼义法度者,是圣人之所生也。故圣人之所以同于众、其不异于众者,性也;所以异而过众者,伪也。"②圣人与众人之性一同,而圣人过众,在"能起伪"③,圣人是能够"积思虑,习伪故"的独特存在,是与普通人不同的存在,因此圣人能够改变人性,进而建立礼义制度。这就将礼义的权威置放于圣人那里,圣人对普通人的控制、压抑于是有了理论上的根据,这就与孟子"乐民之乐者,民亦乐其乐;忧民之忧者,民亦忧其忧"④有着明显不同。

荀子对仁义礼智的情感化的功能明显认识不足,他更多是从外在的规范角度立论,从而将人性中向善的内核取消了。也许是时代使然,荀子的时代本就是备受战争纷扰的战国晚期,政治的威权已然建立,权力的触手已然伸向了个个领域。荀子将孔孟以来内化的礼义从内在的权威转移为外在的威权,从而为儒家在政治社会的巨大成功打下了基础,如此也就不难理解为什么荀子的学生李斯、韩非子都成了法家的代表人物,并建立了巨大的事功。荀子与孔孟相同的地方在于都看重教化的意义,但其将教化的权柄转向圣王,为后来的独裁者窃取教化的权威开启了端绪。

2.4 先秦儒学核心范畴体系

通过以上对先秦儒学重要学者及著作的梳理可以发现,孔子、曾子、子思、孟

---

① 引自《荀子·性恶》,选自王先谦撰《荀子集解》,沈啸寰、王星贤整理,中华书局,1988,第437页。
② 引自《荀子·性恶》,选自王先谦撰《荀子集解》,沈啸寰、王星贤整理,中华书局,1988,第438页。
③ 引自《荀子·性恶》,选自王先谦撰《荀子集解》,沈啸寰、王星贤整理,中华书局,1988,第442页。
④ 引自《孟子·梁惠王下》,选自阮元校刻《十三经注疏》,中华书局,1980,第2675页。

子、荀子等,其思想的志趣都在参与政治生活,这里所谓政治生活是孔子意义上的政治,即《论语·为政》篇所云:"或谓孔子曰:'子奚不为政?'子曰:'《书》云:孝乎惟孝,友于兄弟,施于有政。'是亦为政,奚其为为政?"①这里的政治毋宁说即人生的一部分,则儒家之重人道可见一斑。在这个意义上,曾子自然亦是参与政治者。至于孔子之孙子思,据《郭店楚简·鲁穆公问子思》一条记载来看②,其于现实政治之参与亦可想见,其以道统自居,要求政治理想化的思维尤疑影响了孟子的选择。孟子推许仁政,以实现"老吾老,以及人之老,幼吾幼,以及人之幼"③之政治为一生奔波之理想。荀子之参与政治自不待言,然其思考还是从人道着眼,以"化性起伪"为根本。我们再来看《论语·公冶长》篇记载的孔子言其志的故事:

> 颜渊、季路侍。子曰:"盍各言尔志?"子路曰:"愿车马衣轻裘,与朋友共,敝之而无憾。"颜渊曰:"愿无伐善,无施劳。"子路曰:"愿闻子之志。"子曰:"老者安之,朋友信之,少者怀之。"④

我们看到孔子的人生理想在于使老者各得所安,以信对待朋友,以慈惠待少年人。无论是颜渊、季路还是孔子,其人生理想的实现都落实在人的生活之中,其追求的境界或有差异,其本质则无不同。从根本上来讲,儒家是入世的哲学,其所追求实现的是人生理想秩序的建立,不追求外在的理念世界或天堂,这个世界是最真实的存在,是值得他们为之付出全部心血的有情世界,因而儒家更加重视践行,这就使得儒家的核心范畴更具德性意味。

对于儒家核心范畴的梳理必须回到《论语》,因为《论语》是先秦儒学思想划时代的里程碑,不论《中庸》《孟子》,还是《大学》《荀子》,其思想的起始点始终还是要落到《论语》,核心范畴的生长也就需要从《论语》开始。《论语》中提及的儒

---

① 引自《论语·为政》,选自阮元校刻《十三经注疏》,中华书局,1980,第2463页。
② "鲁穆公问于子思曰:'何如而可谓忠臣?'子思曰:'恒称其君之恶者,可谓忠臣矣。'公不悦,揖而退之。成孙弋见,公曰:'向者吾问忠臣于子思,子思曰"恒称其君之恶者,可谓忠臣矣。"寡人惑焉,而未之得也。'成孙弋曰:'噫,善哉言乎!夫为其君之故杀其身者,尝有之矣;恒称其君之恶者,未之有也。夫为其君之故杀其身者,效禄爵者也。恒称其君之恶者,远禄爵者也。为义而远禄爵,非子思,吾恶闻之矣。'"见李零:《郭店楚简校读记》,中国人民大学出版社,2007,第109页。
③ 引自《孟子·梁惠王上》,选自阮元校刻《十三经注疏》,中华书局,1980,第2670页。
④ 引自《论语·公冶长》,选自阮元校刻《十三经注疏》,中华书局,1980,第2475页。

家的范畴为数不少,其中尤以天、道、性、孝、悌、忠、恕等为人所注意。然细思之,在孔子那里,天大多数时候是一个宗教性的具有神秘意味的甚至于人格化的存在,如《论语·述而》载:"子曰:天生德于予,桓魋其如予何?"①又云"获罪于天,无所祷也"②,去见南子为子路所责怪,则云"予所否者,天厌之、天厌之"③,可见,"天"并没有进入孔子思想的核心。即就孔子所谓"五十而知天命"④一语,冯友兰认为"天命"即"天的命令或天意;换句话说,它被看作一种有目的的力量。……"我们从事各种活动,其外表成功,都有赖于各种外部条件的配合。但是,外部条件是否配合,完全不是人力所能控制的"⑤。"天命"不过是生命中的某种偶然性,随着时光的流逝,到了五十岁的时候人必须知道自己的局限性,孔子关注的重心则还是在"知"或者"智"上。"道"是诸子百家共同使用的范畴,不具有代表性,故而我们不将其纳入。至于性,则孔子罕言之⑥。而"孝""悌""忠""恕""一贯"可以为"仁"所统属,可以说是"仁"之一部分。另外还需要特别提出的重要范畴是"智"。《论语》中孔子多次将"仁者""智者"并举,可见孔子对于"智"的看重。就孔门来说,智并非那种知识性的诉求,而更多是"知人"的智慧,孔子多次提及知人、知己的问题,如"不患人之不己知,患不知人也"⑦,"不患无位,患所以立。不患莫己知,求为可知也"⑧,"不患人之不己知,患其不能也"⑨。智慧体现在反求诸己,强调从正面挺立自身的德性,这样才能够在人世中获得从容中道或者说"从心所欲不逾矩"⑩的达观。此外,"义"是君子行事的根据,孔子说:"君子之于天下也,无适也,无莫也,义之与比"⑪,又说"义以为上"⑫。中庸则是孔子追求的最高人生境界,他认为君子追求中庸之道,以重用作为理想的人

---

① 引自《论语·述而》,选自阮元校刻《十三经注疏》,中华书局,1980,第2483页。
② 引自《论语·八佾》,选自阮元校刻《十三经注疏》,中华书局,1980,第2467页。
③ 引自《论语·雍也》,选自阮元校刻《十三经注疏》,中华书局,1980,第2479页。
④ 引自《论语·为政》,选自阮元校刻《十三经注疏》,中华书局,1980,第2461页。
⑤ 冯友兰:《中国哲学简史》,赵复三译,天津社会科学院出版社,2007,第73页。
⑥ 见《论语·公冶长》,阮元校刻《十三经注疏》,中华书局,1980,第2474页。
⑦ 引自《论语·学而》,选自阮元校刻《十三经注疏》,中华书局,1980,第2458页。
⑧ 引自《论语·里仁》,选自阮元校刻《十三经注疏》,中华书局,1980,第2471页。
⑨ 引自《论语·宪问》,选自阮元校刻《十三经注疏》,中华书局,1980,第2512页。
⑩ 引自《论语·为政》,选自阮元校刻《十三经注疏》,中华书局,1980,第2461页。
⑪ 引自《论语·里仁》,选自阮元校刻《十三经注疏》,中华书局,1980,第2471页。
⑫ 引自《论语·阳货》,选自阮元校刻《十三经注疏》,中华书局,1980,第2526页。

生,不会不及,也不会不过。而兴则是孔子教弟子的重要方法,所谓"不愤不启,不悱不发;举一隅不以三隅反,则不复也"①,其关键还是在一个"兴"字。前文我们对此有详细的讨论,此处从略。从以上的分析我们可以说,"兴""仁""义""礼""智""中"是孔子思想的核心范畴。

《中庸》一篇围绕"中庸"这一核心范畴展开,又将《论语》中潜而未发的人性问题揭示出来,成为以后人性论的宇宙论维度的起点;而其另一核心范畴诚还是由礼乐之敬发展而来,亦可归入仁与礼的范围之内。《孟子》思想以性善为运思的始终,其始点则落实在"不忍人之心",而这又由"仁义礼智"四端所限定,其所论养气、理、良知、良能等范畴,生发点还是在"四端",可以说"仁义礼智"为孟子思想之核心范畴。《大学》"三达德"的勇可以归入"仁""礼""义"的范畴之中,孔子曾经说过:"仁者必有勇"②,又云"见义不为,无勇也"③"君子好勇而无义则乱,小人好勇而无义则盗"④"勇而无义为乱"⑤,可见勇是一个被限定的范畴,它的意义空间是由仁、礼和义来限定的,因而是次生的;"三纲领""八条目"作为哲学范畴来看的话,也仅仅是"仁义礼智"的转化,"格物、致知"可统属于智,是智的进一步发挥,"明德""至善"也可以视作"仁"向外在世界的实现。《荀子》在《孟子》之外重新走出了一条路,如前所述,荀子将礼义更多地投向外在的空间,这有其哲学思考的背景,人性被他视作恶,只有靠圣人之"伪"或者以人为的善来纠正养成,世界的价值则必然由内在转向外在,儒家真正进入一个权力的世界,从此在政治文化各方面影响了中国几千年。⑥

---

① 引自《论语·述而》,选自阮元校刻《十三经注疏》,中华书局,1980,第 2482 页。
② 引自《论语·宪问》,选自阮元校刻《十三经注疏》,中华书局,1980,第 2510 页。
③ 引自《论语·为政》,选自阮元校刻《十三经注疏》,中华书局,1980,第 2463 页。
④ 引自《论语·阳货》,选自阮元校刻《十三经注疏》,中华书局,1980,第 2526 页。
⑤ 引自《论语·泰伯》,选自阮元校刻《十三经注疏》,中华书局,1980,第 2486 页。
⑥ 陈寅恪先生在为冯友兰先生《中国哲学史》上册所撰审查报告中指出:"儒者在古代本为典章学术所寄托之专家。李斯受荀卿之学,佐成秦治。秦之法制实儒家一派学说之所附系。《中庸》之'车同轨,书同文,行同伦',(即太史公所谓:'至始皇乃能并冠带之伦'之伦)为儒家理想之制度,而于秦始皇之身而得以实现之也。汉承秦业,其官制法律亦袭用前朝。遗传至晋以后,法律与礼经并称,儒家《周官》之学说悉采入法典。夫政治社会一切公私行动莫不与法典相关,而法典为儒家学说具体之实现。故二千年来华夏民族所受儒家学说之影响最深最巨者,实在制度法律公私生活之方面;而关于学说思想之方面,或转有不如佛道二教者。"陈氏此处将荀子视为儒学制度法律化的先驱人物,可谓独具只眼。参见陈寅恪:《冯友兰中国哲学史上册审查报告》,收于陈寅恪《金明馆丛稿二编》,生活·读书·新知三联书店,2001,第 283 页。

由以上的分析我们看到,兴、仁、义、礼、智、中(或中庸)在先秦儒家中具有非常重要的地位,是其核心范畴。我们之所以将"兴"单独提出,建立在儒家创始者孔子的精神根源处,仁义礼智的生成方式是经由"兴"实现的,而最终达到"中"。如孔子有次问子贡和颜回相比谁更优秀。子贡说自己远远不如颜回,因为颜回闻一知十,自己闻一知二。孔子听了很高兴,说我们都不如颜回。[①] 颜回怎么闻一以知十,我们无从知晓。又如《论语·为政》篇载:"子曰:吾与回言,终日不违,如愚。退而省其私,亦足以发。回也不愚。"[②]孔子觉得颜回愚笨,从来没有提出问题,然后私下里观察,发现颜回能够发挥自己在孔子处所闻见,能够实践于自己的生活之中。所谓"发",正是"兴"。这样我们就能够了解何以颜回独能够闻一以知十,以其善于"兴"也。"仁义礼智"之关系,据宋代陈淳《北溪字义》所言:"仁者,心之全德,兼统四者。义、礼、智,无仁不得。盖仁是心中个生理,常行生生不息,彻终始,无间断。苟无这生理,则心便死了,其待人接宾,恭敬何自而发?必无所谓礼。处事之际,必不解裁断,而无所谓义。其于是非,亦必顽然无所知觉,而无所谓智。"[③]"仁"是四个范畴之核心,如无仁心,则义、礼、智则无所从发动。反过来,义、礼、智则各以其形态拱卫生成着仁,义的基本义为适宜,它限定了做哪些才可以称作仁;礼则在基本的外部表现行为上限定仁,仁如果仅仅是内在的心理状态,而非付诸实际的合乎礼的行为,则仁是虚假的,是孔子所痛恨的"巧言令色"而已;智则更多的是面向事、面向人,为行仁提供合适的路径或者方法,当仁与礼或义发生冲突时,智能够对仁加以修正,以实现仁的内在和谐,使其不偏不倚。而仁义礼智四者经由兴发的作用最终达于中庸。

2.5 本章小结

本章围绕先秦儒学思想的发端展开,以传世经典为线索,探讨了先秦儒学思想的核心精神并依之遴选出欲考察的核心范畴。我们通过考察前孔子时代的祭祀文化,明晓了"忧患意识"和"敬德"观念的产生是祭祀文化转化为礼乐文化的

---

① 见《论语·公冶长》。阮元校刻《十三经注疏》,中华书局,1980,第 2473 页。
② 引自《论语·为政》,选自阮元校刻《十三经注疏》,中华书局,1980,第 2462 页。
③ 陈淳:《北溪字义》,熊国祯、高流水点校,中华书局,1983,第 22 页。

重要基础;"忧患意识"及"敬德"观念将人们思想的重心从"神"转移到"人"自身;从而使得先秦儒学思想在发端之初就独特地具有了"人性"的视阈,具有了"非超越性"的重要特征。经由对周代礼乐文化之结晶"六艺"的考察,我们洞察到先秦儒学展开的主要视角始终落在人世,由诗、书、礼、易、乐、春秋之教,最终实现的是人道的温文尔雅的崇高与光明;孔子在周礼衰败的时代重新为礼乐文化奠定了心安之"仁"这一坚实的基础,最终实现诗礼乐合一的煌煌人生之境;《中庸》从另一向度开拓了天人之关系,将人道推尊为与天并立,为修身确立了目标;孟子进一步发展了孔子"仁"的思想,并将其追溯到"不忍人之心"的性善论,向外则推展为"不忍人之政",发展了孔子入世之精神,为此后几千年的儒学思想之入世济世利民教民之说奠定了基础;《大学》则以"三纲领"之刚健自省为标的,以"八条目"之不可懈怠为方法,为君子之己立立人寻找到了途径;到了荀子,虽则其基本出发点与孟子相异,然其推尊礼乐之基本指向则犹然出于孔子之门,由礼乐向外在制度层面的努力,为儒家此后实际政治建设打下了基础。通过对先秦儒家典籍的回溯,对儒学滥觞、发展、成熟这样一个过程的描写,我们透显了先秦儒学确立为中国文明之主线的基本脉络,发现自立立人、入世济民为其主要精神面貌,推得"兴""仁""义""礼""智""中"为其最具代表性核心范畴。这些范畴实质表现为观念,且这些观念在相当程度上启发并塑造了伟大的中国文明,也是中华民族基本人格的表征。我们探寻其英译,对先秦儒学文化传播的意义是无比深远的。

3

可译性与先秦儒学核心范畴的意义特征

"可译性乃整个翻译理论中最有原则性的问题。"①无论何种思想都以语言为其载体，而先秦典籍所体现的思想更是要通过先秦典籍语词的意义来把握。翻译学中的可译性问题探讨的正是意义跨越语言边界而得以传递的可能性问题。故而本章从可译性的视角切入，探讨先秦儒学范畴的意义特性，为下一章核心范畴意义全貌的呈现提供纲要性指引，为洞悉范畴英译词所体现的变化提供比较的根基，亦为先秦儒学思想跨越语言的传递提供明晰的努力方向。

3.1 先秦儒学范畴的可译性维度

设若我们借用开篇所提到的翻译为"通驿港"来形象说明一下典籍翻译的过程。当一种思想进入翻译这个通驿港时，实质是要将思想内核从原语言铸造的外壳中拖拽出来，再用译语为其铸造新的外壳，输送出港。理想状态下，一个范畴（语词）进入通驿港，释放意义，让意义匹配一个目的语对等词，出港。但现实的情况和理想状态相距甚远。思想真的可以脱离语言外壳而单独存在吗？一种语言里所谈论的东西在另一种语言里都能百分之百找到精确的词来指代吗？在翻译研究中，我们可以见到两种相对立的观点：西班牙现代哲学家伽塞特曾言：

---

① Douglas Robinson, *Western Translation Theory: from Herodoutus to Nietzche* (London: Routledge, 2002), p.8, p.48, p.239.

"每个语言与其他语言相比较有其自身的语言学类型,即洪堡所言的内在形式。因此只有乌托邦主义者才会相信,属于不同语言的两种语词构成物,凭借着词典给我们提供的相互翻译,确切地指着同一个对象。"①这种观点,隐秘地宣誓了不可译性的存在。然而,若要古希腊大哲亚里士多德来评判翻译,则我们面对文本意图寻找到合适的语词来实现可译的困境是无从谈起的。因为在亚氏看来,内心经验、口语及文字表现为链性关系:内心经验为口语所记述,而文字用来书写口语。② 他设定:民族之间,无论口语多么相异,文字多么大相径庭,内心经验的同质是为全人类共享的,内心经验所反映的世界也是同一的,所以,也不会存在任何翻译的困境。

然而,本章并非要在宏观的层面对"可译性"或"不可译"开展理论上的争辩。因为"可译"或"不可译"归根到底是意义在不同语符之间传递可能性的理论性讨论。而翻译作为存在了多年的人类实践活动,已经是人类不断突破语言局限的明证。本书旨在借由可译性所牵涉的相关因素,来洞悉且描摹所选定先秦儒学核心范畴那些非常独特且有可能抗拒翻译的因素,进而探索化解抗拒翻译因素的方式。换言之,本书中用具体的文化范畴搭建了一个翻译观察的个案,在微观的层面上对"可译"与"不可译"的张力做出生动的描摹,进而再回到宏观的层面提出可行的增大可译性的方案。

在进入"可译性"的讨论之前,我们有必要先回顾一组对符号的界说,因为范畴在更广义上属于符号,而"符号是这样一种东西,它除了有意义介入外,还能令人自动想到某个别的东西"③。"符号是常用的一种传达信息的单元,用以表示或象征人、物、集团或概念等复杂事物;在哲学中,特别是在符号学中,符号与标记这两个概念有着严格的区别。"④我们在此有必要澄清一组差别:标记与符号。标记与符号的共同特质在于两者都可以用来复现某种关联,但是标记和其关联物之间的关系是直接且暂时的,可根据时间与地点更改;而符号与其关联的关系最初虽为约定,但是这种约定关系经时间固定下来,变得牢固且不易更改。

① 转引自李河:《巴别塔的重建与解构》,云南大学出版社,2005,第107页。
② 亚里士多德:《亚里士多德全集(第一卷)》,苗力田译,中国人民大学出版社,1990,第49页。
③ 罗兰·巴尔特:《符号学原理》,李幼蒸译,中国人民大学出版社,2008,第26页。
④ 《简明不列颠百科全书》,中国大百科全书出版社,1985,第198页。

由符号与其意义的约定俗成构成了可译的逻辑基础。如果从逻辑上表述语际翻译,即表达式 A 被翻译为另外一种语言后形式后表现为表达式 B,若 A 与 B 的意义相同,则翻译完成(见图 3-1)。

图 3-1 翻译转换示意图

在图 3-1 中,表达式 A 与"意义"和表达式 B 与"意义"的关联,都用虚线标明。因为,这只是一个理想图示,即意义可以顺利地从原语符号中显现且被完全剥离,同时又能非常充分地被目的语中的符号加以表达。然而在实际中,语言符号与意义的关系远非图示这般直观与简单。对语言符号与意义之间关系的理解不同,会导向对"翻译"及"可译性"的不同认知。故在此将语言哲学史上几种代表性的意义观分述如下,且一并探讨此意义观下人们对"翻译"及"可译性"的认知。

3.1.1 "确定语义"观照下的可译性

最初人们对语言的认识模式是固定的:一词一物。物可抽象可具体,但定是世间可描述可感之事物。所以只要找寻到一个词所对应之事物,词的意义便得以明晓。在《泰阿泰德篇》中,柏拉图借苏格拉底之口,言明了他对一般事物命名的理论:"即使元素可说、有其特具之理可解,亦必无取于一切附加的辞。然而任何元素的复合体,各元素的名合而成理解言说——理解言说存于名之撮合。"①这一观点在《旧约·创世记》中亦有体现,该篇记载了最初神创造世界,为天地命名时言:"神称光为昼,称暗为夜。……神称空气为天。……神称旱地为地,称水的聚处为海。神看着是好的。"在上帝这里,事物的命名乃专有名称的分配,一名对一物。语言乃名的集合,语言的功能只为指称。索绪尔曾批判性地

---

① 柏拉图:《泰阿泰德 智术之师》,严群译,商务印书馆,1963,第 104 页。

将此种观点称为"分类命名集"①，世上有多少物，语言中就有多少名。而在他看来，这种指称观预设了一个前提，即被"指称的东西"是现成的，先于语言而存在。名称和事物的联系是非常简单的。语言符号两边连接的就是事物与名称。而字面上的指称就是词语的意义。这样一来，语言的不同就仅仅只是物理符号的差异。比如天空里漂浮的云朵，英语命名为 cloud，法语名之为 nuage，中文称其为"云"。这些符号因指称的是同样的事物而意义都是一样的。这样的语言观观照下，翻译就成了简单的符号转换，具体实施是：A 语言中的某语符找到关联物，再用 B 语言中的相关语符替代。在这样的境地下，翻译不仅是完全可行的，而且是万分容易的。"不可译"是作为一个伪问题被排除的。"既然世界被视作一个物质的或精神的、区别明确的大仓库，那么每种语言便以一种独有的标签，一种独特的编号给事物编目造册；这样一来，既然原则上每个事物大致只有一个标签，且每个编号只代表预先交给所有编目者的同一仓库的一件物品，那么人们就可以毫无差错地从一种目录过渡到另一种目录。"②乔治·穆南的这个比喻恰到好处地点明了在传统语言观下人们对语言转换的认知，即一种语言转换到另一种语言是完全可能的，且可以做到万分精准。因为"分类命名集"这样一种语言观点在相当长的历史时期内普遍被接受，翻译作为一种语言转换被认为是相当自然的事情；加之在很长一段时间里，问题的讨论限于同一个欧陆语言系统中，翻译的可实现性更被视作理所当然。

3.1.2 "差别产生意义"观照下的可译性

在《普通语言学教程》中，索绪尔重新定义了语言符号的功用。他提出一个后来被广为认可的重要观点：语言符号连接的不是物和名称，而是概念和音响形象，且概念和音响形象就如同一个硬币的两面般密不可分。概念和音响形象结合起来就是语言符号。此处所言的音响形象并非指物质声音那种纯粹的物理声波，而是指声音的"心理印迹"。"用符号这个词表示整体，用所指和能指分别

---

① "在有些人看来，语言，归结到它的基本原则，不外是一种分类命名集，即一份跟同样多的事务相当的名词术语表。"费尔南迪·德·索绪尔：《普通语言学教程》，高名凯译，商务印书馆，2010，第 100 页。

② Georges Mounin, *Les Problèmes Théoriques de la Traduction* (Paris：Gallimard, 1963), p.22.

代替概念和音响形象。"①这样一来,词语就不再是象征符号,而具备了抽象性,成了抽象的符号。这个抽象符号由两个维度构成:能指和所指。能指是一个语词的形和音的部分,所指是该语词所表达的意义、概念。比如说,"trcc"的能指即为这个词的外形 tree 本身及其读音[tri：],而所指,则为我们能从其概念"a perennial woody plant having usually a single self-supporting trunk, with branches and foliage growing at some distance above the ground, the ranging from about ten feet to as high as 300 feet"②所领悟到的东西,即 tree 的意义。这和之前"语言是命名的集合"的观点在表象上看似乎没有什么不同,但实质上却发生了深刻的转变:

语言命名集合:语词＜＝＞具体事物【与实在世界相关】

索绪尔语言观:语词＜＝＞概念【对具体事物的抽象本质描述】

(＜＝＞:直接关联)

在创见性地提出"能指""所指"的区分,使得人们对语符的认识发生革命性改变后,索绪尔又以符号的任意性继续挑战着人们对翻译的传统认知。"能指和所指的联系是任意的,或者因为我们所说的符号是指能指和所指相连接所产生的整体。我们可以更简单地说,语言符号是任意的。"③比如"姐妹"的概念,在法语中做其能指的为 sœur,但这个 sœur 其发音与"姐妹"这个概念没有任何的内在关系。"姐妹"这个概念,也可以用任何别的发音来表示,比如 sister(英)、schwester(德)、cecтpa(俄)、姉妹(日)等。语言间的差别及世界上存在那么多的语言本身也就是符号任意性的最好证明。而正是这种"任意性"说明了被表达的概念和所指之间并不存在着内在的必然的联系,某种具体的语言应对这一点都是通过约定俗称来实现的,也正如索绪尔所言:"一个社会所接受的任何表达手段,原则上都是以集体习惯,或者同样可以说,约定俗成为基础的。"④

这样一来翻译即表现为能指的变化。"能指—所指"以约定俗成的方式建立

---

① 费尔南迪・德・索绪尔:《普通语言学教程》,高名凯译,商务印书馆,2010,第 102 页。

② The New International Webster's Comprehensive Dictionary of the English Language (Naples：Trident Press International, 2003),p.1337.

③ 费尔南迪・德・索绪尔:《普通语言学教程》,高名凯译,商务印书馆,2010,第 102 页。

④ 费尔南迪・德・索绪尔:《普通语言学教程》,高名凯译,商务印书馆,2010,第 103 页。

关联,翻译者其实要跨越的是两种约定、两种传统。困难也就从此产生了。那些意义与符号物理特性紧密相连的情境经由翻译就有了走形变样的危险。

以上只是索绪尔对符号的基本洞见。索绪尔在其语言、言语二分和能指、所指之间约定俗成的符号系统之上提出了独特的意义观。"在词里,重要的不是声音本身,而是使得这个词区别于其他一切词的声音上的差别,因为带有意义的正是这些差别。"①换言之,想要区别语词,我们应该关注的并不是某个语词的声音本身,而是个同语词在发音上的差别。而差别正是在系统中才能显示。也就是说,若把语言看作一个系统,词与词的差别无论是在声音还是在意义上,都取决于它在系统中所处的位置关系。"语言既是一个系统,它的各项要素都有连带关系,而且其中每项要素的价值都只是因为有其他的要素同时存在的结果。"②一个语词是其所是跟其自身并无全然关系,而是在与其他语词尤其是它所处的小系统的其他语词的关系中成其所的。比如"哥哥"一词只有放在"亲属"这一大类语词中才获得其明晰的含义,把语言看作一个大系统,系统里面又包含了小系统,小系统里也许又包含着亚系统,但最基本的单位则都是语词。语言大系统就是依赖于各级系统所包含的语词间的关系或者差别来生成意义的。这也就是索绪尔所言的语言是价值系统的观念。

而这里的意义运作本质便是以语词为小单元去勾连概念的,而单个的概念实质来自思想。人类思想的世界自身是混沌不清的,只有在通过语言关联概念分解后才变得清晰起来。正如卡西尔言:"倘若没有语言,存在就会处于晦暗不明和混乱无序的状态。"③语词的声音差别实现了形式化的概念间的离析,具体表现为形成了不同的能指。混沌思想离析为单个概念在本质上表现为"对象化"的实现,最终形成不同的所指。思想终归是关于世界的思想,而不是空洞无物的,这样,才最终完成"语词—思想(概念)—客体世界"线性的关联。所以,由思想离析为单个概念的方式,其实与人认知世界的方式密切相关,或与一个民族的认知方式紧密关联。

---

① 费尔南迪·德·索绪尔:《普通语言学教程》,高名凯译,商务印书馆,2010,第 164 页。

② 费尔南迪·德·索绪尔:《普通语言学教程》,高名凯译,商务印书馆,2010,第 160 页。

③ 见 Cassirer, E 所著 *Nachgelassene Manuskripte und Texte*,转引自沈国琴:《卡西尔的语言哲学探析》,《外语学刊》2018 年第 3 期,第 1—6 页。

那么翻译势必要面临一个问题,两种语言中由差别运作的意义网,或者说语域网是否能对应起来?即 A 语言系统里语符与意义关涉的方式是否可以在 B 语言系统里实现?考虑到这个问题,在翻译时就要充分考虑两种语言系统在各自构成中的关系与差别。自此,从理论层面上来说,翻译中机械的对应和等值将遭遇挑战。

语言学家沃尔夫在《科学与语言学》中对由客体世界到语词的过程做了精炼的描述:"我们用自己的本族语所划的线切分自然。我们从现象世界中,分出范畴和种类,并不是因为它们客观地呈现于每一个观察者面前;相反,呈现在我们面前的世界是千变万化的印象流,它们是通过我们的大脑组织起来的。我们将自然进行切分,用各种概念将它们组织起来,并赋予概念以不同的意义。这种切分和组织在很大程度上取决于一个契约,即我们所在的整个语言共同体约定以这种方式组织自然,并将它编码固定于我们的语言范型(pattern)之中。当然,这一契约是隐形的,并无明文规定。但它的条款却有着绝对的束缚力;如果我们不遵守它所规定的语料的编排和分类方式,就无法开口讲话。"①印象流其实等同于索绪尔所说的混沌的思想,概念的组织则是思想的离析化。我们将自然进行切分实质完成了对象化过程。而我们的切分和组织所遵守的契约则是民族共同体长久以来约定俗成的思维方式,或曰认知方式,它在无形当中对语言范型的形成发挥着巨大的潜移默化的作用。

传统语言观中语词直接指向客观世界,即语言与世界同一。而在索绪尔的语言观里,语词是通过概念才与客观世界发生关联的;概念则与心理活动紧密相关,是属于思维的范畴。语词不再直接指向客观世界,而生成了"语言—思维—存在"这一新链条。在这一线性关系中,思维和概念的进入使得语词意义的稳定遭受了挑战。

3.1.3 "语言世界观"观照下的可译性

语言世界观理论是德国哲学家和语言学家洪堡研究语言、世界、思想三者

---

① 本杰明·李·沃尔夫:《科学与语言学》,载于《论语言、思维和现实——沃尔夫文集》,高一虹等译,长沙:湖南教育出版社,2001,第 211 页。

关系的伟大思想。洪堡特认为：语言不是客观地用以刻画世界的工具，而是我们接触世界理解世界的方式。语言和我们的世界观互构，但这种关系并不是直接的。直接与世界发生关系的是思维，语言是思维的媒介，或者说语言与思维共生。语言搭建起概念，透过概念，我们的心灵获得对于客观世界的认知。"没有语言，就不会有任何概念，同样，没有语言，我们的心灵就不会有任何对象。就心灵来说，每一个外在的对象唯有借助概念才能获得完整的存在。而另一方面，对事物全部的主观知都必然在语言的构造和运用上得以体现。"[1]

正是因为语言具有这样重要的意义，所以主体对于世界的认知始终建立在语言思维的基础之上。经由语言，个体获得了对世界的认知，进而以之拥抱世界。不同的语言所塑造的世界实质是不同的。每种语言像是一把独特的刀具，切分世界的方式各有不同。这种切分，最终形成基本的理解世界的框架。而这种基本世界的框架表现在语言中，就是基本的范畴区分。故而范畴之间的通约性是值得商榷的。加达默尔曾在自己的著作《真理与方法》中简明扼要地概括了语言世界观理论的精义："语言并非只是一种生活在世界上的人类所使用的装备，相反，以语言作为基础，并在语言中得以表现的是，人拥有世界。世界就是对于人而存在的世界，而不是对于其他生物存在的世界，尽管它们也存在于世界之中。但世界对于人的这个此在却是通过语言而描述的。"[2]洪堡特认为在不同的语言系统中词语不是天然地表征同一概念，因为语言涉及思想和心灵，在同一种语言中，同一个词在不同的人心里产生的印记也是不同的。"一个词即使是被当作单纯表示概念的物质符号在具体的场合来使用，它在不同个人的头脑中也难以引起相同的表象。因此，我们可以断定，每个词都包含着某种无法再用词进一步区分的内容；虽然总的来看，一些不同语言的词可以表示相同的概念，但它们绝对不会是真正意义的同义词。严格地说，我们不可能用一种定义把这些词包括进来，而是往往似乎只能指出它们在所属义

---

① 威廉·冯·洪堡特：《论人类语言结构的差异及其对人类精神发展的影响》，姚小平译，商务印书馆，1999，第71—72页。

② 汉斯-格奥尔格·加达默尔：《真理与方法：哲学诠释学的基本特征》，洪汉鼎译，上海译文出版社，2004，第574页。

域里占据的位置……这种情况甚至在词被用作物质实体的名称时也会发生。不过真正的词义差别应该说是表现在精神概念的名称上。就这类名称而言，两种语言中的相应的词很少有可能不带明显意义差别地表达同一个概念。"①

正是以这一语言观为基础，洪堡特对翻译有着自己的思考。在1796年7月23日给奥古斯特·威廉·施莱格尔的信中，洪堡特写道："在我看来，所有的翻译都只不过是试图完成一项无法完成的任务。任何译者都注定会被两块绊脚石中的任何一块所绊倒。它不是贴原作贴得太近而牺牲本民族的风格和语言，就是贴本民族特点贴得太近而牺牲原作。介于两者之间的中间路线不是难以找到而是根本不可能找到。"②显然在洪堡特看来，完完全全的透明的翻译是不可能实现的。

3.1.4　可译性理论之于先秦典籍范畴意义探寻的启示

曾经，命名的语言观确保了语词意义的确定性，意义是恒定的，独立于语词之外，和世界发生一对一的关系。故而翻译被认为在理论上是极容易操作的，因为一词一物，意义的追寻并不费劲。而"所指"观点的出现，在语言与世界间加入了思维，形成"语言—思维—意义"的动态链条，破坏了恒定的语词命名的关系，而以所指之间的互相区别来产生意义，确定意义的追寻就显出了重重障碍。洪堡的语言世界观指出了思维是由语言塑造的，即一个民族所使用的文字塑造着这个民族的思维方式。民族源头之处的文字不同，思维方式便难以通约。正如前文所述，先秦典籍的最大价值在于其承载着先民体验世界的宏阔思路，可以为其他文化、其他思想提供一种不同的看待世界的思维方式。先秦典籍的翻译，恰是通过另一种语言对一种民族语言所塑造世界观的传达，恰是洪堡特认为的翻译最难以进行的情形。可是典籍翻译的步履从未被允许停滞，欲要攻破困难，需要先明晰困难是怎样运作在具体的情境中。故而下文将承续"语言—思维—意义"的线索，探讨先秦儒学核心范畴的意义特质。

---

① 威廉·冯·洪堡特：《论人类语言结构的差异及其对人类精神发展的影响》，姚小平译，商务印书馆，1999，第224页。

② 谭载喜：《西方翻译简史》，商务印书馆，2004，第109页。

3.2 先秦儒学核心范畴的意义特质

3.2.1 关联性与情境性

3.2.1.1 古汉语"观"的特性

众所周知,英文是一种语音文字,单靠听就可辨别语词。可转向汉语这种书写文字,汉语的独特性就清晰地显现。古汉字与英文不同,古汉字的字形也是有意义的。而这种意义,是单靠倾听所不能得到的,只能在"观"中显示。

"观"是中华民族重要的思维方式。这在《易·系辞上》中表现得极为明显:"易与天地准,故能弥纶天地之道。仰以观于天文,俯以察于地理,是故知幽明之故。"[1]《易·系辞下》也说:"古者包牺氏之王天下也,仰则观象于天,俯则观法于地。观鸟兽之文,与地之宜。近取诸身,远取诸物。于是始作八卦。"[2]《易》之创始即经由"观"思维使然,由近及远,从而探察幽微之道。《易·贲》象辞云:"刚柔交错,天文也。文明以止,人文也。观乎天文以察时变,观乎人文以化成天下。"[3]华夏文明之缘起,天文人文之化生均由"观"而成,可见"观"之思维的重要性。曾有瑞典汉学家高本汉思考把古汉语转录成语音文字,后来放弃了这个想法。因为他发现古汉字是不可再分的。他评价说古汉字可以被阅读,但是若被大声朗读,反而会变得难以听懂了。他曾有一段论断[4],言明我们尝试把古汉语用语音文字替代,会使得流传了4 000余年的这一文明感丧失殆尽。这种做法在某种程度上会破坏中国文明的精神内核。若用语音文字去转写古汉语,会生成一堆完全不可被理解的东西。

汉字的创造就是"观"思维的显现。《说文解字序》中记载了仓颉创造汉字的传说:"仓颉之初作书,盖依类象形,故谓之文。其后形声相益,即谓之字。文者,物象之本;字者,言孳乳而浸多也。著于竹帛谓之书。书者,如也。"[5]仓颉据说

---

[1] 引自《易·系辞上》,选自阮元校刻《十三经注疏》,中华书局,1980,第77页。

[2] 引自《易·系辞下》,选自阮元校刻《十三经注疏》,中华书局,1980,第86页。

[3] 引自《易·贲》,选自阮元校刻《十三经注疏》,中华书局,1980,第37页。

[4] Bernhard Karlgren, *Sound and Symbol in Chinese* (London: Oxford University Press, 1923), p.40.

[5] 许慎:《说文解字》,中华书局,1963,第6页。

是黄帝之史官,他通过远观近察而造文字,文是独体字,主要为象形、指事字;字为合体字,主要的造字方式是会意、形声。"六书"中除假借、转注两种用字法外,其他四种均为造字法,而其中尤以象形最为根本,指事依赖象形而成,而会意也是经由象形字的意义加成,形声其义符一般是象形字,规定了该字的意义取向。归根到底,汉字从造字而言最重要的方法是象形,这就决定了汉字的"观"的特性。

由汉字造字的"观"的特性决定了汉字的意义理解要求通过"观"而实现。据统计,现代汉语只有百分之十的汉字和象形或会意无直接关系。90%的现代汉字还都承续了最早的古代文字的象形、会意传统①,在现代汉语中被称为形声字:汉字的一部分表明我们会意的指向;另一部分可表明读音,而那些表音的语符又在很多时候代表一种意义。单就典籍涉及的字来看几乎都是形声的。换言之,它们的语义是非分析的而是经由观感而领悟的。古汉语是以表意及图像性为其主要特征的。古汉语的一个语符,有时可以折射整个世界。所以古汉语具有兴发的特质。其本身就是一种情境,看到此而想起关联之物,且此种关联非线性的记忆关联,而是类比关联。这使得古汉语拥有强大的视觉,也意味着译者需要靠观去明晓其含义,且更需进一步借助字间关系来确保理解。

3.2.1.2 以"观"为基础的意义特性

汉语的词义约定往往不是以阐明字面及核心意义的方式来定义的,而是通过句法及语音的关联来阐明的。后来的字义解释者及典籍的注解者继承了这一传统,某个词语的意义往往通过其声近或形近的词语来加以解释。如"阵"被解释为与之字形字音相近的"陈",以表现战场用兵布局以应对敌的强大状态的意义。又如"君"被解释作"群",君为会意字,从尹从口,表示一个尹(执事者)发号施令;而群为形声字,从羊君声,但君又有义符的意味,将君释作"群",暗含了人们需相聚以识君。又如"道",被释为同声字"蹈",言明"道"不是现成的已经完备的东西,而需要通过"行"来得以实现,故而《庄子·齐物论》中才有"道行之而成"②一说。

汉语的另一个重要特质在于其常无固定的词性,而只有借助句子才可明晓其

---

① 周有光:《世界文字发展史》,上海教育出版社,2018,第75页。
② 郭庆藩:《庄子集释》,王孝鱼点校,中华书局,1961,第69页。

词性到底为名词、形容词抑或副词。"君君臣臣父父子子"就是个极好的例子。无明显的语法结构给翻译造成了极大的困难。常有译者把君子翻译为"gentleman"，一下子把人们导入"男性"气概的联想里。且此处 man 被标示为单数，也似有悖于君子在原文语境中可称"典范类"的特质。我们知道在先秦的语境中，"君子"常常指社群中那些行为及品德表现得足够成为典范的人，本无单复数之别。

因为这种"观"的特性，"中国字倾向比任何拼音文字都更好地投射出自然的印迹"，"文字模仿着鸟兽及一般自然现象在大地上留下的痕迹模式"①。从最初先民造字的传说到后来中国文字的发展、成熟，处处都可见汉语语词来源于对身边诸象的模拟。由于汉语文本直接取决于词语本身，富有"象"意味的语词所构成的文本就天然具有比象的意味。宋代郑樵《通志·六书略·论华梵下》在讨论梵文与汉语的差别时即已指出："梵人别音，在音不在字，华人别字，在字不在音。……华书制字极密，点画极多，梵书比之实辽邈，故梵有无穷之音，而华有无穷之字。……梵人长于音，所得从闻入……华人长于文，所得从见入。"②郑樵认为，由于汉字建立在象形的基础上，这就使得其更重于形象，更加具有意义的空间性；而梵文既以表音为主，则它更注重听觉体验，更加具有时间上的连续性。属于印欧语系的英文与梵文同为表音文字。表音文字的任意性使得其语义与所指之物并无直观的、可感的关联，所以意义常可以被抽取出来进行独立的分析。因为这种任意约定的关系，所指的内容被抹去了形象特征，而更容易沦为所思之物。而汉语最初则是表意、指事的。汉语因其"表形—声—义"的性质，其意义和能指常常在源头上具备可感觉的、直观性的神秘关联。表音的语言，因失去了与象的关联，没有了具体的可感的依托，就要借助于语法结构去确定意义。意义的定义，在英文中则表现为 A is B 的基本形式，即 A 是 B，而汉语则明显不同。

我们将英语世界中定义词义的描述方式 A refers to B 与之比较，不难发现，古代汉语定义词汇的方式是非指涉性的。或者说，古汉语是不常给词下定义的。词的意义大多通过与他物的关联才可以获得阐明。我们毋宁说古汉语的世界不是由"事物"构成的，而是由"事件"构成的。语词的意义无法直接截取，而要参与

---

① 张隆溪：《道与逻各斯》，冯川译，四川人民出版社，1998，第 80—81 页。
② 郑樵：《通志》，中华书局，王树民点校，1995，第 352 页。

到事件中去领悟。

3.2.2　多义性：典籍文本独特的阐释境遇

儒学的思想史从某种程度上即是源头经典被注释及理解的历史。这一特点使得典籍范畴意义的追寻拥有了特殊的困境。典籍注本繁多是"各种文化传统的一个共同现象，只要这种文化传统有一套经典性文本和一大批诠释性著作——在文化延续的高潮和低谷，正是这些诠释性著作帮助了经典的代代相传"①，希腊、罗马固然有此现象，但与中国相比实在是微乎其微。据记载："至于战国，典文遗弃，六经之儒，不能究其宗旨，多立小数，一经至数百万言，致令学者难晓。"②而这一现象背后的根本原因是汉字的"观"的特质。

我们前面谈到："观"的性质昭示着活生生的经验，"观"的文字则更召唤着理解主体的主动性。理解的主体会源源不断地对所观之物进行有选择的投射及关注。且这种解释的实践因汉字独特的字形，反而具有了浓厚的直观性色彩，甚至是很大程度的联想性。若把"易"拆解为象征阳的"日"和象征阴的"月"，《易经》就能被阴阳学家宣称为本派经典。而在道家看来"一阴一阳之谓道"，《易经》还可称道家的经典。这种联想性会向各个方向去延伸，产生很多不同的理解与解释。尤其是不同时代的人们都会基于当下通行的文字字形而忽略原形原意这一点，则会让汉字产生更为随意性的解释。

总而言之，中国传统对汉字的诠释是相对直观和联想的。而中国训诂学非常深刻地影响了典籍的阐释——训诂学对汉字的解释是基于音、形、义三要素来展开的。不同的解释各有所侧重。而儒学典籍后来所有的注本几乎都有训诂学的特征隐含其中。其中重要范畴的意义在连续性的注释辨析之后，其所生产的意义必然是多样化的。

按照阐释的循环，范畴的理解离不开对文本的整体理解。对自然科学文本的理解，我们可以通过某种确定的符号结构来解析被观察的对象，且这种对象是不以人的意志为转移的客观存在，因此这是一种切近真理的理解，是循着解释的

---

① 张隆溪：《道与逻各斯》，冯川译，四川人民出版社，1998，第52页。
② 引自《隋书·经籍志一》，选自魏征等修撰《隋书》，中华书局，1973，第947页。

真理观去揭示真理和描述对象的本来面目。而儒学思想的理解方式迥异于自然科学文本的理解方式。在面临儒学文本时,我们所理解的对象不是客观的符号,而是历史的流传物。每一位典籍的注释者或译者,在最初都是带着一种理想:抛却自身干扰,完全进入文本,进而还给文本一个客观意义。换言之,我们希望所理解的对象存在着某种固定不变的"原意"。然而,典籍流传的时间越长,文本的整体意义就越具备某种历史性。这种历史性和阐释活动的特征有关——阐释的特性决定了文本在一遍遍被理解的过程中,因为作者的视阈和文本历史视阈的交融,意义会获得持续更新。文本整体的意义在文本与解释者,传统与当代的对话中不断地生成。这些意义合在一起构成了一个意义的群集,成为一种效果历史。那些试图恢复且追寻典籍本貌的译者,面对的是一个交互错综的局面。这些范畴因为训诂学的注释传统,本身就是复义的,而其置身其中可作为"整体"去参照的文本,亦是一个永远存在于时间之流中且不断被纳入新理解的意义场。如此一来,译者所追求的范畴"原意"就变得更加扑朔迷离。而文本自身还在召唤着新的理解,译者所理解的意味也永远观照着"当下"(或者说,译者所处的时代)。

　　古汉语的典籍诠释特征迥异于西方的注释特征:① 语法的特性造就了古汉语自身的情境取义特质,这也导致了古汉语单字的语义多样化。每个单字的意蕴都非常丰富,而对其意义的梳理和阐明也就变得非常困难。文字构成语段,而语段的意义也因了文字本身的意蕴丰富变得含混。对汉语典籍的跨语际翻译就得强烈依赖某个固定注本的理解。而历史中所流传的注本也大都依靠借字的方式来确保单义。比如用"辟"代"譬",以"正"代替"政"。很多译者对古汉语的复义及含混是颇感棘手的,认为其精确性的缺乏给寻找对等词带来了巨大的困难。意义的不精确性更召唤了读者的参与,召唤着读者将所呈现之意在践行之中内化于心。而连同所有的文字特性,一切使得中国经典的意义总是无法穷尽。② 古代中国的语言真理观更加关注变异中的生生不息。古代哲人对语言所持有的态度是两重的。一方面,他们认为可以借助语言表述自己的思想,借助语言描述发生的一切。另一方面,他们亦认为语言的功用是十分有限的。《易·系辞上》有云:"书不尽言,言不尽意。"①而庄子要我们得鱼而忘筌,得兔而忘蹄,得意

---

① 引自《易·系辞上》,选自阮元校刻《十三经注疏》,中华书局,1980,第82页。

而忘言。《道德经》的第一句则言明了言辞论道的局限性和无力感。而之所以无力,乃因为在他们的眼中,可称道的东西实质及表象都是处在流变之中的。道并非一个静态的实体或者概念,而是一个持续变动且持续发展的,万物在其中相得益彰的样态。道不是可被分解成元素且被抽象概括进逻辑体系中的物质,而是在流动中生生不息的,任何试图去抓住道的本质的努力都是徒劳的。而等到佛教传入中国,言有尽而意无穷则更被认为是中国哲学语言的显著特质。总而言之,中国古代的哲人对语言的定位是两个层面的:① 在通过句法及语言层面形式指涉功能时,语言的能力是有限的;② 在隐喻层面,或曰超语言的层面,言语因其使用者的高明手法,却可以联合表现出比所言之物更多的意蕴。

3.2.3 "观"与先秦儒学思维方式

之前谈到象形文字是古汉语文字的基本构字方式。"观"的特性昭示了其与大千世界的关联。所以在古典思想中表现概念的方式也是具象的,都带上了某种具体的性格。因为形成表现概念的方式是综合直观的,所以我们所讲的范畴实际上是古代的"名"。也因为古汉语文字这种"象"的特质,中国古典思想体现出对具象的偏爱,而非一些视线之外且超越感觉的事物。所以古汉语中很少有抽象名词,我们的古典思想中也未形成超越概念。我们可由上一章对于先秦儒学的叙述深刻地体察到这一点。

自然,以上经由《论语》而成型的儒家哲学与以形而上学和知识论为基础的西方哲学具有先天的差异,以至于接受了西方哲学观念的新儒家牟宗三先生亦认为:"孔子不是哲学家,他讲道理不是以哲学家的态度来讲,他对于形上学也没有什么兴趣,对于存在、宇宙论这一套圣人是不讲的,或者说他不是以哲学家的态度讲。但是,圣人尽管不讲这一套,然而他的 insight、他的智慧可以透射到存在的那个地方。通过哪个观念可以透射到存在呢? 就是'天'这个观念。"①牟氏还是坚持以西方的哲学传统为宗,故而他要在中国传统思想中去发现属于西方哲学的体系,以建构中国哲学。然而,如果我们坚持以哲学作为"爱智慧",则哲学天然地不具有希腊的形上学、知识论的传统,则儒家哲学完全可以以自己

---

① 牟宗三:《中国哲学十九讲》,上海古籍出版社,2005,第60页。

这样的样态存在。诚如方东美先生所言,中国的哲学"并不是对一些琐事枝枝节节的研究,往而不返,也不是对一些与生命不相干的探讨,执而不化。所有偏执的'主义',若只囿于边见,即使不虚妄,也是误解。中国哲学在这种广大和谐的原则下……也必能与人文主义密切融通,共同在文化创造中肯定人性的尊严"①。成中英先生在《中国哲学中的知识论》中指出:隐藏于中国古汉语中的"观"即是综合观察,通过宏观与微观、纵向与横向的仔细观察以了解事物之间的相互关系和事物自身变化的过程及其与人类的关系。这种"观"可称中国古典思想的基础,这种观"既要求同实在一致,又要求同基于一个人所掌握的当前活生生的经验的一系列信念相连贯"②。结合本章探讨和第 2 章详尽的展开,可以看出先秦儒学并非怀着形而上学的建构或知识论的追求,相反,其追求世界秩序和理想人格的完成,注重情境,注重万物关联,强调实践,追求审美。

3.3 本章小结

本章从可译性视角切入,回顾了重要的意义理论,厘清了不同意义理论对"符号—意义"的思索纵线:意义从"确定"走向"规定",昭示了"思维"成为影响意义的重要因素;洪堡的语言世界观提醒我们思维背后运作着语言,故而语言本身的特质对意义探求至关重要。古汉语字符具有强烈的"观"的特质,这决定了其字符意义的关联性与情境性;古汉语的训诂传统及中国典籍的阐释情境造就了古汉语语符的多义性,而由古汉语记载的先秦儒学思想也承续了其"观"的特性,表现了非超越、情境化的思维特征。以上对范畴意义特性及先秦儒学思维方式特性的探讨都是后文展开论证的理据。

---

① 方东美:《生生之美》,李溪编,北京大学出版社,2009,第 101—102 页。

② 成中英,曹绮萍:《中国哲学中的知识论(上)》,《安徽师范大学学报(人文社会科学版)》2001 第 1 期,第 5—16 页。成中英:《中国哲学中的知识论(下)》,《安徽师范大学学报(人文社会科学版)》2001 第 2 期,第 157—166 页。

4

先秦儒学核心范畴中英比析

本章将对先秦儒学核心范畴进行中英比析,描摹核心范畴从先秦语境进入英语语境时发生的多维度变化,并试图描摹其在英语世界译词的总体特征。具体到每个范畴,都将首先追寻该范畴在原典籍中的意义全貌;再逐个搜寻其在英语世界的主流译词,展示其意义图景,在目的语的文化哲学背景下,探究其相较原语词的意义嬗变。需要阐明的是:考察核心范畴译词时,文中并没有列出大段的英语译文,因为每个范畴在典籍中出现的次数颇多,但同一译者所用语词基本无变化,故而省略了大段译文呈现及页码标注,只在译词第一次出现时在文中或者括号中交代译者名。而相应地,在分析译词时,本书亦更加关注其在整个英语语境中的意义渊源及意义基本维度,也即译语读者读到此词时最先在其脑海中呈现的意义是什么。

第 3 章的分析表明这些核心范畴的意义追寻与其物理符号本身及中国思想的诠释传统密不可分,故而讨论原义时,也都会从字形切入,以了解其基本的意义向度,随后在先秦典籍中去追寻范畴意义的积累及构建。经由第 2 章我们业已明晓:先哲的言说方式各有不同——《论语》为语录体,孔子对所探讨之事,常安放于情境,召唤着兴发式的领悟;《孟子》语录与叙述并行,所意欲探讨之物,常借事阐明;《中庸》《大学》《荀子》为论说体,对所思之物,才开始有格义之阐发。故而此章对范畴原义的描摹将是立体的,以字形意义为基本之维,以情境意义为重要根基;力图呈现一个完整的意义关联。对英语译词的讨论分析,将比照着立体的范畴原义来实现,侧重关注译词相较原词意义基本之维的差别。简而言之,本章的中英比析更注重探寻译词与范畴原词在普适意义上的通约性,而非句段中译本中原词到译词的忠实性判断。

4.1 "兴"及其英译

诗,或者说《诗经》在儒家文化中具有非常重要的地位。儒家推崇礼乐教化,先民诗乐舞完全一体,而诗在非舞蹈化的时代更具有举足轻重的价值。《墨子·公孟》批评儒家"或以不丧之间,诵《诗三百》,弦《诗三百》,歌《诗三百》,舞《诗三百》"①,或有夸张,但《诗》在孔门的地位由此可见一斑。在孔子看来,诗教是最好的教化方式。《礼记·经解》篇说:"入其国,其教可知也,其为人也,温柔敦厚,诗教也。"②而诗之所以用于教,根本原因在于孔子这一观念:"《诗》三百,一言以蔽之,曰思无邪。"③"思无邪"本是《诗经·鲁颂·骊》中的一句诗文,孔子引之以为《诗经》乃全为真情流溢之作,是情感的最真诚的表露,故而其情感都是无邪的。所以孔子会用"不学诗,无以言"④来勉励儿子孔鲤,还将"可与言诗"⑤作为对弟子的最高称许。

孔子每每谈及诗之用,总将其与"兴"共论。《论语·阳货》云:"诗可以兴,可以观,可以群,可以怨。"⑥《论语·泰伯》云:"兴于诗,立于礼,成于乐。"⑦孔子认为"兴"是最重要的"用诗"方式——诗歌之于人发生的潜移默化的影响正是通过"兴"来实现的,且这是人的自我完成的初始,"兴"于诗方可依"礼"而立,依礼而立方可在"乐"中获得人性的完足。朱子《四书章句集注》解释"兴于诗"云:"兴,起也。诗本性情,有邪有正,其为言既易知,而吟咏之间,抑扬反复,其感人又易入。故学者之初,所以兴起其好善恶恶之心,而不能自已者,必于此而得之。"⑧可见诗歌在成人的过程中具有重要的意义,其价值就在于能够兴发人性

---

① 毕沅校注:《墨子》,吴旭民校点,上海古籍出版社,2014,第238页。
② 引自《礼记·经解》,选自阮元校刻《十三经注疏》,中华书局,1980,第1609页。
③ 引自《论语·为政》,选自阮元校刻《十三经注疏》,中华书局,1980,第2461页。
④ 引自《论语·季氏》,选自阮元校刻《十三经注疏》,中华书局,1980,第2458页。
⑤ 引自《论语·学而》,选自阮元校刻《十三经注疏》,中华书局,1980,第2522页。
⑥ 引自《论语·阳货》,选自阮元校刻《十三经注疏》,中华书局,1980,第2525页。
⑦ 引自《论语·泰伯》,选自阮元校刻《十三经注疏》,中华书局,1980,第2487页。
⑧ 朱熹:《四书章句集注》,中华书局,2011,第104—105页。

中向善的一面。

4.1.1 先秦儒学语境中的"兴"

由早期记载来看,"兴"最初的意思为"起"。《尔雅·释言》将"兴"释为"起也"[①],许慎《说文解字》就"兴"之说与《尔雅》同,认为"兴(興),起也。从舁从同。同力也"[②]。在甲骨文中,兴写作 ,像四手共举一物,罗振玉最初将其释作"与",商承祚与其意见相左,以为当释作"兴","乃兴字,象四手各执盘之一角而兴起之"[③]。我们可以推测,"兴"是原始时代初民的集体活动:几个人合举着盘状物,绕其旋转,初民的身体也在旋转扭动,口中可能还呼喊着口号。这或也是某种巫术形式的体现,是颇具神圣性的,因为上古时期巫术活动一般都是大型的载歌载舞,而参与舞蹈的人们则"如火如荼,如醉如狂,虔诚而蛮野,热烈而谨严"[④]。故而"兴"的初义或是从上古时期的巫术中来,更确切地说是从巫术中娱神的原始歌舞而来。

巫术的舞蹈具有两个重要的特点:① 这种舞蹈是初民内心情感的表达,是最原始的抒发胸臆、表现自我的方式。《毛诗大序》说:"情动于中而形于言,言之不足,故嗟叹之;嗟叹之不足,故咏歌之;咏歌之不足,不知手之舞之、足之蹈之也。"[⑤]这段话说明舞蹈是最能全方位宣泄人类情感的方式。因此,兴舞在远古时体现了生命力的爆发,具有初步的艺术形态。故兴者,起也。兴,有感而起也;兴必与情感紧密关联。② 初民的舞蹈服务于神秘性的宗教活动。例如《尚书·益稷》篇有云:"予击石拊石,百兽率舞。"[⑥]表示舞蹈具有非常大的感染力,连各种兽类也都会跟着起舞。舞蹈的节奏、动作和歌词都折射着人们对自然界的理解和诉求,所以其常具有情节:或是对人间世的模仿,或是初民们对神的活动的想象。也因此舞蹈的每一个动作具有象征意义。"兴"在舞蹈中的原始意象即众

---

① 引自《尔雅·释言》,选自阮元校刻《十三经注疏》,中华书局,1980,第 2581 页。

② 许慎:《说文解字》,中华书局,1963,第 59 页。

③ 商承祚:《殷契佚存考释》,载于李孝定编《甲骨文字集释第三》,"中央研究院"历史语言研究所,1970,第 829 页。

④ 李泽厚:《美的历程》,生活·读书·新知三联书店,2009,第 11 页。

⑤ 引自《诗经》序言,又称《诗大序》。本段文本选自邹然:《中国文学批评史》,北京大学出版社,2006,第 71 页。

⑥ 引自《尔雅·益稷》,选自阮元校刻《十三经注疏》,中华书局,1980,第 144 页。

人合力举起某物,故兴可得意"共举",后来又获得了发端、发动、喜悦之意。

简言之,"兴"的意义在上古时期缘于原始的生命活动及意识冲动。《说文》所谓"兴者,起也",指的正是情之起——情感于自然万象而生,感于外物而起,且这种"升起"的情感,夹杂着原始宗教的成分,透露着最初的艺术精神,酝酿着中华民族将天地万物与人之情感合一的独特艺术性思维方式。

从文化溯源中我们得知"兴"乃情起之状,而在先秦的语境中,"兴"为何意?它是和孔子的诗教思想紧密相连的。在孔子的哲思中,诗歌之外是礼乐之境,是道德之境;而学诗正是通达礼乐道德之境的重要途径。《礼记·仲尼燕居》中孔子教弟子:"不能《诗》于礼缪。不能乐,于礼素。"①不懂得《诗》,行礼就可能出错;不懂得乐,礼仪就会变得乏味。郑玄以为"歌《诗》,所以通礼意也。作乐,所以同成礼文也"②。孙希旦更从《诗》之用角度说明:"古人行礼之际,每歌《诗》以见志,不能《诗》,将有赋'相鼠''茅鸱'而不知者,能不缪于礼乎?"③这里我们如果忽略郑玄的过度分疏,以及孙希旦对于《诗》通礼意这一层面意义认知的不足,而将两者结合起来,就可以发现在礼乐文化中,《诗》的作用是十分重要的,在各种礼仪活动如外交、聘问、祭祀等活动中,《诗》的吟诵充当催化剂,其产生的效果能够更好地服务于人群的交际,不按礼而行被认为是粗鲁的行为,甚至有时会引发纠纷;此外,从《礼记》常常引《诗》为证、为兴的手法中,我们可以看到《诗》与礼义相通的一面。正如焦循《毛诗补疏序》所云:"夫《诗》,温柔敦厚者也。不质直言之而比兴言之,不言理而言情,不务胜人而务感人。"④诗具有的"感人"的效果,注定其于人发生作用的方式不是对象化的说教,而是润物细无声,是潜移默化。所以,孔子才勉励其子孔鲤道"不学《诗》,无以言"⑤,教导自己的弟子道,即使熟悉《诗》,但如果"授之以政,不达;使于四方,不能专对。虽多,亦奚以为"⑥。孔子希望弟子通过读《诗》引发对礼乐之境、道德之境的领悟,通过《诗》而彻悟诗外之世,这是他诗教的大意境,即是"兴"的大意境。

---

① 引自《礼记·仲尼燕居》,选自阮元校刻《十三经注疏》,中华书局,1980,第 1614 页。
② 见《礼记正义·仲尼燕居》,阮元校刻《十三经注疏》,中华书局,1980,第 1614 页。
③ 孙希旦:《礼记集解》,沈啸寰、王星贤点校,中华书局,1989,第 1272 页。
④ 焦循:《毛诗补疏》,《焦氏丛书》本,清光绪二年。
⑤ 引自《论语·季氏》,选自阮元校刻《十三经注疏》,中华书局,1980,第 2522 页。
⑥ 引自《论语·子路》,选自阮元校刻《十三经注疏》,中华书局,1980,第 2507 页。

《论语》历代注疏对"兴"的讨论都是围绕着立身成德来展开的。邢昺疏于《论语·泰伯》篇"兴于诗"一句道:"此章记人立身成德之法也。兴,起也,言人修身当先学《诗》。"①他认为"兴"于诗歌,此处"兴"为起始之意,即学诗是修身成性的初始。朱子《论语集注》讲"兴于诗"时言:"《诗》本性情,有邪有正,其为言既易知,而吟咏之间,一样反复,其感人又易入。学者之初,读《诗》兴起的乃是其好恶之心。"②此处"兴"被解为感发志意、涵养性情的接受活动。郑浩《论语集注述要》释"兴"云:"兴之为义,因感发力之大,沁入于不自知,奋起于不自已之谓,是惟诗歌为最宜,教者宜如何慎重选择。"③程树德以为,《论语》教人学诗,必定除过不关教化之淫诗。"兴于诗",乃指诗歌之教孝者便可以兴于孝,教贞便可兴于贞,兴于善则恶不期远矣。"兴"在此被理解为感化熏陶,导引人的精神方向。从各家集解中我们得知《论语》中的"兴"是复义的,其意义指向涵括三个重要的方面:"怡养性情""激发心志"和"教化善恶直曲"。

我们仔细揣度就会发现:无论"怡养性情""激发心志"还是"教化善恶直曲",讲述的都是诗"兴"于人可达成的效果,可是"兴"和"立""成""观""群""怨"一样,在《论语》中都是以动词形式出现的,它的含义中必定暗含人直接遭遇诗时那个充满意趣和动态感的过程描述。"兴"的过程是人面对诗歌的时候当场生成的,性情则得以颐养、心志得以激发,人们懂得善恶曲直都在时间轴上那个充满意趣的过程之后,是人们对"人遭遇诗"这个过程做出反思后注入"兴"的阐释里的,但最原初的过程"兴"总是充满当场构成意味。我们借用现象学的纬度对此做一考量。

现象学是一种方法,其基本态度是无立场、无预设判断,回到事物本身进行直观。其代表人物胡塞尔在讨论人的认知时指出④,我们所关注的东西,焦点旁边总是有个边缘域。我们去审视去认知某个对象时,总比任何实在的当下能够内在感知的那个东西还要多。这种边缘境遇是由时间意识造就的,因为时间总是在流动中,我们对事物的认知因了自身的时间意识也成了"思想流"状。我们

---

① 见邢昺疏《论语·泰伯》,引自阮元校刻《十三经注疏》,中华书局,1980,第2487页。

② 朱熹:《四书章句集注》,中华书局,2011,第104页。

③ 程树德:《论语集释》,程俊英、蒋见元点校,中华书局,1990,第1583页。

④ 倪梁康:《胡塞尔现象学概念通释》,生活·读书·新知三联书店,1999,第229—297页。

所感受的当下并不能被孤立地抽象出来,这个当下一定是和一段**预持**——即将要到来的一个将来的事态——和一段对过去的**保持**——也就是一段越来越浅的曾经存在着的保持而**交织**在一起的。所以,任何的当下,都不单单是当下的那一面,是由当下这一维、过去这一维和未来这一维三者交织在一起共同构成的。而我们所能感受到的比当下更多的东西,随着时间的推移,可能更边缘化,更匿名化,但不是消失,不是没有,而是会融入我们巨大的下意识的背景里,在那里与我们的意识中发生虽然不易察觉却有着十分深刻的作用。

在前文已经揭示:诗兴于人的是以对诗歌的体验来展开的。故而我们带着胡塞尔的体验思想,重新回到"兴"作用的具体情境里,探究"兴"的原初意义域。

> 子夏问曰:"'巧笑倩兮,美目盼兮,素以为绚兮',何谓也?"子曰:"绘事后素。"曰:"礼后乎?"子曰:"起予者商也,始可与言《诗》已矣。"[1]

"巧笑倩兮,美目盼兮"出自《诗经·卫风·硕人》("素以为绚兮"一句后来散佚无存),意思是说庄姜笑起来很美,眼睛黑白分明很漂亮,而以素为绚丽。子夏不明白这句诗何意,夫子答以"绘事后素"。"绘事后素"是说先用其他色彩绘画,最后再用白粉勾边,这样原本的色彩会更整齐更绚烂。这时候子夏忽然就明白了,说礼就跟素一样。即所有的行为若加上礼的勾勒,一下子就有美感了,就完整了。子夏姓卜名商,是孔子门下以"文学"知名的高第,其由此兴发感动也就不足为奇。本来只是说诗,结果孔子由诗一下子跳到了绘事,这是第一重"兴";本来是言绘画的,子夏一下子就说起了"礼",这是第二重"兴"。经过"兴","诗"和"礼"瞬间就贯通了!故而孔子称赞说卜商"始可与言《诗》已矣",这在夫子门墙内是极高的评价。

就诗"兴"的机制,《论语注疏》引孔安国注解将其称作"引譬连类"。然而,如果仔细考察"兴于诗"这一过程,不难发现引譬连类只是"兴"的一个阶段。所谓"引譬连类",我们权且将其理解为:诗歌是一种譬比性的语言模式,它召唤着譬比性的领悟。"巧笑倩兮,美目盼兮",出自《诗经》,而诗是传统文化意义及价值的贮藏器。我们面对诗句时,诗歌的"引譬连类"是指引导人们领悟诗里所描绘的情境和当下情境的相似性,或言找出传统与当下因为情境相似而产生的关联。

---

① 引自《论语·八佾》,选自阮元校刻《十三经注疏》,中华书局,1980,第 2466 页。

钱宾四先生曾言:"诗尚比兴,多就眼前事物,比类而相通,感发而兴起;故学于诗,对天地间鸟兽草木之名能多熟识,此小言之;若大言之,则俯仰之间,万物一体,鸢飞鱼跃,道无不在,可以渐跻于化境,岂止多识其名而已;孔子教人多识于鸟兽草木之名者,乃所以广大其心,导达其仁,诗教本于性情,不徒务于多识也。"①但这种相似是意蕴上的,精神指向上的,而非经验上的相似。女子"素以为绚"与"绘事后素"、礼后于行,三者在气韵上相似,道理上相贯通,但是未必有逻辑上的关联,这种引发是出神入化的,甚至是靠领悟的。如同子夏与孔子谈论诗歌本身即是借用诗的语言,通过兴发的途径来达到思想的认知,从而具有非概念的人生情感的心理内容,达到一种超脱当下时空的哲理诗意。

引譬连类完成,"兴"并没有戛然而止,明晓一种情境的相似性,知晓传统与当下的关联,可称是"兴"的最核心构成,是"兴"的焦点。在焦点之后,这种领悟将转化为人们的思考方式和现实中的行为方式的过程,使性情得以颐养,心志得以激发,能明辨善恶曲直。这个过程如按时间序列是在刚刚那个引发过程之后的,按现象学的思路来讲,后续的过程是"兴"焦点后的晕圈。焦点时刻和后续的晕圈,完整地构成了"兴"。但这并不是一次性的,而是一个"域",一个长久的时间序列。

诗之于人的"兴"发作用是在时间之流中产生的。读者遭遇诗的那个当下是"兴"的焦点,诗瞬间引发相关之思,力量是凸显且强大的;可是"兴"并不止于此,即便没有了与诗面对面的遭遇,在"兴"焦点处所引发的思也会随着时间之流继续以边缘化的状态存在于人们的思想中,慢慢融入人们庞大的下意识里,以潜移默化的方式作用着人们后续的思想和行为、性情、心志。人们从引譬连类中得到的领悟,会被人糅合进个体的创造性,参与后续的生活经验,所谓明辨善恶曲直、性情得以颐养,所谓心志得以激发,都是人们从诗得到引譬连类的领悟加之个体创造性以适应新情境的结果。所以,"兴"并不是诗意单向度的传承,而是让意义潜势凸显,再以创造性的方式适用于新的情境。

简言之,"兴"在时间之流中把我们的生命体验纳入其中。"兴"是有焦点的动态域:其焦点是用诗开启新的领会之境,是人遭遇诗的起始态,就像《论语》中

---

① 钱穆:《论语新解》,巴蜀书社,1985,第424页。

描写的"乐始作"的状态,一下子就进入了发生的纯气势,诗歌意义瞬间激发出来;那瞬间的激流如同乐音,在演奏过后仍以余音态存在于人的下意识中,对人发生潜移默化的影响。故而"兴"并非单次的,初始的"兴"在时间流上的后续会成为下一次"兴"的"前时间之流",成为"前景",人们在前一次"兴"时所获得的礼乐洞见、道德洞见及其践行洞见后的生命体验都会自然而然地参与到下一轮的诗"兴"之中,使得下一次的"兴"在诗与人遭遇的那个当下更加风起云涌,人就是在这样的"兴"的循环往复中,不断向至高的礼乐境界和道德境界迈进。

4.1.2 "兴"的英译分析

英译本中,"兴"的主流译词如下[①]:

(1) find inspiration (Ames Roger)

(2) (serves)to stimulate/arouse the mind(James Legge)

(3) Arouse the sensibility (Din Cheuk Law)

(4) Stimulate the imagination (Ames Roger)

(5) call out the sentiment (James Legge)

我们发现"兴"的英语译词呈现统一的语法结构:"Vt+N"。

译词所用的动词都属及物动词,名词都为抽象名词。再细察之,除了 find the inspiration 之中的 find 一词外,其余动词都具备强烈的瞬间特征(瞬间动词),名词都和心智、认知及情绪活动有关。故而下文把 find the inspiration 单独列为一类来讨论;剩下的翻译再按照其所使用的动词和宾语名词来分别讨论。

1) find inspiration

Inspiration 在韦伯斯特词典中解释为 a divine influence or action on a person believed to qualify him or her to receive and communicate sacred revelation[②],指向人接受来自神灵的迷狂,与神相关,与超自然的力相关。柏拉图认为西方世界就有四种神赐的神秘力量,可以称为迷狂:第一种迷狂用以预

---

① 因为所选的核心范畴在先秦典籍中属于频繁出现的语词,并且可能有多本典籍同时涉及此语词的情况,故很难同时标注多个页码。而本章讨论了六个范畴,为了避免占用大量脚注空间及重复标注,故而在本章讨论译词时只给出译者姓名,读者可在书后的参考文献中按照姓名寻找到该范畴涉及的译本,具体涉及的多个译本都已经标识在了参考文献之中。

② 梅里亚姆—韦伯斯特公司:《韦氏大学词典(第 10 版)》,世界图书出版公司,1996,第 605 页。

言未来：在神庙任职的祭司预言时，需要事先只喝泉水，不吃饭，净身、纯洁干净，然后坐在神洞边上，等进入迷狂状态后便做出预言，由旁人加以记录；第二种迷狂用于攘除灾祸：受害者进入迷狂状态，此刻神灵附凭，使得受害者摆脱之前的罪孽得到拯救；第三种迷狂便与上述 inspiration 有关，据说此类的迷狂由诗神缪斯赋予。缪斯"凭附于一颗温柔、圣洁的灵魂，激励它上升到眉飞色舞的境界，尤其流露在各种抒情诗中，赞颂无数古代的丰功伟绩，为后世垂训"①。这种迷狂被称为诗人的灵感，诗人的迷狂，"与那些迷狂的诗人和诗歌相比，他和他清醒时的作品都黯然无光"②。这种迷狂态在西方文化框架下是通于酒神精神的。Inspiration 所隐含的神圣（divine）力量，亦和希腊酒神相关。在《悲剧的诞生》中，尼采以为，西方诗歌源于古希腊文化，希腊文化源发于希腊悲剧，而希腊的悲剧则根本源于原始希腊酒神的祭祀仪式③。

相传酒神狄奥尼索斯曾在古希腊四处游走传授酿酒技术，故深受民众礼遇。当时希腊各地都会在他生日的时候举行各种宴饮活动，参加活动的女子聚在一起饮酒放歌跳舞，在欢乐的氛围中迷醉，完全失落了自我。尼采以为："在酒神颂歌中，人的一切象征能力被激发到最高程度，一些从未体验过的情绪迫不及待地发泄出来。此刻，性灵的真谛用象征方法表现出来。肉体的象征能力一齐出现。"④在尼采看来，醉酒的狂欢是无法通过日常的理性表达得以实现的，而需要一个新的象征世界，需要身体和自然的姿态，姿态在此成了表现性语言，即诗的语言。身体的语言即诗言，这和"兴"在最初的因情之起而手之舞之足之蹈之的情境颇有相通之处。罗素评论说那种酣醉部分是因为酒力，但是大部分却是神秘性的⑤。这歌，这舞，这酒，这些女性的魅力，加上山色妖娆，如梦如幻，便构成了那醉境。在这种醉境中，人们暂时忘却日常的理性，想象变得丰富，感觉敏捷，灵感充沛，幻象纷呈，甚至心神震荡，沉醉痴迷。而 inspiration 亦可谓从情起的"兴"方面描摹出一个相似的生发情境，也表明了一种神秘的内涵力量。因为在中国古代的文论语境下，兴的确具有一种来无影去无痕的灵感趋向。陆机《文

---

① 柏拉图：《柏拉图全集（第二卷）》，王晓朝译，人民出版社，2003，第 129 页。
② 柏拉图：《柏拉图全集（第二卷）》，王晓朝译，人民出版社，2003，第 128 页。
③ 尼采：《悲剧的诞生：尼采美学文选》，周国平译，上海人民出版社，2009。
④ 缪灵珠：《缪灵珠美学译文集（第四卷）》，章安祺编订，中国人民大学出版社，1998，第 10—11 页。
⑤ 罗素：《西方哲学史（下卷）》，何兆武、李约瑟译，商务印书馆，1963，第 38 页。

赋》提到文章的写作酝酿时说道:"若夫应感之会,通塞之纪,来不可遏,去不可止。藏若景灭,行犹响起。"①这种"应感之会"其实就是兴,它在某种意义上带有种神秘的意味,"来不可遏,去不可止",不知道什么时候灵感迸发,思如泉涌;有的时候却又倏忽而去,无法阻止。宋代吴渭《诗评》中提到:"诗有六义,兴居其一。凡阴阳寒暑,草木鸟兽,山川风景得于适然之感而为诗者,皆兴也。"②这说明心物感应是偶发的,正合乎灵感思维的偶发性和突发性原则。然而,与希腊酒神精神不同的是,中国式的兴发源于一种普泛意义上的理性原则,甚至可以将之与阿波罗精神相提并论,在诗的创作中,"兴"的精神更加含蓄蕴藉,更强调"思无邪"③及"温柔敦厚"④。

2) stimulate/arouse/call out

接下来,我们通过分析其他几个瞬间动词的词义,来感知英语世界中对"兴"之动态机制的理解。

在韦氏词典中,stimulate 有两个基本义项:① To make active or more active;② To act on as a physiological stimulus⑤。第一义项指"使……活跃",第二义项指作为心理的刺激物发生作用。Arouse 亦有两个基本义项:① To awaken from sleep;② To rouse or stimulate to action or to physiological readiness for activity⑥。第一义项显然不是译者所意图的,第二义项和 stimulate 的第二个义项相近,指**诱发行为或诱发出为某个行为的心理完备态**。而词典中,call out 也有 bring out 之意⑦,在当下的语境中,可称为 stimulate 和 arose 的近义词,其意义基本相似。

我们可以从 stimulate 的名词 stimulus 的用法中看到,stimulus 连接了两种事物,而两种事物之间则具备某种程度的因果关系。比如"The pay raise was a stimulus for production"这句中,pay raise(工资提升)就是 production(生产)发

---

① 陆机:《文赋》,引自张怀瑾译注《文赋译注》,北京出版社,1984,第 12 页。

② 吴渭编:《月泉吟社诗》,中华书局,1985,第 5 页。

③ 引自《论语·为政》,选自阮元校刻《十三经注疏》,中华书局,1980,第 2461 页。

④ 引自《礼记·经解》,选自阮元校刻《十三经注疏》,中华书局,1980,第 1609 页。

⑤ 梅里亚姆—韦伯斯特公司:《韦氏大学词典(第 10 版)》,世界图书出版公司,1996,第 1155 页。

⑥ 梅里亚姆—韦伯斯特公司:《韦氏大学词典(第 10 版)》,世界图书出版公司,1996,第 64 页。

⑦ The New International Webster's Comprehensive Dictionary of the English Language (Naples: Trident Press International, 2004), p.189.

展的刺激因素。回到《论语》"诗可以兴"的翻译中,一旦用动词 stimulate 或者 arouse,此时诗歌所扮演的角色是刺激物(stimulus),是一个实体,扮演着唤起的角色,而被刺激的则是一个被对象化认知的事物,引发的方式是某种逻辑的关联,也就是诗歌引发人的行为,或者说某种有逻辑关联的心理状态。乍一看,这两个词像是导出了"兴"的动态感,但是这里面的微观机理实质是不一样的。中国诗歌传统中的"兴",向来是情境浸入式的,因为深入这样的情境而自然而然引发出对他事的理解,是一个情境 A 引发情境 B 的过程,而之所以能够如此是因为情境 A 和情境 B 的气韵相似,两者蕴含相似。比如我们都熟悉的从"关关雎鸠"到"窈窕淑女",它们之间并无逻辑上的直接关联。这是个格式塔般①的思维关联过程,也颇具禅宗的味道。如孔子有一次回答子贡的困惑:

> 子贡曰:"贫而无谄,富而无骄,何如?"子曰:"可也;未若贫而乐,富而好礼者也。"子贡曰:"《诗》云:'如切如磋,如琢如磨',其斯之谓与?"子曰:"赐也,始可与言《诗》已矣,告诸往而知来者。"②

这里我们可以看出,孔门"兴"于《诗》的精神**更加关注整体性的思维,暗示着一种内在相通的关联**。"如切如磋,如琢如磨"语出《诗经·卫风·淇奥》,其字面上说的是玉石的打磨,在诗中则为形容君子品性之高洁。子贡在此使用这句诗时,其意思在当下的场域中具有多重意味,我们可以认为他是使用这句诗的字面意思,以形容人格养成之艰难持久,亦可以视作子贡通过这句诗来赞美孔子之君子气象,不论是第一种解释还是第二种解释,都可以让我们联想到孔子的教导:"不愤不启,不悱不发。举一隅不以三隅反,则不复也。"③"愤者,心求通而未得之状也。悱者,口欲言而未能之貌也。"④在孔子看来,学问的养成,品格的精进都需要以"愤""悱"这样一种混沌态作为基础,然后才可能达到更深刻的领悟。可以说正是这样一个情境化的视阈保证了"兴"的完满性、跳跃性,但又不是完全非理

---

① 格式塔思维来自格式塔心理学,是心理学中重要的流派,兴起于 20 世纪初期的德国,又称为:完形心理学。其重要主张是人脑的运作属于"整体论",而整体却不等同于部件的组合,对事物的感知往往和"经验"与"印象"都有关联。

② 引自《论语·学而》,选自阮元校刻《十三经注疏》,中华书局,1980,第 2458 页。

③ 引自《论语·述而》,选自阮元校刻《十三经注疏》,中华书局,1980,第 2482 页。

④ 朱熹:《四书章句集注》,中华书局,2011,第 95 页。

性的、违背逻辑的。而当用 stimulate、arouse、call out 这种实质上暗含了某种因果关系的动词来翻译中国语境之下的诗"兴"机制时,虽然在一定程度上强调了"兴"所连接的两种事物的关联性,但"诗境"这个元素就无从凸显了。

3) sensibility/sentiment/mind/imagination

这一组名词,实质代表了英语世界对诗之"兴"与人关联的那个维度的描述,因为它们都是和人之感觉或思维相关的语词。我们逐一分析如下。

感觉(sensibility)的意蕴相对多维度。其在韦氏词典中列有三个基本义项:① ability to receive sensations:SENSITIVENESS〈tactile sensibility〉;② peculiar susceptibility to a pleasurable or painful impression (as from praise or a slight)—often used in plural;③ refined or excessive sensitiveness in emotion and taste with especial responsiveness to the pathetic.[1] 用中文可大概表述为:① 对外界刺激的敏感力,专用以描述感官官能;② 对愉悦或痛苦的反应;③ 与审美相关,因外界刺激而引发的情感。它在西方的知识论系统中是与 sense 严格区别的,是那种未经过理性加工的、纯直观的情感。把这个词加在表示"引发"之义的动词之后,强调的是诗歌对情感之维的影响。感情(sentiment),在韦氏词典中的重要解释有二:① noble, tender, or artistic feeling, or susceptibility to such feeling;② a mental attitude or response to a person, object or idea conditioned entirely by feeling instead of reason[2]。第一个维度是指文学作品中所表达的细微情志,比如那些柔和的、浪漫的、怀旧的感情;第二个维度特指那种由人、物或观念引发的和理性思考相对应的纯感情的层面。这两个词从本质上来说,叙述的都是一种纯的审美体验,或曰审美情感。在《美学概论》中有这样一段描述,恰如其分地诠释了诗歌的审美情感体验:"昔我往矣,杨柳依依;今我来思,雨雪霏霏。……杨柳飘飏与雨雪交加的景,跟离乡远戍和凄凉归来的情感交织在一起,读者从那对杨柳和雨雪的描绘中,感受到诗人的情感的波动,不知不觉地进入诗的境界,深深受到诗情的感染。"[3]而从前文我

---

① 梅里亚姆—韦伯斯特公司:《韦氏大学词典(第 10 版)》,世界图书出版公司,1996,第 1066 页。

② The New International Webster's Comprehensive Dictionary of the English Language. (Naples: Trident Press International, 2004), p. 1146.

③ 王朝闻:《美学概论》,人民出版社,2005,第 110 页。

们已经得知,"兴"涉及的是从"绘事后素"到"礼后乎"的那种激发,所以,sensibility 和 sentiment 若被用于"兴"之机理的阐述,并不能让读者洞察到中国传统文化中"诗歌"在情感表达之外的多重社会功用。

韦氏词典中,mind 的基本义项有三:① the element or complex of elements in an individual that feels, perceives, thinks, wills, and especially reasons;② the conscious mental events and capabilities in an organism;③ the organized conscious and unconscious adaptive mental activity of an organism①。用中文表述为:① 生命体的组成部分,用以感觉,感知,思考及推理;② 有机体的有意识思维事件及能力;③ 有机体的有意识和无意识的适应性思维活动。该词在中文中常被翻译为心灵或思维。在柏拉图、亚里士多德看来②,心灵是灵魂的一部分,区别于感觉、想象、欲望和激情的稳定的力量,其先天特征是理性,并直接与人类的思维、考虑、判断等意识行为相关。在笛卡尔之后,心灵越来越扮演着与身体相分离的那个角色,直到尼采赞扬身体,心灵的高贵地位才得到某种意义上的下降——"柏拉图的理念论,他们以精神的优越性来谴责感官身体,以永恒来谴责变换,以存在来谴责生成,以本质来谴责表象,以真理来谴责欺骗。所有这些,在尼采的意义上,就是谴责生命。"③换言之,感觉、情感在西方传统的价值谱系中往往居于附属地位,心灵揭示观念,而感觉仅仅揭示事物。甚至于在笛卡尔看来,感觉、情感仅仅是身体的活动。而我们知道,在希腊传统尤其是基督教传统看来,身体具有原罪,是诱惑与背叛,身体所获得的认知是浅薄且常常是错误的,不具有普遍性。西方思想长期以来都被二元论所主宰,其关键点在于把心灵和身体看作是分离的,身体是物质实体,具有物质的特征,而心灵则是非物质实体,具有抽象的特征。因此必须舍弃感觉才能获得真实的知识。当这个词与 stimulate 和 arouse 组合后,产生的图景便是:诗歌扮演一个刺激的因素,在思维中激发出相应的感知、思考及推理,换言之,让人能够"推断出那些没有直接作用于人的感官的事物的本质"④,它未能体现原文所能表征的"诗兴"涉及的

---

① 梅里亚姆—韦伯斯特公司:《韦氏大学词典(第 10 版)》,世界图书出版公司,1996,第 740 页。

② 柏拉图:《斐多篇》,杨绛译,生活·读书·新知三联书店,2011。亚里士多德:《亚里士多德全集(第三卷)》,苗力田等译,中国人民大学出版社,1992。

③ 汪民安:《尼采与身体》,北京大学出版社,2008,第 107 页。

④ 王朝闻:《美学概论》,人民出版社,2005,第 112 页。

多重效果,尤其是"诗兴"和人的行为层面的关联。

想象(imagination)的基本义为:① the act or power of forming a mental image of something not present to the senses or never before wholly perceived in reality;② a creation of the mind;fanciful or empty assumption①。其双重内涵在于:① 从无到有的生发;② 大脑中构建景象。这些或是基于回忆,或是基于现有的体验加工组合而成的。在西方的文化语境中,想象往往被认为与理性的缺场有关。亚里士多德认为,当大脑由于失眠、冲动或睡眠而暂时失灵时,想象才代替思维②。在他看来,与想象截然不同的理性在某种意义和场合必须想象的参与才能够完成,从根本上说,想象依赖于理性力量的指导,这一点由其词根(image)即可看出。在文学批评的术语系统中发展出了意象(imagery),用以描述诗歌在读者脑中所形成的心象(mental image)③,这种意象或直观来自诗歌描述(literary description),或来自幻象(allusion),或来自诗歌所采用的修辞手法,比如明喻及隐喻(simile and metaphors)。中国传统的诗歌观念往往将诗歌视作一种生命体验的记录,是受到外在世界的自然或人事的刺激而产生的反应,可以说,无论是孔子"岁寒然后知松柏之后凋"④的感喟,还是"逝者如斯夫,不舍昼夜"⑤的浩叹,都是诗的兴发,这种兴发感动是无所谓感性与理性的分离的,是浑然一体的、自然而然的。希腊人相信诗歌是艺术的一种想象加工,是来自缪斯的指点,其根源是人的各种感知集体调动内在形成的意象,依靠语言作为表达媒介,透过比喻和象征的技巧,将抽象不可见的概念,转化为具体可感的意象。尤其在近代西方哲学中,海德格尔提出了一个非常重要的观点,存在的真理或存在的澄明境界,不能在科学求证中获得,却能在诗和艺术之中现身⑥。"只有诗享有和哲学和哲学运思同等的地位。"⑦从这个意义上来说,带有想象要素的诗歌,带人抵达的确实是一个真理敞亮的世界。而那个世界所表现的东西,在现实世

① 梅里亚姆—韦伯斯特公司:《韦氏大学词典(第10版)》,世界图书出版公司,1996,第578页。

② 亚里士多德:《论灵魂》,载于《亚里士多德全集(第三卷)》,苗力田等译,中国人民大学出版社,1992,第72—75页。

③ 艾布拉姆斯:《文学术语汇编》,外语教学与研究出版社,2004,第122页。

④ 引自《论语·子罕》,选自阮元校刻《十三经注疏》,中华书局,1980,第2491页。

⑤ 引自《论语·子罕》,选自阮元校刻《十三经注疏》,中华书局,1980,第2491页。

⑥ 傅道彬,于莆:《文学是什么》,北京大学出版社,2002,第89页。

⑦ 海德格尔:《形而上学导论》,熊伟、王庆节译,商务印书馆,1996,第26页。

界是被遮蔽的,所以,那更像是一种异质宇宙的呈现,和介于本体学上二分世界的一种比较。在这种意义上,我们可以说想象与兴发的对象之间有天然的距离。

4.1.3 小结

中国文化背景下,"兴"是积极的,情志思本是一体的,诗歌向来都是言志言情且充满哲思的,"兴"代表了一个完整的动词序列,从情起到灵感,到情感领悟再到理性提升,且这个过程是循环往复的,让人生呈现风起云涌的变幻。通过分析我们可见,虽然"兴"的译词中,那些瞬间动词凸显了"兴"的当场发生感,但其后所跟的抽象名词,都在试图解释兴发生作用的机理——诗或作用于情感、或作用于心灵、或作用于感受力、或作用于想象力;而瞬间动词和抽象名词结合起来,既是机理也是结果,无明显的褒贬导向。其实表象上看来,stimulate/arouse the mind 的作用机制和"兴"的机制是相通的,都是通过诗歌引发对他物的思维活动,但因为加上了 sensibility, sentiment 及 mind,都是单一表征感性或理性的,而不能够表达兴的情志合一、感性理性融合无间的况味。总而言之:"兴"经由翻译进到英语世界,遮盖了诗"炼意而载道"进而潜移默化作用于人身心整体的特质,却构建了诗作为纯客体对主体的心灵刺激;"兴"所代表的具有前对象化特征的意义潜势,到英语世界中亦演变成了意义间对象化的纯逻辑关联。

4.2 "仁"及其英译

4.2.1 先秦儒学语境中的"仁"

从字源来说,"仁"的起源要比"礼"晚很多,且现存商周甲骨文和金文中并无"仁"字。"仁"最早的字形是小篆字形,即都由一个人字和两横构成。〖、《说文解字》记:"仁,亲也,从人二。"[1]许慎认为,"仁"为会意字,其本义为亲人,从人从二。郑玄注解《中庸》"仁者人也"一语时说道:"人也,读如相人偶之人,以人意相存问之言。"[2]即是说"仁"音训为人,是指两个人相遇时互相问候之意。段玉裁

---

[1] 许慎:《说文解字》,中华书局,1963,第 161 页。
[2] 见郑玄注《中庸》,引自阮元校刻《十三经注疏》,中华书局,1980,第 1629 页。

《说文解字注》据此对"仁"字的解释是:"独则无耦,耦则相亲,故其字从人二。"①"二"是两人相互存问之意。近代学术巨擘章太炎认为,"仁"字中的"二"不是数字"二"的意思,而系指人的重复②。何新进一步指出,在甲骨文和金文中,倒常可见用二加于某字旁边,以表重复③。故而"仁"字字形表明了其基础意义维度:人与人之间。

《论语》之前,可见记载"仁"字的先秦文献有《尚书》《诗经》《左传》《国语》等书,其中尤以《左传》所载为多,达 20 余个。在《左传》和《国语》中,"仁"常以复合词的面貌出现,如"仁人""仁者""不仁""非仁"等等。又如《左传》记载:晋国因粮荒向秦国求助,穆公出于大义帮助了晋国。这一年秦国庄稼歉收,于是向晋国求助,晋惠公却直接拒绝了请求。这件事让晋大夫庆政非常失望,他警告惠公说:

> "背施无亲,幸灾不仁,贪爱不祥,怒临不义。四德皆失,何以守国?"④

又如《左传·僖公三十年》中有"因人之力而弊之,不仁"⑤的说法。这两处的仁,都涉及对他人行为、姿态的评判。若言"仁爱""仁厚"即为称赞。检查文献后,我们发现,此时"仁"的内涵是十分宽广的,似可将各种德目全括其中,成为所有德目的统帅。《左传》中记载,费无极认为伍子胥非常有才能,如果让他逃到吴国,将来必然会是楚国的大患,故而劝谏楚王说:

> "盍以免其父召之,彼仁,必来。不然,将为患。"⑥

此处的"仁",显然与"孝"同义。而《国语·晋语二》中记载,太子申生蒙受谗言身陷险境,被劝逃走。申生言:

> "不可。去而罪释,必归于君,是怨君也。吾闻之,仁不怨君,智不重困,勇不逃死。去而罪重,不智;逃死而怨君,不仁;有罪不死,无勇。"⑦

① 段玉裁:《说文解字注》,上海古籍出版社,1981,第 365 页。
② 章太炎:《章太炎全集(第一卷)》,上海人民出版社,1982,第 282 页。
③ 何新:《诸神的起源——中国远古神话与历史》,生活·读书·新知三联书店,1986,第 325 页。
④ 引自《左传·僖公十四年》,选自阮元校刻《十三经注疏》,中华书局,1980,第 1803 页。
⑤ 引自《左传·僖公三十年》,选自阮元校刻《十三经注疏》,中华书局,1980,第 1831 页。
⑥ 引自《左传·昭公二十年》,选自阮元校刻《十三经注疏》,中华书局,1980,第 2090 页。
⑦ 引自《国语·晋语二》,选自韦绍注《国语集解》,徐元诰集解,王树民、沈长云点校,中华书局,2019,第 297 页。

申生和晋献公既是父子又是君臣，但"怨君"导致的"不仁"主要指君臣层面上，故而此处的"仁"又具备了"忠"的含义。

《左传》以及《国语》也展现了些许对"仁"原初意义的捕捉。

> 不背本，仁也。①
>
> 杀身以成志，仁也。②
>
> 仁所以保民也，不仁则民不至。③
>
> 杀无道而立有道，仁也。④
>
> 为国者，利国之谓仁。⑤

这些界定尚不能等同于孔子的"仁学"，但它们确是孔子仁学的基础。孔子曾形容自己说："我非生而知之者，好古，敏以求之者也。"⑥正是因为孔子对于传统抱有极大的热情，热切地学习先贤，到了各地向当地的乡老请教，其态度恭敬而善于提问，故而在三十多岁的时候便已经成了远近闻名的懂礼的人。孔子对于代表周代文明精髓的"六艺"必然极度熟悉，对于前贤嘉言善行皆烂熟于心，而文献中那些丰富的有关"仁"的思想资源必然能够被孔子所继承，他还做了理论上的突破，使得"仁"在先秦儒学中，占有了基础的主要地位。我们对孔子思想中的"仁"，分述如下：

（1）继承自《国语》和《左传》中记载的孔子之前关于"仁"的思考，孔子的"仁"涵括其他德目。

> 子张问仁于孔子。孔子曰："能行五者于天下，为仁矣。""请问之。"曰："恭、宽、信、敏、惠。"⑦

---

① 引自《左传·成公九年》，选自阮元校刻《十三经注疏》，中华书局，1980，第 1906 页。

② 引自《国语·晋语二》，选自韦绍注《国语集解》，徐元诰集解，王树民、沈长云点校，中华书局，2019，第 296 页。

③ 引自《国语·周语》，选自韦绍注《国语集解》，徐元诰集解，王树民、沈长云点校，中华书局，2019，第 49 页。

④ 引自《国语·晋语三》，选自韦绍注《国语集解》，徐元诰集解，王树民、沈长云点校，中华书局，2019，第 329 页。

⑤ 引自《国语·晋语一》，选自韦绍注《国语集解》，徐元诰集解，王树民、沈长云点校，中华书局，2019，第 279—280 页。

⑥ 引自《论语·述而》，选自阮元校刻《十三经注疏》，中华书局，1980，第 2483 页。

⑦ 《论语·阳货》，选自阮元校刻《十三经注疏》，中华书局，1980，第 2524 页。

恭、宽、信、敏、惠是对行"仁"者的要求,即要做一个"仁"人,必须要做到谦恭、包容、讲信用、聪敏、施惠于人。这一层面上的"仁"仍然偏向于个体的外在行为本身,而不关涉个体的理性精神。"行五者"之行,即为践行。所以此处"仁"并非静态的德性,而是一种可达成的德行。恭、宽、信、敏、惠,亦是被"仁"统帅的德行。

(2)《论语》中的"仁"是动态呈现的,能够被读者领悟的乃是"仁之方"。

> 子曰:"参乎,吾道一以贯之。"曾子曰:"唯。"子出,门人问曰:"何谓也?"曾子曰:"孔子之道,忠恕而已矣。"①

此处的一贯之道即为"仁",忠恕乃是人之为"仁"的具体体现。"忠"为尽己成己之方,而"恕"为成物之方。无论成己还是成物,"仁"都是要从现实生活的实践来考察的。

> 夫仁者,己欲立,而立人;己欲达,而达人。能近取譬,可谓仁之方也。②

"能近取譬"之"近"说明"仁"可从当下的生活实践中获得。而这种精神的获得则要落实于"己"和"他人"两方面。即"仁"的精神并不是单向度存在于个体的、现成的可被摹状的东西,而是需要养成的,且需要从个体与世界,个体与其他个体间交往时的态度、行为来体现和造就。"推己及人",即将他人视为与自己一样的成人。这代表了一种在实践中对他人的责任心,体现了成物的诉求。可言仁的基本的方法就在于内以成己,外以成物,更要推己及人,以实现共同的"立"与"达"。仁的精神既然建立在个体自我的理性化的情感,那么仁的追求与自觉就体现在自我之选择与坚持,因而"我欲仁,斯仁至矣"③,"君子去仁,恶乎成名?君子无终食之间违仁,造次必于是,颠沛必于是"④。在徐复观先生看来,《论语》中的仁是一种"具有很多层级、许多方面的自觉的精神状态"⑤,它一方面要求个体自身对人格的培养建立至上的追求;另一方面,也要求个体主动承担起对他人

---

① 《论语·里仁》,选自阮元校刻《十三经注疏》,中华书局,1980,第 2471 页。
② 引自《论语·雍也》,选自阮元校刻《十三经注疏》,中华书局,1980,第 2479 页。
③ 引自《论语·述而》,选自阮元校刻《十三经注疏》,中华书局,1980,第 2483 页。
④ 引自《论语·里仁》,选自阮元校刻《十三经注疏》,中华书局,1980,第 2471 页。
⑤ 徐复观:《中国人性论史(先秦篇)》,上海三联书店,2002,第 92 页。

的无限责任。所以，仁是成己又成物——是人们努力的目标，又是人们努力的表现。故而在具体的人类生活中，仁带着此二重特性，既是努力之所向，又是努力之法，整体表现为"仁之方"。

"仁"本身作为一种待践行的品格是具有整体性的。其实现之法在孔子答颜渊问仁时亦有一个明晰的说明：

> 颜渊问仁。子曰："克己复礼为仁。一日克己复礼，天下归仁焉。为仁由己，而由人乎哉？"颜渊曰："请问其目。"子曰："非礼勿视，非礼勿听，非礼勿言，非礼勿动。"颜渊曰："回虽不敏，请事斯语矣。"①

"克己复礼"一语道出了"仁之方"的发端，所谓"出门如见大宾"②，所谓"其言也讱"③，所谓"先难而后获"④，表现于其中的最深的原则即克己复礼。此处的"己"在儒学史上也有自身的阐释空间，但一致性的解释是：己是人生感性的存在，是人被欲望和利益所主导的那部分，是"人欲"与"私欲"的根源，与"我"相对立。"己"会屏蔽仁的精神，而克己则要突破形体约束，从根源上使得"仁"能够表现，把"仁"的世界在行动中展现；复礼则是遵守一外在的规范，使自我内心之发动与礼相一致。其先决条件是人的生命之中本来就具备仁的潜质，然后用克己复礼的方式去完成发掘。而克己的具体措施则是四个"非"，即把礼作为行为标准和努力方向。然而，这四个非并不是说把礼仪践行熟练了，再随时随地展现出来就大功告成。这是单纯外在的、形式化的礼仪。所谓的克己复礼，是要求人们把守住内心的欲望，在践行礼的过程中，掌握礼的深邃含义，借着这含义逐渐通达自己的内心，激活自己内心的仁，进而使得"仁通上下"，万物皆备于我。所以，"克己复礼"是仁之方的统帅，而能达成目的之要害，则是"复礼"中对礼义的把握。"克己"和"复礼"是同一件事情，都表达了对传统意义与价值的"敬"。

> 仲弓问仁。子曰："出门如见大宾，使民如承大祭。己所不欲，勿施于人。在邦无怨，在家无怨。"仲弓曰："雍虽不敏，请事斯语矣。"⑤

---

① 引自《论语·颜渊》，选自阮元校刻《十三经注疏》，中华书局，1980，第2502页。
② 引自《论语·颜渊》，选自阮元校刻《十三经注疏》，中华书局，1980，第2502页。
③ 引自《论语·颜渊》，选自阮元校刻《十三经注疏》，中华书局，1980，第2502页。
④ 引自《论语·雍也》，选自阮元校刻《十三经注疏》，中华书局，1980，第2479页。
⑤ 引自《论语·颜渊》，选自阮元校刻《十三经注疏》，中华书局，1980，第2502页。

"出门如见大宾,使民如承大祭"是说出去行事如同会见重要外宾,而治理百姓则要像承担重大的祭典活动。这里强调的是内心的谨慎与敬畏,即需要在外在的行动中表现出神圣庄严的情感、态度。"敬"与"谨慎"是与"仁"如影随形的重要心理情态。孔子将"仁"立于行为,又与人的内心情感关联,并使这一情感理性化,从而内化为人自我的道德诉求。如我们在前面所讨论,孔子将"三年之礼"这一通礼植根于子女对于父母的自然的孺慕之情,因为子女出生之后孱弱无力,父母须臾不可脱身地照顾三年才能够获得一些自觉意识,故而子女在父母身后感怀不已,乃要服三年之丧。父母对子女的情感是非常自然的情感,这一慈爱之情在动物身上亦有体现,故而显得更加自然。而自然的不掺杂计较功利的情感在孔子看来具有非常重要的原发意味,是最真实本真的,故而《论语·卫灵公》篇中孔子感慨道:"已矣乎,吾未见好德如好色者也!"①未见好德如好色者,其关键在于"好色"之情感是人的天性流露,因而具有根本的稳固性。父母对子女的情感也是这样的情感,以为"孝悌也者,其为仁之本与"②,是对这一情感的容纳与推进,从而使情感被赋予个体的一种理性自觉,仁的精神恰立基于此。

(3) 孔子的语境中,"仁"并不是一个客观的、至上的道德准则,而是依于情境的判准。

《论语·阳货》篇载,孔子受阳货、公山弗扰、佛肸之招,意图出仕,虽则说"吾其为东周乎"及"日月逝矣,岁不我与"③之感喟足发后世之慨。《论语·微子》篇中孔子自道:"鸟兽不可与同群,吾非斯人之徒与而谁与? 天下有道,丘不与易也。"④孔子是怀着"知其不可而为之"⑤的精神入世,其精神乃在求整个"斯文"之发展。代表"斯文"的是"诸夏",与之相悖的是"夷狄":"夷狄之有君,不如诸夏之亡也。"⑥"君"固然是文明秩序之象征,然则徒有秩序,而无斯文之支撑,则不如诸夏之无也。正是在这个意义上,孔子对管仲虽然多有批评。"邦君树塞门,管

---

① 引自《论语·卫灵公》,选自阮元校刻《十三经注疏》,中华书局,1980,第 2517 页。
② 引自《论语·学而》,选自阮元校刻《十三经注疏》,中华书局,1980,第 2457 页。
③ 引自《论语·阳货》,选自阮元校刻《十三经注疏》,中华书局,1980,第 2524 页。
④ 引自《论语·微子》,选自阮元校刻《十三经注疏》,中华书局,1980,第 2529 页。
⑤ 引自《论语·宪问》,选自阮元校刻《十三经注疏》,中华书局,1980,第 2513 页。
⑥ 引自《论语·八佾》,选自阮元校刻《十三经注疏》,中华书局,1980,第 2466 页。

氏亦树塞门；邦君为两君之好，有反坫，管氏亦有反坫。管氏而知礼，孰不知礼"①，管仲家里的陈设与齐国国君相同，这在连大夫家里使用乐队人数超标都会深致不满的孔子看来自然是不知礼的表现，但孔子还是许他以"仁"。面对弟子子路与子贡对管仲"未仁""非仁"的指责，孔子竟然愤愤不平地为管仲辩护。子路与子贡之非难管仲如下：

> 子路曰："桓公杀公子纠，召忽死之，管仲不死。"曰："未仁乎？"子曰："桓公九合诸侯，不以兵车，管仲之力也。如其仁！ 如其仁！"②
>
> 子贡曰："管仲非仁者与？ 桓公杀公子纠，不能死，又相之。"子曰："管仲相桓公，霸诸侯，一匡天下，民到于今受其赐。微管仲，吾其被发左衽矣。岂若匹夫匹妇之为谅也，自经于沟渎，而莫之知也。"③

子路与子贡的指责如出一辙，而孔子的回答也是大同小异，这两则记载可能是孔门后学记录的同一件事情。然而细看之，我们会发现这两则语录较好地反映了子路与子贡的个性。子路、子贡均以管仲不能为公子纠赴死责难管仲不仁，然而子路的关注点在于死之名分，既然管仲为公子纠之家臣，则其死乃大义使然，不可商量，故而以为管仲非仁者；子贡的着眼点却不同，子贡关心的是，桓公杀死了公子纠，作为公子纠家臣的管仲不能死难已然不堪，而又为桓公相则其不仁甚矣。这里我们看到，子路与子贡对同一个问题的不同问法几乎就是他们生命的投射，而孔子面对这两个杰出弟子的困惑，其答案也不同。对于子路这一勇武而莽撞的弟子，孔子径直述管仲之不以武力而会盟诸侯的功业，乃"如其仁！ 如其仁"，重复申说后面透露着孔子对于弟子的告诫，礼乐文明的成就远远高过无意义的死难。可惜子路并没有放在心上。子贡则不同，他是孔子门下最聪明者，知道行仁的边际，不会以单纯的不能死难责备管仲，"又相之"这一点让子贡感受到对仁的威胁。子贡是一个很适合讨论问题的好学生，孔子明显是部分认同子贡意见的，但又并非对管仲全盘否定，而是说管仲之不死及辅佐桓公实现了仁的价值。这里孔子的出发点主要有二：一是管仲辅佐齐桓公重建了一种秩序，使天

---

① 引自《论语·八佾》，选自阮元校刻《十三经注疏》，中华书局，1980，第 2468 页。

② 引自《论语·宪问》，选自阮元校刻《十三经注疏》，中华书局，1980，第 2511 页。

③ 引自《论语·宪问》，选自阮元校刻《十三经注疏》，中华书局，1980，第 2512 页。

下百姓获益;二是如果没有管仲,则异民族将侵蚀我们的文化。从这两点出发,孔子仍然"如其仁"。"仁"终归没有一个固定的样态,并非超过多少或者有多少不足就不能够称作仁。"仁"就在生活当中,是在人的生活世界中体现出来的。我们可以透过一切行为来完成仁的意志。如果没有外在的实践,仁就成了"巧言令色"。

就孔子而言,讨论"仁"本身就是一个教导"仁"的好时机。孔子的讨论与苏格拉底的论辩不同。孔子不会直接说仁为何物,亦不会去企求给"仁"下一个定义,而更多就弟子本身的能力、处事的境遇言之。颜渊问"仁",孔子答"克己复礼"。司马牛问"仁",孔子回答"其言也讱"。众弟子问仁,孔子的回答往往是多元的、不定的,不同的弟子得到的答案是不同的,而且这些回答就弟子的秉性而言是恰当的。学生的资质、禀赋及个人能力不同,相应的仁之方也有不同。但是这些都体现了仁的精神是分层级逐步实现的,体现了仁从局部向全体慢慢显露的过程。

孔子每每对"仁"的回应并不是要改变弟子的想法,而是启发他们在原有的思考、生活环境及各自本有的性格基础上以更加宏阔的视野去探求自己生命的完整,从而获得信心与力量。仁在这里具有了生命的热情与力量,支持弟子们探索世界,使生命与仁合二为一,仁成为生命的担当,同时又增加了生命的力量,如其弟子曾子所云:"士不可以不弘毅,任重而道远,仁以为己任,不亦重乎?死而后已,不亦远乎?"[①]

孔子不会将"仁"以一己的思考绝对化,不会将答案锁定在某一特定的语境中。孔子的回应往往借由双方的对话展开,以实现彼此的认同,可以说其方法正是"兴"的展开。在这些差异性后面,有着某种共同的性质,从而表明"仁"的完整性是在生活之中的。孔子对于"仁"的关注绝非停留在话题的展开,亦非分析论辩,而是呈现事实的本身,因而孔子曾言"我欲仁,斯仁至矣"。孔子不会轻易给"仁"下定义,或者从某一方面给出答案说什么是仁。因为生命是整体性的,故而孔子的回答往往是零碎的、不成系统的,但系统性不是他所关注的,他关心的是弟子有无实践仁、行仁。也就是说,儒家对于仁的系统性的思考是经由生活来呈

---

① 引自《论语·泰伯》,选自阮元校刻《十三经注疏》,中华书局,1980,第2487页。

现的,仁并非一种理论,而是落实在生活的方方面面,仁内在于人们的日常道德行为中。

孟子对于"仁"这一范畴发展颇多。在孟子那里,仁非他物,而是"人心也"①,自然这里的人心指的是良知良能意义上的不被利欲熏染的那颗心。从第2章对孟子的论述中得知,孟子以心善言性善,所以,人心与人性在孟子看来是等同的。仁,即人性,孟子将其解释为四端之一,认为其是"不忍人之心"的发扬光大。所谓"不忍人之心"就是把别人之心当作自己之心,从别人的角度来考虑问题,自己不愿意遭受的同样也不愿意别人遭受。孔子开辟了仁说,孟子将其发展成为人的基本之性,自此奠定了中国正统的人性论,养成了中国文化的基本性格,更是中国文化的大纲。②孟子对仁的另一重大发展是提出了"仁政"这一概念。既然人人有"不忍人之心",则君主将其"不忍人之心"扩而充之,乐百姓之所乐,忧百姓之所忧,"老吾老,以及人之老;幼吾幼,以及人之幼。天下可运于掌。《诗》云:'刑于寡妻,至于兄弟,以御于家邦。'言举斯心加诸彼而已。故推恩足以保四海,不推恩无以保妻子"③。如此与人民同其忧乐,则必然能够"仁者无敌"④"仁则荣"⑤,必能王于天下。孟子将孔子所提出的个体化的仁的成人加以扩充,展开由内圣而外王之途径,以仁作为争霸天下的重要条件。孟子认为,不论所拥有土地之多寡,其军力如何,只要国君施行仁政,其有力者成"霸",其有德者成"王":"以力假仁者霸,霸必有大国,以德行仁者王,王不待大。汤以七十里,文王以百里。以力服人者,非心服也,力不赡也;以德服人者,中心悦而诚服也,如七十子之服孔子也。"⑥孟子对于仁政之坚定信念,凸显了仁之内在价值意义,使行仁具有了实际的效用。可以说,仁不仅是个体修身成人之途径,而且是个体参与社会,达人、立人之必由之路。

荀子继承了孔孟对"仁"的认知,以为"仁之所在无贫穷,仁之所亡无富

---

① 引自《孟子·告子上》,选自阮元校刻《十三经注疏》,中华书局,1980,第2752页。
② 徐复观:《中国人性论史(先秦篇)》,上海三联书店,2002,第99页。
③ 引自《孟子·梁惠王上》,选自阮元校刻《十三经注疏》,中华书局,1980,第2670页。
④ 引自《孟子·梁惠王上》,选自阮元校刻《十三经注疏》,中华书局,1980,第2667页。
⑤ 引自《孟子·公孙丑上》,选自阮元校刻《十三经注疏》,中华书局,1980,第2689页。
⑥ 引自《孟子·公孙丑上》,选自阮元校刻《十三经注疏》,中华书局,1980,第2689页。

贵"①,身处仁之境,则虽困穷已能够怡然自乐;如仁失落了,即使处于富贵之中依然不会觉得满足。其思想与孔、孟可谓一脉相承。荀子虽"隆礼义",但同时也"本仁义":"先王之道,仁之隆也"②;"先王之道,仁义之统"③;"孔子仁知且不蔽,故学乱术足以为先王者。一家得周道,举而用之,不蔽于成积,故德与周公齐,名与三王并"④。这与孔子、孟子对"仁"的体悟有很大相通处。但毕竟荀子思想与孔孟不同,故而又对仁有了很大的调整。荀子相比丁孟子更重视"仁"的主体意义,更关注"仁"的客观性与可塑性。荀子将仁纳入礼义之中。"君子养心莫善于诚,致诚则无它事矣;惟仁之为守,惟义之为行;诚心守仁则形,形则神,神则能化矣行。"⑤荀子以诚为中心,仁成为持守诚心之必要。在关心人间世的同时,荀子并未放弃仁义,也并没有过分推重礼而忽视了仁的道德价值。圣人君子之人格建立自不待言,则其通过教化,而实现庶民化性起伪,进而建构日用伦常之秩序,最终达成"身日进于仁义而不自知"⑥。仁、义、礼三者之关系,荀子以仁义为本,礼义为径;仁先于礼,为礼之里。礼是贤人君子行仁之径和尽仁之方。"原先王,本仁义,则礼正其经纬蹊径也。"⑦"人主仁心设焉,知其役也,礼其尽也,故先王先仁而后礼。"⑧对于三者的关系,《大略》还有更深入的论述:"仁,爱也,故亲;义,理也,故行;礼,节也,故成。"⑨"君子处仁以义,然后仁也;行义以礼,然后义也;制礼反本成末,然后礼也。三者皆通,然后道也。"⑩与孔子的仁德、孟子的仁政向内发掘不同,荀子更加关注仁的践行,故而他认为行仁要依义,行义要以礼。

在朱熹的体系中,仁有广狭两义。广义的仁为全德,统帅其他德目。狭义的仁,与义、礼、智、信并列。此处并无新创。朱子真正别出心裁之处,在于对仁之

---

① 引自《荀子·性恶》,选自王先谦撰《荀子集解》,沈啸寰、王星贤整理,中华书局,1988,第447页。
② 引自《荀子·儒效》,选自王先谦撰《荀子集解》,沈啸寰、王星贤整理,中华书局,1988,第121页。
③ 引自《荀子·荣辱》,选自王先谦撰《荀子集解》,沈啸寰、王星贤整理,中华书局,1988,第68页。
④ 引自《荀子·解蔽》,选自王先谦撰《荀子集解》,沈啸寰、王星贤整理,中华书局,1988,第391页。
⑤ 引自《荀子·不苟》,选自王先谦撰《荀子集解》,沈啸寰、王星贤整理,中华书局,1988,第46页。
⑥ 引自《荀子·性恶》,选自王先谦撰《荀子集解》,沈啸寰、王星贤整理,中华书局,1988,第449页。
⑦ 引自《荀子·劝学》,选自王先谦撰《荀子集解》,沈啸寰、王星贤整理,中华书局,1988,第16页。
⑧ 引自《荀子·大略》,选自王先谦撰《荀子集解》,沈啸寰、王星贤整理,中华书局,1988,第488页。
⑨ 引自《荀子·大略》,选自王先谦撰《荀子集解》,沈啸寰、王星贤整理,中华书局,1988,第491页。
⑩ 引自《荀子·大略》,选自王先谦撰《荀子集解》,沈啸寰、王星贤整理,中华书局,1988,第492页。

"体用"的发掘。仁在心为德,以体为用,用即为爱。在心为德,作为心之本质的"仁"强调的是仁道德超越性的一面;可是仁可以将"爱"引发出来,以爱为之用,凸显了仁的经验性,也凸显了仁在体之用的方面。朱了将仁的超越性和经验性通过爱得以交叠。

4.2.2 "仁"的英译分析

在西方英语世界最早且最负盛名的《四书》译本——理雅各的英译本中,将仁翻译为 perfect virtue 及 true virtue。Virtue 一词曾一度成为西方对"仁"的标准译名。最常见的译词列举如下：perfect virtue(Legge)，humanity(Knoblock, Leys)，benevolence(Din Cheuk Law，Legge)，love(Lyall)，authoritative(Ames Rogers)，goodness(Waley)；下面讲按语义特征合并同类项来分类分析：

1) perfect virtue/virtue

Virtue 一词在英文中的使用可追溯到 13 世纪早期,该词的拉丁文词根为 virtus,希腊文的拉丁化写法是 arete①。Arete 的意思"原来是指任何事物的特长、用处和功能,比如马的特长是奔跑,鸟的特长是飞翔,各种事物的 arete 是不同的"②。后来拉丁文为 virtus,英文为 virtue。Virtue 在英文中的通行意义为：① conformity to a standard of right；② a particular moral excellence③。即在英文语境中,virtue 主要指美德(moral excellence),又可用来指向善的秉性。而在希腊时期,该词不仅指道德性的优秀,而且还有才干的意味。在《理想国》中,根据苏格拉底的意见,美德应该包含四部分：智慧、勇敢、节制、正义④,柏拉图声明四种 virtue 实际上是一个不可分割的整体,服务于塑造更好的灵魂,从而建成理想的城邦⑤。亚里士多德在其著作《尼各马可伦理学》中,将 virtue(德性)描述为"过度"与"不足"居中的平衡点："所以,有三种品质：两种恶——其中一种是过

① 在线词源词典：https://www.etymonline.com/cn,其集合了来自如下词典的词源：Weekley 主编的《现代英语词源词典》,Klein 主编的《英语词源大辞典》,《牛津英语词典》(第二版),《Barnhart 词源词典》,Holthausen 主编的《英语词源词典》,以及 Kipfer 和 Chapman 主编的《美国俚语词典》。

② 汪子嵩：《希腊哲学史(第三卷)》,人民出版社,2003,第 903 页。

③ 梅里亚姆—韦伯斯特公司：《韦氏大学词典(第 10 版)》,世界图书出版公司,1996,第 1320 页。

④ 柏拉图：《理想国》,张竹明译,译林出版社,2009,第 131 页。

⑤ 柏拉图：《理想国》,张竹明译,译林出版社,2009,第 131—145 页。

度,一种是不及——和一种作为他们的中间的适度的德性。"①这个平衡点并非全然在中央,有时靠这一段近些,有时靠那一端近些。这是 virtue 的一个基本性质,即在"过"与"不及"之间求取平衡。比如,"勇敢"这一基本德目就是"懦弱"和"蛮勇"之间的平衡点;"慷慨"是"挥霍"和"吝啬"的平衡点。而能判断出何处为平衡点,需要常识而非知性。亚里士多德认为,virtue 可用来描述人的至善状态;但与此同时,virtue 也是一种技艺,帮助人求得生存,建立有意义的关系,且找寻快乐②。

我们可看出,virtue 在西方思想传统中可用于指称美好的品格。其实际与通行的"德"更为接近。Perfect virtue 实质为全德。在部分语境中,perfect virtue 可用以表示"仁"的全德意味。但 virtue 与"仁"在内涵上并非有完全的通约性。Virtue 在本质上更为抽象,可用语词去捕捉、摹状和划分。可"仁"始终是一个浑然的整体,与生命具体的经验紧密关联,virtue 会将"仁"与生命体验相关的特性消隐。

2) humanity/goodness/benevolence

Humanity 一词由 humanitas 派生而得,有如下重要的含义:① 人生而为人的品性(the quality of being human),与 manhood 近义;② 仁慈(the quality of being humane),与 benevolence 同义,③ 人类(human considered as a whole,the human race)③。这些义项都是抽象的,直指本质。通过前面对孔子基本思想的考察,我们知道在《论语》中,"仁"不是本体性质的范畴,简单地说,我们无法以humanity 来对应弟子们对于"仁"的具体思考,humanity 相对于日常生活来说太过抽象。Goodness 是一个与 humanity 同样抽象的语词,good 的义项纷繁庞杂④,-ness 作为单词后缀指向抽象的性质,故而 goodness 一词则指好的、善的秉性。Benevolence 分享着 humanity 的第二义项,但 benevolence 的基本义则为善心(the desire to do good to others)⑤,即一种朝向他人的为善之心。它在某些

---

① 亚里士多德:《尼各马可伦理学》,廖申白译注,商务印书馆,2003,第 53 页。

② 亚里士多德:《尼各马可伦理学》,廖申白译注,商务印书馆,2003,第 19—25 页。

③ 梅里亚姆—韦伯斯特公司:《韦氏大学词典(第 10 版)》,世界图书出版公司,1996,第 564 页。

④ 梅里亚姆—韦伯斯特公司:《韦氏大学词典(第 10 版)》,世界图书出版公司,1996,第 502 页。

⑤ 梅里亚姆—韦伯斯特公司:《韦氏大学词典(第 10 版)》,世界图书出版公司,1996,第 106 页。

情况下的确能够表达仁的意味，但无法适应孔子的仁学体系的庞杂，也无法表现出"仁"的实践的要求。而仅因为其抓住了"仁"的重要一面，它在英语世界成了"仁"的主导译词。

芬格莱特对传统的心理学方式的翻译提出了批评。他指出，在我们可见的"仁"的英文翻译中，大多显示了译者(学者)对仁的心理学方式的解读倾向，即这些译者都把"仁"视作一种主观的情感，这种情感通过客观的社会标准及人们所必须要遵从的礼仪行为得以体现。在这种解读倾向下的"仁""似乎强调个体、主观、特性、情感和态度"①。芬格莱特亦坚决反对把"仁"作为内在的道德状况来解读，理由有二：首先，我们在《论语》中找不到"'仁'表示人内在的精神或心理状况或过程"②的论调；其次，芬格莱特认为在《论语》原文本中，仁、德、礼这几个概念并不是与"意愿"(will)、"情感"(emotion)和"内心状态"(inner state)相联系的概念——作为心理状态的"仁"这样一个观念，从未进入孔子的脑海中。

在做了这样大胆的论断后，芬格莱特提出了自身的对"仁"经过纠正以后的解读，"仁"是一种"使我们的注意力集中在特定个体及其作为行动者倾向的行为举止"，而"礼"亦作为行为，与"仁"产生共鸣，即"礼"和仁是同一事物的两个方面，各自指涉人在其特殊人类角色中的一个行为方面③。既然用以描述举止，那么"仁"就是行动特征，一个印在某一类行为中的特征，是"人性的已得"通过行动而得以彰显的状态。

但是行动总是经验的。行动总是在具体环境中的行动，把"仁"和行动的状态联系在一起，就必然设定了"仁"的情境性。即在这种环境里可称作"仁"的行为，放在另一个环境中则未必如是。若用"仁"指称人获得人性的过程，那么必定更呈现出多样性，则仁作为过程性的表征就不应该受到终极的形而上学限定。在时间之流中，过程总是开放的，无论是"仁"的状态还是"仁"的过程，都很难通过"终结"或"完满"这样的语汇得以定义。"人"与"仁"，设若是品质获得的不同程度，从"人"到"仁"多出来的"二"字，则意味深长。即比"人"更高的"仁"的状态，只能通过"二"所指涉的人际交往获得，通过非个人的共同语境获得。所以，

---

① 赫伯特·芬格莱特：《孔子：即凡而圣》，彭国翔、张华译，江苏人民出版社，2002，第37页。
② 赫伯特·芬格莱特：《孔子：即凡而圣》，彭国翔、张华译，江苏人民出版社，2002，第45页。
③ 赫伯特·芬格莱特：《孔子：即凡而圣》，彭国翔、张华译，江苏人民出版社，2002，第47页。

《论语·微子》篇说:"鸟兽不可与同群,吾非是人之徒而谁与?"[①]孔子所代表的儒家思想终究是在入世之中体现出来的。

3) love

在相当长的一段时间里,"仁"的核心意义被诠释为"爱人"。这一点由《论语》文本及其注释史可以提供大量思想根源。在《论语·颜渊》篇中樊迟问仁,孔子即答以"爱人"。[②]《说文解字》将仁解释为"仁者,亲也"[③]。孟子提出"亲亲而仁民,仁民而爱物"[④]之说。由亲亲之仁与爱物而有"大仁""小仁"之分,"夫大仁者,爱近以及远,及其有所不谐,则亏小仁以就大仁。大仁者,恩及四海;小仁者,止于妻子"[⑤]。董仲舒则将爱视作"仁"的外在发动,他说:"仁之法,在爱人,不在爱我……人不被其爱,虽厚自爱,不予为仁"[⑥]。到了韩愈则直接说"博爱之谓仁"[⑦],将"泛爱众"视作"仁"。由此不难理解为何张载会说"以爱己之心爱人则尽仁"[⑧]。故而以 love 译"仁"并非完全无因。然而,细察《论语》及儒学的解释史我们不难发现,"爱人"如同《论语·学而》篇所谓"孝悌"一样,不过是"仁"的起点,或者说是"仁之方"。从以上所引资料可以看出,从儒家的立场来看,爱人是指从爱父母、爱兄弟这样一种情感向外伸展,进而爱君爱长爱所有人,即爱人有不同的等级。设若以"爱"翻译"仁",则会与墨家所主张的"兼爱"发生复杂的关涉。即便在本性方面"仁"表现为以爱对所有人,可是到具体的实践中,"仁"与"爱"则是有分别的。而单纯的"爱人"是抽象的概括,无儒家"亲亲"的成分在内,"仁"成了抽象的概念,这显然不是孔子的思想落脚点;"爱人"更不能对《论语》中诸多"仁"产生有效的解释力。

Love 从个体的自然情感发源来说是自然的,但在英语世界中它并不被设定

---

① 引自《论语·微子》,选自阮元校刻《十三经注疏》,中华书局,1980,第 2529 页。

② 引自《论语·颜渊》,选自阮元校刻《十三经注疏》,中华书局,1980,第 2504 页。

③ 许慎:《说文解字》,中华书局,1963,第 161 页。

④ 引自《孟子·尽心上》,选自阮元校刻《十三经注疏》,中华书局,1980,第 2771 页。

⑤ 见《说苑·贵德》,引自刘向著《说苑》,选自中华文化复兴运动推行委员会等编撰《说苑今注今译》,天津古籍出版社,1988,第 134 页。

⑥ 引自董仲舒《春秋繁露·仁义法》,选自苏舆撰,钟哲点校《春秋繁露义证》,中华书局,1992,第 250—251 页。

⑦ 韩愈:《韩昌黎文集校注》,马其昶校注,马茂元整理,上海古籍出版社,1986,第 13 页。

⑧ 张载:《张载集》,章锡琛点校,中华书局,1985,第 32 页。

为情感的自然发露①，这一点颇有意趣。西方著名文化学家卡尔·雅斯贝斯曾言："绝对的爱——它植根于永恒的基础，而不是仅仅存在于人的爱好、情欲习惯以及忠于诺言中。"②我们知道，基督教常常将情感、"爱"与"上帝"及"圣爱"并提。《新约·马太福音》中就有："当孝敬父母，又当爱人如己。"《新约·雅各书》："经上记着说：'要爱人如己。'你们若全守这至尊的法律，才是好的。"在西方基督教传统中，对上帝的爱是最大的诚命，《旧约·创世记》中记载上帝创造天地，创造人类，且创造的世界至善至美。基督教主祷文也呼应了这一点，体现了对基督徒爱上帝和感恩上帝的教导："我们日用的饮食，今日赐给我们。免我们的债，如同我们免了人的债。不要叫我们遇见试探，救我们脱离凶恶。"所以人们对上帝是无限敬爱、崇敬和畏惧的。要爱上帝，也要听从上帝的教导去爱世人。然而，在基督教的传统中，上帝毕竟是超验的，其所造的可以由人类的理性来认知，但是上帝自身确是远非理性所能把握的。而儒学语境中的"仁"显然不是来自超验的神之律令。这一点与儒学的整体特性有关。我们先前已经论述，在儒学中，一开始就没有人树立格神的观念，所谓的"天"和西方基督教传统中的上帝，是完全不同的。如前所述，儒学所关注的始终是人类生活的本身，它仅讨论人与人之间的关系，"子不语怪力乱神"③就是明证。而理性与情感在西方是并行且充分发展的，love 所代表的情理结构和心理状态，都是颇有二分意趣的。一方面，人的爱可以完全超越理性，可以纵欲狂欢，就如同尼采所描写的酒神精神；另一方面，理性又可完全压抑情感，角斗伤残也不能勾起其"恻隐之心"。与其形成鲜明对比，当孔子对樊迟问仁答以"爱人"时，它并非一种抽象的定义，而是从这一原点逐步展开的，是人性情感的一种同情关怀的态度，是出于心性自然的反应。《论语》所谓"爱人"是落实在日常的生活之中，如孔子所述："居处恭，与人忠。虽之夷狄，不可弃也。"④即，人们在生活中的态度必须是恭敬的，行事必须是谨慎的，与他人相处则心是诚恳的。这正意味着，"爱人"恰恰要从"自爱"开始。正是

---

① 梅里亚姆—韦伯斯特公司：《韦氏大学词典（第 10 版）》，世界图书出版公司，1996，第 690 页。

② 雅斯贝斯在少数著作中译为雅斯贝尔斯，此处引文引自：雅斯贝尔斯：《智慧之路——哲学导论》，柯锦华、范进译，中国国际广播出版社，1988，第 39 页。

③ 引自《论语·述而》，选自阮元校刻《十三经注疏》，中华书局，1980，第 2483 页。

④ 引自《论语·子路》，选自阮元校刻《十三经注疏》，中华书局，1980，第 2507 页。

在"爱人"这一行为中,我们得到实质上的响应,其实质可以称为"仁爱"之心的外露,它是从生命的互动开始的:从亲情之爱、手足之爱、夫妻之爱、君臣之爱展开,人们在这一过程中始终以一种"恭敬"之心,以获得自我及他人的"仁"。儒家的"仁"与情密切联系,儒家的"爱"是情感的直接呈现,也就是孔子的所谓"直",或者说是"真"。儒家强调"仁"或者其他德性不能够违背个体的真实情感,如孔子的所谓"父为子隐,子为父隐,直在其中矣"①。就纯粹的法纪而言,父亲有了不端的行为,儿子去告发他无疑是正确的事情。但孔子却不同意,这是因为在一个人伦化的儒家世界中,亲子关系具有天然的核心地位,家庭的关系优先于个体的道德准则,"仁"的原则决定了直必须是在亲情伦理范围之内的。孟子将"仁"视作"恻隐之心"的养成与扩充。这一仁爱观念明显不能够像基督教的爱那样成为一种道德律令,因为情感的发生往往决定于特殊的环境。基督教最高的爱,乃是一种和情感无关的爱,更准确地说,它是来自上帝的道德律令。比如:"要爱你们的仇敌。"

儒家把家庭之爱作为仁之本,爱父爱兄是爱天下人的基础。孔子教诲弟子要"入则孝,出则悌,谨而信,泛爱众,而亲仁"②,孟子说"老吾老,以及人之老,幼吾幼,以及人之幼"③,入孝出悌先于爱众,爱自己的老幼也先于爱天下之老幼。儒家认为,只有尊敬自己的长辈,才能进而扩展去爱别人的长辈。正是从爱自己的子女开始,再扩展去爱别人的子女。这就不难理解为什么孟子批评墨子"兼爱"为无父。中国的爱本是植根于亲子关系的。中国有悠久的氏族社会传统,"爱人"这样的准则在我们的文化中不是来自上帝的命令,而是由亲子关系及血缘关系为核心而自然而然生发的。这种最基础的爱是非命令的,非功利的,非因果关系的。

儒家的"爱人",是以亲子关系、血缘关系为基础的爱,是可以推及天下的。但并不是以"兼爱"的方式,而是以"兴"来实现的。亲子关系和家庭是爱的真正源头,从此生发,才能对人们形成有约束力的"礼"的传统,并给人们提供真正的归宿。在儒家视野中,"爱人"是分等级而非泛性的,是从家庭逐步扩展到社会的。爱是将某个外部的、非己的东西纳入自我关心的范围,从而成为组成自我的

---

① 引自《论语·子路》,选自阮元校刻《十三经注疏》,中华书局,1980,第 2507 页。
② 引自《论语·学而》,选自阮元校刻《十三经注疏》,中华书局,1980,第 2458 页。
③ 引自《孟子·梁惠王上》,选自阮元校刻《十三经注疏》,中华书局,1980,第 2670 页。

一个有效部分。这种爱,代代相传,劫后可复生。而西方的传统,是转向那些更为永恒、超越且可以跨越时空长存的实体和原则来搭建生活意义的源头作为归依的。

4) Authoritative 及其不同词性形式

安乐哲在其《论语》译本中将"仁"译作以"authoritative"为中心词的一系列词组,基本义项为:① having or proceeding from authority;② clearly accurate or knowledgeable①。安乐哲认为该词能够较好地体现"仁"这一孔子核心观念的情境性、动态性及与其他核心观念的相互指涉性。在他看来,"仁"需要在个体的社会化成长或者说成人中得到实现,它不是一个静态的意欲追求达到的目标,而是实现成人的过程。在这一整体性的成人过程中,个人对别人所关切之事也做切身关切。成人的过程并不是单独个体封闭的过程,是一个牵涉他人又牵涉自我的过程。在此过程中,个体影响他人又为他人所影响。"我"其实是一个由吸收他我而使之成为共同的"我"的那部分自我之域。所以,"自我"并不是一个实体,而是一个过程,是传统的形式结构通过种种社会作用而使得"历史之我"与"当代之我"融合的过程。所以"自我"和"他者"、"我"和"我们"、"主体"与"客体"都是在此彼并无明确界限的时间之流中变得不可分割,人是一个连续的、不可分割的统一体。个体的素质是参与构造个体之点的整体功能与丰富性的体现。所以个体拓展和融入整体的程度,决定了其为人的程度。孔子所谓的"仁":发展和运用个体之义的过程中,吸收、涵纳人类社会的诸条件和相关问题的整一化过程②。

"仁"既是个体成人的过程,又是个体之义的社会运用,还是在具体语境下的运用。"仁人承续其文化传统的价值和意义,且在以语言为主导媒介的符号交流中促成其传承。对仁者来说,在需要为求其实而谨其言的意义上,该语言是述行的。因为语言必然体现于行动。"③"仁"是通过人的实践来体现出来的,语言、行动是合一的,都指向个体在社群中的成长,成己成人,乃称为"仁"。《论语》中的"仁"一开始就不是一个确定的表述。它也不是孔子为了启发学生而设的隐晦真理。孔子一生都在致力于向他的学生传达他所理解和感受的"仁"的真正含义。

---

① 梅里亚姆—韦伯斯特公司:《韦氏大学词典(第 10 版)》,世界图书出版公司,1996,第 77 页。
② 郝大维、安乐哲:《通过孔子而思》,何金俐译,北京大学出版社,2005,第 141 页。
③ 郝大维、安乐哲:《通过孔子而思》,何金俐译,北京大学出版社,2005,第 146 页。

虽然"仁"和"人"的发音相同,但书写形式却截然不同。"仁"并不是"人"的派生词,与"人"实际上是同一个词。在孔子的语境中,"仁"并不是单纯作为名词或者形容词来使用的,"仁"在某些时候也被用作及物动词。所以,"仁"并不单指一种品格,也不仅指获得"仁"这样一种品格的人。"仁"还可以指称一个过程,表示这种品格实现的过程,包含人性的转化过程。子曰:"不仁者不可以久处约,不可以长处乐。仁者安仁,知者利仁。"①"知及之,仁不能守之;虽得之,必失之。"②"仁"是孔子之道的核心。而孔子之所以不轻易许"仁"之称于弟子,是因为在他的心中,"仁"表征着人性的全盘凸显。以 authoritative 为中心词的一系列译词以突出"权威性"的人类学的视角将"仁"这一语词背后追求"君子"人格这一道德境界的意味凸显了出来,使"仁"的人际社群性显现了出来。然而 authoritative 一词以其社会学学科的性质加强了社会结构的超越性,指向了社会规范对于个体的制约和强加,这与儒家的"仁"有了很大的不同。

4.2.3 小结

"仁"作为先秦儒学最重要的范畴之一,体现了非概念所能把握的多义性,代表了一种审美的人生境界。但"仁"本身亦是可以分析的。"仁"可以是一种人间的情感,以亲子之爱为核心,推广于全人类;"仁"亦是一种人性的自觉力,引发人的自觉行为;但最重要的是,"仁"是一种成人之方,指向人们所有理性自觉的行为,亦可用以描摹行动结果。总而言之,"仁"立于行为,又关联于人的内心情感,并使这一情感理性化,从而内化为人自我的道德诉求。"仁"是一个完整的生命体意义关联。相比之下,在西方世界广为流传的英译词对"仁"的解读呈现出两种更改:① 更偏重其形而上的性质层面,将其解读为抽象的至高的道德或全德,使得"仁"成为西方伦理学中"善"一样的绝对律令;② 偏重内心情感维度,从而消隐了"仁"与身体践行的关联。安乐哲试图从"仁"所达致的人格方面为这一范畴寻找翻译,其切入角度自然有其可取之处,但 authoritative 因其词根有"权威"之意,在基础的意义之维上稍有缺失。

---

① 引自《论语·里仁》,选自阮元校刻《十三经注疏》,中华书局,1980,第 2471 页。
② 引自《论语·卫灵公》,选自阮元校刻《十三经注疏》,中华书局,1980,第 2518 页。

4.3 "义"及其英译

4.3.1 先秦儒学语境中的"义"

"义"字在甲骨文中就已出现,作𦍙、𦍌或𦍌①,其形状如同在"我"形兵器上扎饰羽毛,似有美化炫耀武力的意味,故而许慎的《说文解字》以为"义"为"己之威仪也,从我羊"②。所谓威仪,据《左传·襄公三十一年》载,北宫文子见楚令尹围,乃回告卫公说令尹围胸怀异志。卫公问文子何以知之,文子说是从令尹围的威仪看出来的,他所说的"威仪"指:

> 有威而可畏谓之威,有仪而可象谓之仪。君有君之威仪,其臣畏而爱之,则而象之,故能有其国家,令闻长世。臣有臣之威仪,其下畏而爱之,故能守其官职,保族宜家。顺是以下皆如是,是以上下能相固也。③

君臣各有其威仪,各保其国家,从这个意思不难看出"义"何以慢慢演变为"宜"。李泽厚从"义"的字形考察发现,从语源学的角度来说,"义('義')与'仪''舞'相关,源出于饰羽毛('羊')之人首('我')舞蹈,乃巫术礼仪中之正确无误的合宜理则、规矩,此'仪''义'后理性化而为礼之具体言语、举止形式('威仪三千'等),再变而为抽象化之'合宜''适度''理则''应当''正义'等范畴,并具有某种外在的强制性、权威性或客观性,再引申为'理'(合理、公理、理则等)或'当'(正当、适当、应当等等)"④。虽然取径不同,其大致意义却无差异。"义"最初所指可能是参加巫术礼仪活动的类似巫师的角色,由于他在礼仪活动中的神圣性,因而有了《说文解字》所说"己之威仪也"⑤的意味。由其神圣性而产生对于举止形式等的恪守,进而理性化为理则的况味。其字"从羊从我","羊"者,祥也。其字形展示了对这一范畴理解的侧重。最初,对"义"字更加关注其"羊"(即祥)的层面的意义,这在孔子之前如《左传》文本中的记载中即可看出,"义"或"不义"的判断根源

---

① 徐中舒:《甲骨文字典》,四川辞书出版社,1989,第 1381 页。

② 许慎:《说文解字》,中华书局,1963,第 267 页。

③ 引自《左传·襄公三十一年》,选自阮元校刻《十三经注疏》,中华书局,1980,第 2016 页。

④ 李泽厚:《论语今读》,生活·读书·新知三联书店,2008,第 47 页。

⑤ 许慎:《说文解字》,中华书局,1963,第 267 页。

在于传统礼仪本身,到了孔、孟,则将"义"与"我"联系了起来,这时候,行义与否成了自我理性精神判断的结果,是需要自我在纷扰的充满诱惑的世界中进行自主选择的。

《论语·卫灵公》言:

> 君子义以为质,礼以行之,孙以出之,信以成之。君子哉![1]

朱熹注曰:"义者制事之本,故以为质干。"[2]"义"是君子之道的根本,礼制是其推行的方式,用谦逊的语言来表达它,用"信"的态度来成全它。"君子喻于义,小人喻于利。"[3]"主忠信,徙义,崇德也。"[4]体现在《论语》的语境中,"义"首先是道德生活的必备条件,是一种强大的精神力量,因为拥有了"义"方可抵挡"利"之诱惑,拥有"义"才可不沉浸于自我的舒适安乐中。其次,"义"是一种可以赋予行为道德性及正当性的判准。比如只有伴随着"义"的对物质的追求,才是可取的。"君子之于天下也,无适也,无莫也,义与之比。"[5]即"义"作为一种判断标准,决定了行为是否有价值。换言之,拥有了"义"是德之为德的最根本原因。

故而在"礼""仁""义"三者之间,"义"的位置是更为基础的:因为有了"义","礼"才不至于流于空洞的形式;因为有了"义","智"与"知"才有了努力的对象(以明辨是非);因为有了"义","信"才具备了强大的内在动力;因为有了"义","仁"才成为可能。"义"与其他美德互相关联,且占据了更为基础的地位。"义"像是一张全息图,蕴含了儒学伦理的全部的重要信息,它是儒学道德场域中的焦点之一,但依托整体场域而获得其意义,并没有纯概念的定义。

孟子将"义"与"仁"结合起来,形成了"仁义"这一极具特色的语汇,甚至可以说,孟子的"仁义"即道德。就"义"作为人性之"四端"而言,其根植于"不忍人之心"所流露的"羞恶之心",即对不道德行为的羞耻、厌恶的表现,这种羞耻、厌恶既可以指对自己也可指对他人,总之是对社会上不道德行为的一种不屑的表现。在理论上,孟子严格将"义"与"利"对立起来,《孟子》一书开篇就讲"仁义而已矣,

---

① 引自《论语·卫灵公》,选自阮元校刻《十三经注疏》,中华书局,1980,第 2518 页。
② 朱熹:《四书章句集注》,中华书局,2011,第 165 页。
③ 引自《论语·里仁》,选自阮元校刻《十三经注疏》,中华书局,1980,第 2471 页。
④ 引自《论语·颜渊》,选自阮元校刻《十三经注疏》,中华书局,1980,第 2503 页。
⑤ 引自《论语·里仁》,选自阮元校刻《十三经注疏》,中华书局,1980,第 2471 页。

何必曰利"①,具有浓厚的道义论的色彩。如就管仲而言,管仲虽不知礼,但其于天下有功,孔子仍许以"仁",有很大的认可。而孟子则指斥其为霸道,避之唯恐不及。就仁义关系,孟子还提出了舜"由仁义行,非行仁义"②的论断。"行仁义"如七八月间雨水,时来时去,很快消失了。"源泉混混,不舍昼夜,盈科而后进,放乎四海。有本者如是,是之取尔。苟为无本,七八月之间雨集,沟浍皆盈,其涸也,可立而待也。"③因此,孟子明确指出道德行为应是"由仁义行"而非"行仁义"。

与孟子不同,荀子既以人性为恶,则其所考虑的问题首先在于如何改变人之性恶,而"义"则为其化性起伪的重要工具。荀子认为人之所以"最为天下贵",以牛马为用,根本在于人能够群,"禽兽有知而无义",而人知道"分","分"就是"义"④。正是有了"义",人才能够结成有序的社会共同体,能够避免个体的性恶的困境,获得人的尊严。而"义"之所以能够发挥作用在于"义,理也,故行"⑤。所谓理指的是外在的客观秩序,是维持人伦秩序的根源。"义"由是成为维持人世合理秩序的规范,通过限制和禁止的形式以使个体合乎社会规范,使尊卑贵贱之人伦得以良好运行。

4.3.2 "义"的英译分析

在英语世界的儒学经典译本及诠释性著作中,对"义"常见的指称词如下:righteousness, rightness, right conduct, justice, morality, duty, sense of duty, obligation, appropriate 等⑥,下文将分三组予以讨论。

1) 宗教之义:righteous 及其相关词

从词源学词典中我们得知:right 最早的意象与 straight 紧密相关,right 被

---

① 引自《孟子·梁惠王上》,选自阮元校刻《十三经注疏》,中华书局,1980,第 2665 页。

② 引自《孟子·离娄下》,选自阮元校刻《十三经注疏》,中华书局,1980,第 2727 页。

③ 引自《孟子·离娄下》,选自阮元校刻《十三经注疏》,中华书局,1980,第 2727 页。

④ 引自《荀子·王制》,选自王先谦撰《荀子集解》,沈啸寰、王星贤整理,中华书局,1988,第 164 页。

⑤ 引自《荀子·大略》,选自王先谦撰《荀子集解》,沈啸寰、王星贤整理,中华书局,1988,第 491 页。

⑥ Jia, Jinhua, and Kwok Pang-Fei. "From Clan Manners to Ethical Obligation and Righteousness: A New Interpretation of the Term Yi 义," *Journal of the Royal Asiatic Society* 17, No. 1(2007): 33 - 42.

解为循直向而行(move in a straight line)①,后引申用以形容"与事实、真理或标准、原则等相符合"(in conformity with fact, reason, truth, or some standard or principle②)。而 right 一词加后缀-eous(有……的)构成 righteous,显明了right 关乎"真理、标准或规定"在早期意义上是和上帝律令紧密相关的,因为righteous man(义人)是希伯来人③的宗教信仰中所推崇的人格典范。

在《圣经》中,对"义人"的提及多达 203 次,最初使用是在上帝决定用大水惩罚世界之时。《旧约·创世记》记载,那时还有七天,审判的洪水就要临到地上,但上帝要保全一个家庭,使他们免受审判,于是就拣选了诺亚和他的全家,对诺亚说:"你和你的全家都要进入方舟,因为在这时代中,我见你在我面前是义人(righteous)。"而诺亚之所以被称为"righteous",是因为他时刻铭记上帝的教诲,有无可指摘的生活行为(righteous/right conduct),可以将神的道显明于世。"义人"最关键的因素则是对神的敬虔与顺服,对"约定"(covenant)之信守。在上帝创造人类时,给予亚当夏娃以自由选择的理性,但同时又给予他们"不可"之律令。他们违背律令之时,便是人类的原罪降临之时,被驱逐出伊甸园的亚当夏娃生养众多,其后代"罪恶很大,终日所思的都是恶",所以才有了前述的洪水惩罚天下。洪水之后,上帝与诺亚重新订立了新的约定,要诺亚及其后代遵守,然而其后代行恶之事,再一次破坏了约定,所以才有了后来的亚伯拉罕之约、大卫之约等等。纵观整部《旧约》,所见的是上帝数次与人类订立约定,而人类又违反约定的过程。换言之,《旧约》正是一部上帝不断在人间寻找"义人"作为其代言人的历史。《新约·罗马书》多次提及"称义",而这义"the righteoueness"来自对基督的信仰,也直接指向来自基督的救赎。

我们从上文分析可以得知。宗教之"义"与君子之"义"所涉及的意义场域是有根本差别的:right、rightness 及 righteous 关乎超验的上帝,关乎一种高于人类的存在,而儒学之"义"、君子之"义"的出发点和目标都在人间,以宗教之"义"解释君子之义,实质上是用一种创世的宇宙观代替了"天人合一"的宇宙观,也是失掉了"义"所折射的那种通权达变的时机性。

---

① 在线词源词典:https://www.etymonline.com/cn。
② 梅里亚姆—韦伯斯特公司:《韦氏大学词典(第 10 版)》,世界图书出版公司,1996,第 1008 页。
③ 西方文明传统中,希腊文明和希伯来文明被称为文明之两大源头。

2) 公正、正义：justice

Justice 一词的词源意义为：the quality of being fair and just，moral soundness and conformity to truth[①]，此词在英文中最早使用是 12 世纪中期，用以描述法官执法之公正，指其坚守原则，体现公正与公平。后用该词描述普通行为的公正性。在西方伦理学中，justice 被认为是一种非常重要的品质。早在古希腊时代，柏拉图在其著作《理想国》中就将 justice 列为其理想城邦的主要特征，而其所言的 justice 则主要是指社会中各个等级的人各司其职，各守其序，各得其所[②]。亚里士多德将平等定义为 justice 的核心，具体包含"数量相等"（平等的个体之间分配时个人所得的数量和容量都与他人相等）和"比值相等"（在不平等的个体之间依据个人的真价值而分配与之相衡衬的事物）两个核心要素[③]。近代伦理学家休谟[④]和穆勒（John Stuart Mill）[⑤]都将 justice 和人类的福祉关联起来展开讨论。《正义论》（*Theory of Justice*）则系统地对正义（justice）展开了论述，总结了现有的正义观念（功利主义正义观及直觉主义正义观）的优劣，在此之上，提出了"公平即正义"的基本观点，并将正义称为社会体制的第一美德[⑥]。而在西方文明中，公平的观念来自"人生而自由且平等"的基本信念，这也是西方立法的根本出发点。早在古罗马时期，查士丁尼在其《法学总论》中就称"正义是给予每个人他应得的部分的这种坚定而永恒的愿望"[⑦]。由此可见，在西方文明中，justice 的本质是一种合法性原理，其关乎人际关乎制度，关乎把个体放在全体之中度量，且"此个体"和"彼个体"差别只体现在数量层面或者比值层面，个体和个体并无本质性差别，而君子之"义"关乎每一个独特的"我"，关乎独特个体的历史性和时间性。

3) 道德准则导向：morality，duty/sense of duty、obligation

在词源学词典中，morality、duty 及 obligation 在语义上相互映射及重叠。

---

① 在线词源词典：https：//www.etymonline.com/cn。

② 柏拉图：《理想国》，张竹明译，译林出版社，2009，第 39—73 页。

③ 亚里士多德：《政治学》，吴寿彭译，商务印书馆，1981，第 234 页。

④ 休谟对正义的讨论见 Hume D.，*A Treatise of Human Nature*（2nd edition）（Oxford：Clarendon Press，1978）及 Hume D.，*An Enquiry Concerning the Principles of Morals*（Indianapolis：Hackett，1983）。

⑤ 见 Mill J.，*Utilitarianism*（Kitchener：Batoche Books，2001）.

⑥ 约翰·罗尔斯：《正义论》，何怀宏等译，中国社会科学出版社，1988，第 3—5 页。

⑦ 查士丁尼：《法学总论：法学阶梯》，张企泰译，商务印书馆，1989，第 5 页。

Morality 的词源义为 doctrine or system of ethical duties(伦理职责所依据的规范或者系统),duty 作名词解时的词源意思是"obligatory service,that which ought to be done,also the force of that which is morally right"(义务该行之事/道德上正确之力量),obligation 的语源意义为"duty,responsibility"(义务与责任)①。总而言之,上述的语词都与"行道德正确之事"密切关联,其暗示个体的行为选择应符合当下的道德之根本原则。而道德之根本原则一直是西方伦理学的核心问题,比如功利主义提出过群体幸福原则,自由主义提出过基于个体自由的道德准则,等等。无论是哪一种,其商定准则时都带着一种形而上学的倾向,强调一种"必须性"和"义务性"。换言之,在彼时的西方汉学界中,"义"是独立于行为之上的统摄,更关涉行动总体的性质,关乎人类的群体美德。这种解读是西方理性主义模式的深刻体现。

然而儒学中的"义"本身就隐含对"道德律令至上"的对抗,"义"不是对原则、规范或制度的无条件恪守,而是一种度势判断,其最终目的是良好的生活。诚如《论可能生活》②中言:"任何规范和社会安排都必须以生活的理由去解释,而不能以规范和制度自身的合理性去辩护。"

4) 关涉个体经验及时境:appropriate

安乐哲和罗思文在其《〈论语〉的哲学诠释:比较哲学的视域》一书中,创造性地将"义"翻译为以"appropriate"为核心词的各种表达③。Appropriate 一词在 15 世纪的拉丁文中写作 appropriatus,英文含义为 specially suitable④(非常适合的)。而这其中的词根 proper 在拉丁文中关乎个体(related to individual),故而 appropriate 便具有了"与特定的目的、人、或事件相适合或合拍"之含义。这样一来,appropriate 就让"义"在英语世界中凸显了较为强烈的情境特质,且把个体的特殊性纳入其中。

在《通过孔子而思》⑤中,郝大维与安乐哲把《论语》文本放置于整个中国文化语境及中国宇宙观的框架下,对"义"做了如下的阐明:人类行为并没有一个

---

① 在线词源词典:https://www.etymonline.com/cn。
② 赵汀阳:《论可能生活》,中国人民大学出版社,2010,第 8 页。
③ 安乐哲、罗思文:《〈论语〉的哲学诠释:比较哲学的视域》,余瑾译,中国社会科学出版社,2003。
④ 梅里亚姆—韦伯斯特公司:《韦氏大学词典(第 10 版)》,世界图书出版公司,1996,第 57 页。
⑤ 郝大维、安乐哲:《通过孔子而思》,何金俐译,北京大学出版社,2005.

超越的性质——"义"的本质乃在于人们行为所面临的新境况。人们从传统中继承了用以指导生活的各项准则,但那些准则并不是僵化的、静止的,而应该在时间之流中不停地被更新以适应当下。具体到每个人,"义"不是照搬准则,而是将准则灵活地运用到当下,运用到时中。即把"义"长久地赋予各种具体的情境,形成情境之流。所以,每个行动的人,都有他的"义"。这种"义"既可展现为个体的创造性,又可最终化作文化意义之流,汇入历史的长河。故而每个人带给世界的"义"都不甚相同,每个人是否得"义",则要用其个体的行为与新情境可相互作用的灵活性程度来体现。在此种意义上,"义"是"不固"——"不是遵从固定的原理,而是一种个体对于新境域的'判断力'的体现"。他们同时也认为"君子之于天下也,无适也,无莫也,义与之比"①即展示了成人的过程中"义"的价值,它是推动自身在"义"的贯注和参与下展开的行为过程。②

安乐哲、郝大维的创造性阐释,也恰巧符合汉代董仲舒在《春秋繁露·仁义法》中的说法,他言"义"为个人对自我行为是否得当的关注:"仁之于人,义之于我者,不可不察也。众人不察,乃反以仁自裕,而以义设人。……义之法在正我,不在正人。我不自正,虽能正人,弗予为义。"③即"义"是用来对待自己的,"义"的法度在于纠正自己,而非纠正别人。如果不能纠正自己,即使能够纠正别人,也不可称为义行。其实我们可以从《论语》所描写的人类经验中更加深刻地体会到这一点。《论语·子路》记载:"叶公语孔子曰:'吾党有直躬者,其父攘羊,而子证之。'孔子曰:'吾党之直者异于是。父为子隐,子为父隐,直在其中矣。'"④成中英认为,这里的"相隐"正是展现了义。此时的"义"是一种适应性,能够将美德正确地运用到恰当的情境中的一种能力和适应性,含有很大的权变味道。而与此相应的是,一个拥有"义"的人,必定有着创造性的洞见,能够在具体的情境中展开道德判断,且这种判断定是能够确保善性和公正同在的。

从更深层次上来说,"义"所牵涉的适应性本质上是对中华民族思想源头的《易经》中所提出的"通变"思想的重要体现。人们所面对的情境是天下万物生生

---

① 引自《论语·里仁》,选自阮元校刻《十三经注疏》,中华书局,1980,第2471页。

② 郝大维、安乐哲:《通过孔子而思》,何金俐译,北京大学出版社,第106—130页。

③ 引自董仲舒《春秋繁露·仁义法》,选自苏舆撰,钟哲点校《春秋繁露义证》,中华书局,1992,第250—251页。

④ 引自《论语·子路》,选自阮元校刻《十三经注疏》,中华书局,1980,第2507页。

不息变化过程中的瞬间切面,对情境的"通"意味着对情境潜在变化趋势以及对其与其他情境所具有的差异性的判断,而"变"意味着对这种变化趋势及差异性作出行为的调整及校准。

4.3.3 小结

在先秦儒学的语境中,尽管"义"是与"仁"并列的重要范畴,如《汉书·艺文志》把儒家看作"游文于六经之中,留意于仁义之际"的学派,但"义"的意义空间一直微妙复杂,从一开始它就具有很大的变通的意味。孔子将"礼"植根于个体情感的安宁,但情感往往容易流于放肆,这个时候就需要"义"来加以平衡,以其相宜的、合理的意义来纠正"仁"的过分情感化,从而保持中庸。孟子则认为"仁"是亲亲的原则,"义"是尊贤的准的,故而《孟子·尽心上》云"亲亲,仁也;敬长,义也";孟子更进一步将"仁""义""礼""智"视作自我的内在的本性,从而为道德寻找到了人性基础。荀子由其思想基础出发,将"义"的合宜的成分进一步外推,使之与"礼"一起成为制度化的存在。

我们可以看出,早期西方汉学家对"义"的解释更偏向于对道德本体的强调,强调人们对道德准则、法规的服从。这"实质上是西方形而上学传统在伦理实践领域里的彰量,即将实践描述为符合知识诸规范原理的行为"[1]。而诸规范原理的来源及运作方式如下:基于某个视角(或宗教的,社会道德的)提出某种特定的伦理观,然后将这种伦理观提升到普遍必然的高度,认为所有个体无论在何时何地何条件下,都要接受且遵守这种伦理,换言之,个体的行为判准是外在于个体的,是绝对律令的,不关涉特殊的经验及情境。

而君子之"义"所体现的智慧恰恰在于"主动地、从我之内去衡量时机而以通达权变作出选择。之所以需要这种慧,在于生活本身的建设性:生活事实与世界存在不同,它是由人的意志所影响的行为,它具有比现实性更多的性质。这种多出来的性质就是生活的建设性或者设计性……因此建设性是生活事实最根本的性质"[2]。而"义"所彰显的正是个体依赖于时机的创造性。而郝大维及安乐

---

① 郝大维、安乐哲:《通过孔子而思》,何金俐译,北京大学出版社,第 161 页。
② 赵汀阳:《论可能生活》,中国人民大学出版社,2010,第 7 页。

哲对"义"的翻译恰恰传达了这种创造性：经由个体的合宜选择，将规则与准则变成建构性的和内在性的存在，使个人之行为与传统有了互生互构的能力。这样一来，传统不再是僵化的传统，而是变动中的传统，个体因为自己的行为选择创造性地参与到传统的更新中，而所谓的传统，也可以在时间之流中纳入新的"义"与当下积极关涉，且联系更加紧密。

4.4 "礼"及其英译

4.4.1 先秦儒学语境中的"礼"

"礼"（禮）的原始本义是祀神。《说文解字》云：

> 礼者，履也。所以事神致福也，从示从丰。[①]

其中的"丰"篆文作，《说文解字》云："丰，行礼之器也。"[②]即"丰"系行礼用的器具。古文礼（禮）由"示"和"丰"构成："示"与祭祀有关，"丰"则是在豆这样一种容器中放上两串玉，这两部分合起来即表示用各种宝物来祭祀神灵、祖先。祭祀的目的在于表示对神灵、祖先的崇敬并求得保佑。在祭祀活动中，祭祀者通过取媚于神灵、祖先以获得福报，祭祀者在呈送祭品时的仪容、表情、动作甚至所穿的衣服、佩戴的饰品、使用的仪仗等都会影响到神灵、祖先是否满意而接受祭祀，赐福于祭祀者。随着周文的发展，祭祀活动中取悦于神灵、祖先的部分逐渐消解，周代的精英分子意识到，在祭祀活动中，最重要的是自己的行为是否合乎某种祭祀的规范，自己的心灵是否虔敬和真诚，他们相信只要自己的心灵真诚无二，自己所作所行合乎某种规范性的要求，就必然能够得到好的结果。人的视角从神转向自己的同时，礼也就形成了。这是一个非常漫长的过程，在这一过程中，人拿回了属于自己的尊严。从最早的献祭祭祀到富含人性自觉的祭祀，"礼"也从外在的、制约性的消极规范转化为人内在的、积极的德性。在这一过程中，周公具有非常重要的承前启后的作用。

自然，礼并非始于周公，夏殷两代已经有礼，孔子对夏殷两代之礼即有所论

---

① 许慎：《说文解字》，中华书局，1963，第 7 页。
② 许慎：《说文解字》，中华书局，1963，第 102 页。

述,到了周公,他对礼作了非常重要的转化,《左传·文公十八年》载大史克云:

先君周公制《周礼》曰:"则以观德,德以处事,事以度功,功以食民。"①

周公为鲁国之先君,大史是掌管国家文献、祭祀、历法等的重要官职,则大史克所云当有所本。到了周公时,礼的根据落在德上,而德是用来处事的,处事的量度在于事功,事功则要以养民为依归。礼不再指向神灵的世界,而回归人的本身,这是周公制礼作乐的意义之所在。

当然周公所制定的礼的内容远远超出了原来的祭祀仪节,实际上还包括政治制度、社会组织及一般行为规范,几乎涵盖人生的方方面面,构成了"礼"的世界。这一点在流传的春秋文献中还能够见到。春秋时人盛称"礼",礼仪隆盛之情况可以从《左传》中看出。东汉郑玄于《六艺论》就说过:"《左传》善于礼。"②《左传》虽是后人所作,但其所载应为事实。当时人以"礼"为人伦道德的规范,举凡国事之兴衰、人事之推断及人之立身成德,都以礼为其成败得失的判准和依据。《左传·昭公二十五年》中子大叔引用子产论礼的话讲得最为具体:

夫礼,天之经也。地之义也,民之行也。天地之经,而民实则之。则天之明,因地之性,生其六气,用其五行。气为五味,发为五色,章为五声,淫则昏乱,民失其性。是故为礼以奉之:为六畜、五牲、三牺,以奉五味;为九文、六采、五章,以奉五色;为九歌、八风、七音、六律,以奉五声;为君臣、上下,以则地义;为夫妇、外内,以经二物;为父子、兄弟、姑姊、甥舅、昏媾、姻亚,以象天明,为政事、庸力、行务,以从四时;为刑罚、威狱,使民畏忌,以类其震曜杀戮;为温慈、惠和,以效天之生殖长育。民有好、恶、喜、怒、哀、乐,生于六气。是故审则宜类,以制六志。哀有哭泣,乐有歌舞,喜有施舍,怒有战斗;喜生于好,怒生于恶。是故审行信令,祸福赏罚,以制死生。生,好物也;死,恶物也;好物,乐也;恶物,哀也。哀乐不失,乃能协于天地之性,是以长久。③

这段文字是春秋时人关于"礼"的宇宙本体意义最为系统的论述,以礼为"天之经、地之义、民之行",是自然天道论的讲法,完全没有神意或宗教意味,反而强

---

① 引自《左传·文公十八年》,选自阮元校刻《十三经注疏》,中华书局,1980,第1861页。
② (清)王谟辑:《汉魏遗书钞》本,清[1644—1911]汝廮刻本。
③ 引自《左传·昭公二十五年》,选自阮元校刻《十三经注疏》,中华书局,1980,第2105—2011页。

调"民之行"的人文规范。礼虽然是为人而设,但它却恰恰表现着天地的本性,因为礼是本着"天之明""地之性""象天地之物"而制定的。在周人看来,礼不是凌驾于个体自然属性之上的强制,而体现了人与天地合一共参的地位。在礼仪活动中,人循礼而行,对于生命及自我有一种确定的坚实的体会;在与他人的交往中,各自遵循礼为人的存在笼罩上了一层共有的和同属性。虽然礼的作用在于别异,但其根本精神还是和,这种和不是同一元素的简单加成,而是八音克谐,合奏出天地人之大乐。

然而随着时代的变迁,"封建亲戚,以藩屏周"的宗法封建制度中的礼仪活动日益趋于烦琐,各种各样的礼节在日复一日的习练中成为一种机巧的演示,其内在的精神却日益浇薄。到春秋时,各诸侯国之间因为利益交相为战,舅甥兄弟不能相容,原有的"亲亲"之情日益淡薄;在利益的驱使下,尊贤由原本的尊德性变为尊才干,于是乎,争地争人,杀人盈野,礼乐渐渐沦丧。到齐桓、晋文的霸业替代了周室的领导作用,周天子往赴霸主之盟会,则周礼之溃退更是一日千里。

孔子有鉴于礼的形式日益僵化,不能在人间世中起到提振人心的作用,故而欲重振礼的内在精神。如前所述,孔子乃将礼之根本精神建立于仁上,以内在的心安为礼的最真实切己的根源,从而为礼寻找到了最坚实的根基。故而孔子乃有此反问:

子曰:"礼云礼云,玉帛云乎哉? 乐云乐云,钟鼓云乎哉?"[1]

孔子所浩叹者乃当时礼之精神沦亡,贵族徒然以玉帛、钟鼓之盛大为礼,而将礼之"本"遗忘殆尽。因此《论语·八佾》篇林放以"礼之本"求教于孔子时,孔子赞其"大哉问"[2]。孔子对于形式化的礼深致不满,对于礼的本真意义念念于心,林放之问可谓深得孔子之心,孔子则脱口而答以"礼,与其奢也,宁俭;丧,与其易也,宁戚"。"宁俭""宁戚"明显与"玉帛""钟鼓"之宏大场面相悖,也与已经细化到礼仪活动的服饰的颜色、舞蹈者的人数、所用器物的质地多少等礼不同,却将礼的精神最终落实于心灵的自然性发动,为礼找到了生命。

虽然孔子对于礼仪活动中过度奢靡的仪文多有批评,但绝非说要放弃掉那

① 引自《论语·阳货》,选自阮元校刻《十三经注疏》,中华书局,1980,第2525页。
② 见《论语·八佾》,阮元校刻《十三经注疏》,中华书局,1980,第2466页。

些仪节。在孔子看来,礼之精神乃质的部分,而礼仪节文则是文的部分,两者缺一不可,如孔门高弟子贡论文质关系时所云:

> 棘子成曰:"君子质而已矣,何以文为?"子贡曰:"惜乎! 夫子之说君子也,驷不及舌。文犹质也,质犹文也。虎豹之鞹,犹犬羊之鞹。"①

孔子对门人的要求是文质彬彬,然后才可以称得上君子。卫国的大夫棘子成或许有所耳闻,乃向子贡提问。子贡能够领受孔子之教,以为文质其实为一。这里针对棘子成的提问于是乎更加突出了文的效用,试想没有皮毛,那么虎豹之革和犬羊之革并无区别。礼节活动如同虎豹之皮毛,皮毛乃体现虎豹之精神,礼节乃凸显礼之精神。故而孔子《论语·乡党》篇记孔子在朝在野的礼仪活动至为详尽。礼仪活动贯穿生活的方方面面,由于个体在与人的关系中处于不同的地位,与君为臣,与子为父,与父为子,与妻为夫,与弟为兄,因角色不同,而要求遵守的礼仪亦将不同。孔子对于各种场合的礼仪要求的遵守恰恰体现了礼的真义。孔子行礼之容貌与心境至为真诚虔敬,这一幕幕特殊的生活面貌展示了孔子鲜活的礼之生活。就行礼而言,孔子绝非只是表演,而是进入某种状态中。这些丰富的礼仪活动背后蕴含了孔子对于礼的思考,它不仅是在展示孔子,同时也是在展示礼仪活动在群体活动中的文化价值,将礼的文质两方面实现了完美的结合。经由孔子,我们进入礼仪实践中,获得一种类似在场的生命体验,真正进入先人的文明样态之中。

孔子对于礼的另一重大革新在于改变了"礼不下庶人"的原则,使之成为人格养成的一个要素。孔子的礼与维持封建政治秩序的周礼有别,《礼记·大传》云:"上治祖祢,尊尊也。"②这是在封建政治上的尊血统亲亲之尊。孔子将辨别尊卑的标准转化为德性与才能,他把原本作为国君之子的"君子"的名号由生而尊贵的地位转变为一种德性修成的人格,礼亦由贵族所遵守的规范转而为成就君子人格的必经之道。于是,平民经由行礼能够成为君子,平民觉醒的历史就此展开。孔子从此开启了儒家选贤与能、共治国事的传统,政治从此不再是贵族的私人产业,而成为所有人共同关注的领域。儒家讲究出仕,以之为士人之职业,

---

① 引自《论语·颜渊》,选自阮元校刻《十三经注疏》,中华书局,1980,第 2503 页。
② 引自《礼记·大传》,选自阮元校刻《十三经注疏》,中华书局,1980,第 1506 页。

等同于农夫之耕田,其根源就在于儒学是入世之学,而不论世事如何,总要为天下尽一份力。经孔子对于政治事业的这一转化,礼从此不再是贵族的专属品,而成为人群中普遍的立身的法则①。

综上所述,孔子将礼立基于人的情感,从而为礼寻找到了一个坚实的基础"仁"。同时他又不完全施行决绝化的革命态度,弃绝礼仪活动本身,而是以自我参与到礼仪活动中,以一种"祭如在,祭神如神在"②的精神投身礼仪活动,而透显礼之本。孔子将礼乐精神转向个体的自我生命体验,使得礼从僵硬的仪式化的牢笼中解脱出来,从而与每一个人的生活息息相关,礼不再是贵族阶层的专门的生活仪节,而成为每个人修身成德所立足处。到了孔子,礼所表现的行为特性是非机械的,也是非自动的。自动和机械的行为在孔子这里意味着贫乏和空洞,意味着缺乏最基本的精神,也不足以被称为礼。真正的礼,是自发地生发的,因为参与礼仪活动的人们是严肃且真诚的。换言之,真正意义上的礼要求个体的"临在"和对礼仪洞悉于心的领悟,这样的礼才是同具审美意义与神圣性的。与此相应,虽然仁最初是人的内在道德性,但在发展过程中它必然成为人与人之间关系的社会德性。礼乐所要表现的是人的精神价值,而非单纯的在礼仪活动中所使用的器物,礼乐其根本不在于玉帛、钟鼓这些华美的物品,它们不过是礼的外放,礼是人们内在的仁与外在的仪节的共同构造物,缺一不可。礼乐既然表现人的内在精神价值,则人心之内外必须是相辅相成的,对于真切情感能够不计利害付出关怀是一种重要的本质,只有拥有一颗真诚的心才能够不断拓展人的生命,为礼仪活动赋予热情。

孟子契应孔子的精神,努力于人性之中找寻礼的活性源头,将礼的根源更进一步明确为一种内在的心理原则。孟子认为人与禽兽之别有四,其中"辞让之心"即为"礼之端",乃人心之所固有。孟子讨论礼从来不是单一的,而是将之与仁、义、智相结合而展开的,如《孟子·离娄上》曰:

仁之实,事亲是也;义之实,从兄是也。智之实,知斯二者弗去是也;礼之实,节文斯二者是也③。

---

① 这点在第2章讨论"立于礼"一节有所展开,在此不赘述。
② 引自《论语·八佾》,选自阮元校刻《十三经注疏》,中华书局,1980,第2467页。
③ 引自《孟子·离娄上》,选自阮元校刻《十三经注疏》,中华书局,1980,第2723页。

礼的价值就在于对仁义的具体表现孝悌加以节制纹饰,使之合乎外在的礼仪,且能够内和乐于心。仁义对孟子而言是人性中自然而然的事情,是从事父事兄的孝悌精神的一步步外推,而人类崇仁好义的天性是礼的先天基础。这对孔子以德治为本的礼治思想有更进一步的补充和发展。将礼乐之精神建立于"不忍人之心"之上,孟子对礼乐的重新诠释与他对政治运作秩序的反省息息相关。由"不忍人之心"而有"不忍人之王道"政治,而"君王欲王天下",则须"贵德尊士",如此才能够得到贤良之辅佐。而请士人出仕则君王须守礼而行,《孟子·万章下》云:

> 欲见贤人而不以其道,犹欲其入而闭之门也。夫义,路也;礼,门也①。

孟子以礼来要求君主,将礼、义并称,以此为招贤纳士之门路。这是因为在孟子看来,从礼让能使人心与行为主于恭敬;且在内在心性上实现谦抑,进而实现人与人之间的和睦,这样君主才能够实现其王天下的仁政。这与《论语·里仁》篇所云"能以礼让为国乎? 何有? 不能以礼让为国,如礼何"②一脉相承。孟子将礼内化为心理之原则,同时更加看重礼在政治中的实际功用。

荀子以为人性本恶,其善良的部分都是人为的,而礼自然也是人为的一部分,是区别人与野兽的重要标志。荀子将礼视作人道之根本,是人生活的规范,认为"礼者,人道之极也"③。如果不遵守礼,就会迷失方向;遵守礼,践行礼,才可以称作有了人生的方向。可见在荀子那里"礼"具有其自足的独立价值,是荀子非常重要的思想范畴。礼贯穿到生活的方方面面,是否依礼而行关乎人之为人的意义:

> 人无礼则不生,事无礼则不成,国无礼则不宁④。

为人而不守礼,则无法生活于世;做事而不守礼,则必然不能成功;治国没有礼节,则会陷入混乱。人的气血、志意、思虑、饮食、衣服、居处、容貌、态度等,必须巡礼而行,如此才能够思虑通达,行为和乐中节,气质雍容儒雅。显然,在荀子这

---

① 引自《孟子·万章下》,选自阮元校刻《十三经注疏》,中华书局,1980,第 2746 页。
② 引自《论语·里仁》,选自阮元校刻《十三经注疏》,中华书局,1980,第 2471 页。
③ 引自《荀子·礼论》,选自王先谦撰《荀子集解》,沈啸寰、王星贤整理,中华书局,1988,第 356 页。
④ 引自《荀子·修身》,选自阮元校刻《十三经注疏》,中华书局,1980,第 23 页。

里,礼是贯通于政治、道德、文化、教育等各个方面的,是做人、成事、治国之关键。

荀子将礼与法结合了起来,以为礼是法的基础和依据,法则是从礼义衍生的一种外在的制度保障。由人性恶出发,对于孔孟所讲的兴发于仁心的求心安的自觉遵守礼义,荀子自然不抱希望,而将"化性起伪"的使命寄托于圣人与礼法,故而对于能够遵守礼制,按礼而行的人可以礼相待;对于那些不依礼而行者,则强调要使用刑法,以避免其破坏秩序。由荀子,礼外化为政治化的制度规范,进而为法家之严刑峻法。

如果说孔子在礼崩乐坏的时代将礼的精神奠基在个体人的情感本体;孟子则进一步夯实了人性情感的善良本性,从而为礼找到坚实的基础,为此后几千年的礼乐文化向内在层面的掘进开辟了路途。而荀子从其对人的本性的另一种认知层面将礼真正视作除恶起伪的制度建设,从而最终建构了礼在华夏文明中的外在的规范性的力量,但这无疑是对"礼"最原初精神的背弃。

4.4.2 "礼"的英译分析

在儒学典籍的译本中,"礼"的主要译法如下：rules of propriety/ propriety/ ceremony/what is proper/regulations(Legge)；the rules of proper conduct (Homer Dubs)；ritual(Waley, Burton Watson)；rites(Waley)；ritual principles (John Knoblock)；ritual action(Roger T Ames & Henry Rosemont)。现在合并语义同类项分述如下：

1) rites 和 ritual

Rite 在英文中是颇具宗教色彩的语词,追踪其词源可发现 rite 来自拉丁文,特指"formal act or procedure of religious observance performed according to an established manner"[①],指在宗教中既定的、仪式性的礼节。而在当下的英语世界中,该词的语义范围已经稍有扩大,但是总体来说,还是和神圣的仪式有密不可分的关联。而在西方的生活世界中,常见的 rite 可分为三种[②]：① 阶段性礼仪,常发生于人一生中经历社会身份转变的时刻,比如婚姻、洗礼、毕业典礼；② 朝

---

① 在线词源词典：etymonline.com/cn。

② 梅里亚姆—韦伯斯特公司：《韦氏大学词典(第 10 版)》,世界图书出版公司,1996,第 1011 页。

拜,指某社团或社区中人们济济一堂以共颂神明;③ 个体献奉礼,比如祷告及朝圣。英语世界中的主流宗教为基督教,rite 在基督教中往往是与圣事、圣礼相关的。罗马天主教的"临终礼"是 rite 的典型。Rite 一词也常被用来指称礼拜仪式,前面冠以地名,以表示某地特殊的礼拜传统,比如罗马礼拜、拜占庭礼拜。

Ritual 一词源于拉丁文 ritualis,其语源意义为:"pertaining to or consisting of a rite or rites"①,还是和 rite 有密不可分的关联。但其更强调"遵循神圣的程序"②,在英语中也可指宗教或民俗仪式程序,但总体来说偏向抽象的概括。在具体的宗教环境中,ritual 总和献祭有关,比如动物献祭、人祭等,其参与者常常从与彼岸世界的关系来理解仪式,因此仪式是一个人宗教身份的确认。在很多社群中,这项仪礼意义重大,它表明了一种虔诚的求取——要将灵魂安全地运送到来生。Ritual 的目的多种多样:完成宗教义务,获得精神或情感的自我完足,加强社会关系,实施社会教育或道德教育。Ritual 亦可以用来表示恭敬或顺从,表达情感亲密,表征接受或赞同。有些时候,仪式本身所带来的乐趣充当了仪式的目的。

笔者认为,在西方文化中,被称为宗教仪式或民俗仪式的事物总体来说有如下的具体特征:① 一般由一连串的行动所组成,且其具有强烈的象征意义,换言之,宗教仪式都象征性地让某个故事重新发生一遍,比如酒神祭祀节上的仪式,很多都是象征性地复现酒神的生平经历;② 其具体内容及仪式由宗教传统礼俗决定,和个人意志基本无关联,换言之,西方的宗教仪式,其实表征着某个社群或宗教群体的传统,所涉及的行为都是典型性的,并不涵括人自发的、随意的行为;③ 它可以由单人完成(比如个体去教堂的忏悔),也可以由群体完成(比如集体的礼拜仪式),或者由整个族群完成(比如某些民族纪念的特殊时日);④ 人们实施仪式的地点可是随机的、任意的,也可是特意选定的(比如祷告仪式可以发生在任何场合,可能是在教堂或者修道院,也有可能是在全体民众集会的时刻);⑤ 承接上一点,仪式的发生可以是公开的也可以是私密的。总而言之,rite/ritual 最重要的功能在于帮助人们创建一种坚定的群体身份感。而生活中的人

---

① 在线词源词典:etymonline.com/cn。
② 梅里亚姆—韦伯斯特公司:《韦氏大学词典(第 10 版)》,世界图书出版公司,1996,第 1011 页。

们,也用 rite/ritual 来增强社会关联,滋养人际关系。

从前面的讨论可知,礼从早期的祭祀语境中脱出,经过理性化的精神得以转化,以道德性的敬、诚、畏等品性体现在日常礼仪生活中。而 rite 和 ritual 则为"礼"赋予了较强的宗教色彩,且更加强调了"礼"纯程式化的一面,而前文已经说到:在儒学语境之下,在礼仪活动里,人循礼而行,对于生命及自我有一种确定的坚实的体会,进而在此之中感知"仁"与"礼"的关联,迈向人性的完足。用 rite 和 ritual 还是未能表现此维度的意义。

2) ceremony

Ceremony 一词的词义演变颇有意趣。我们在词典[①]中可以看到,这个词来自古法文词 ceremonie,但该法语词的直接来源是 13 世纪中期的拉丁文词 caerimonia。在拉丁文中,这个语词的含义和神圣性(holiness, sacredness)以及和对神的敬畏(awe)有很强的关联。故而,其基础的意义也为宗教及神圣仪式(a religious observance, a solemn rite)。在 14 世纪晚期,该词被引入英语世界后,才具有 a conventional usage of politeness, formality 之含义,即和形式化的礼貌传统有关的意义。换言之,在英语世界中,ceremony 主要用来指称礼外在的仪式,其与 rite 以及 ritual 相比,并没有那么浓郁的宗教情味,而指向更为大众和社会的层面。比如英文中就用 coming-of-age ceremony 来指称成人礼。故而,该词在翻译儒学之中"礼"涉及的礼仪形式和那种"敬"之朝向是合适的,如"礼云礼云,玉帛云乎哉"[②]"尔爱其羊,我爱其礼"[③]。但如果以之来表征具有多向度意义的"礼",还是有所缺失的。

3) propriety/what is proper

Propriety 一词(和 proper 同词根),在英语世界中,有两个维度的基本含义[④]:① the character or quality of being proper; especially, accordance with recognized usages, customs, or principles;② an exclusive right of possession, also a possession or property owned。第一个层面强调按照既定的用法和传统

---

① 梅里亚姆—韦伯斯特公司:《韦氏大学词典(第 10 版)》,世界图书出版公司,1996,第 1011 页。

② 引自《论语·阳货》,选自阮元校刻《十三经注疏》,中华书局,1980,第 2525 页。

③ 引自《论语·八佾》,选自阮元校刻《十三经注疏》,中华书局,1980,第 2463 页。

④ The New International Webster's Comprehensive Dictionary of the English Language(Naples: Trident Press International, 2004),p.1012.

来行事。而根据 what is proper 里 proper 一词的词源意义："also what is by the rules, correct, appropriate, acceptable"①，也是指要做符合既定传统及原则的事情。用此组语词来指称儒学中的"礼"，确实可以让目的语读者认知到儒学语境中"礼"作为社群既定行为规范及文化制度这一层面的含义。但是在另一层面，第二个义项中显明，propriety 一词又系 property 的古代用法，具有"自身所有权"的意义，这就很容易将"礼"的主体引向个体的自主选择，似乎人能够在社会活动中通过自身的理性来选择"礼"，这明显与上文提到的"礼"的意义不同，毕竟，"礼"不是一种外在的可被人所选择的规范，而是经由主体参与来实现的一种文化生成。

4）ritual action

郝大维和安乐哲则将礼译作 ritual action，将重心放在了礼仪活动的践行层面。当 ritual 后加上 action 一词，外延立马变得宽广了。因为几乎没有行为可以不被纳入 ritual action 的名下。它可以用来指称特殊的用词及手势，对固定文本的背诵，对特定音乐的演奏，连跳规定的舞、唱规定的歌、穿特殊场合需求的礼服、吃特定的食物、饮用特定的水，也都涵盖其中。

从前文得知：有鉴于周文化在夏殷基础上的损益，孔子看重谦卑与礼敬的态度，注重礼仪活动中实践的层面及内心的真诚。而其对礼仪形式的维护，正确保了情感投入的纯粹性。孔子深知礼仪活动不仅仅是行为的表现，它还体现了行为者的能力，是其内在心境的投射。我们从《论语·乡党》篇中能看到一个显得有些拘谨的恪守礼仪的孔子，结合《论语·子罕》中颜渊叹服孔子的话：

> 仰之弥高，钻之弥坚；瞻之在前，忽焉在后。夫子循循然善诱人，博我以文，约我以礼，欲罢不能②。

礼在儒门看来是一种约束性的力量，这一约束在于将个体的外在行为与内在德性达致一种同步。礼仪不再只是典章制度与行为规则而已，它的重点在于践行，正如《白虎通·性情》篇所界定：

---

① 在线词源词典：etymonline.com/cn。
② 引自《论语·子罕》，选自阮元校刻《十三经注疏》，中华书局，1980，第 2491 页。

礼者,履也。履道,成文也①。

从这一观点出发,ritual action 这一翻译,重点强调了"礼"的践履意味,"我们会发现'礼'可被更详实地表述为形式化的人类行为延续的传统,其既显示了先人所赋予的传统的累积的意义,又是与传统的过程性相应的对重构和创新的呼唤和开放;礼仪行为就像文学作品和音乐脚本,使承载已逝的先人们伦理、审美的智慧宝库历经时空流转而获得承传;礼仪活动的参与者在寻求让自己合乎礼仪的同时也从利益行为中获取了意义,意义和价值都导源于这种具体化行为,而且,'礼'还会通过个体赋予新意义、新价值而使自身获得进一步巩固和加强"②。经由安乐哲的发挥,礼所蕴含的践行的美学的意味得到了极好的展示,而将"礼"译作 ritual action 正体现了安氏的思考。我们发现,安氏揭示了儒学知行合一、寓道德于审美的美学向度,将个体自我与礼仪置于一个互动的活性空间。经由这一概念的翻译,较好地涵泳了儒家的礼乐精神。

5) rule/regulation/principle

我们在词典中可以看到这三个英文词的解释是互相关联的:

rule:a principle or regulation governing conduct,action,procedure,arrangement③;

regulation:a law,rule,or other order prescribed by authority,especially to regulate conduct④;

principle:an accepted or professed rule of action or conduct⑤.

由这三个词的释义可以看出,它们共同特点在于强调对行动的外在规约性,都指向一种外在的或者共同体的规范。"规则"一词最常见的领域就是各类体育比赛及游戏,参赛者遵守规则时,可让比赛及游戏能够顺利进行;在参赛者发生争执时,规则能够保护那些遵守规则者。就其社会学意义而言,rule 在"规范"的

---

① 陈立:《白虎通疏证》,吴泽虞点校,中华书局,1994,第 382 页。
② 郝大维、安乐哲:《通过孔子而思》,何金俐译,北京大学出版社,第 105 页。
③ 梅里亚姆—韦伯斯特公司:《韦氏大学词典(第 10 版)》,世界图书出版公司,1996,第 1023 页。
④ 梅里亚姆—韦伯斯特公司:《韦氏大学词典(第 10 版)》,世界图书出版公司,1996,第 985 页。
⑤ 梅里亚姆—韦伯斯特公司:《韦氏大学词典(第 10 版)》,世界图书出版公司,1996,第 927 页。

意义上使用时是价值的判断,表达的是某种逻辑、审美或者伦理的外在规定[①]。Regulation 和 rule 相似,在作为名词出现时总与其动词形式 rule 和 regulate 紧密相连,其规则或者规范的意义往往来自规范的主体界定,是被制定的规则,参与者必须无条件遵守,其强烈的法律维度使之在翻译"礼"时总是与"礼"的复合意义有所偏离。Principle 一词其意义空间与 rule 和 regulation 相似,都是指一种外在的规范,能够较好地对应"礼仪"的意义,但与"礼"的意义还有差异;此外,由于 principle 具有外在的客观不变的规律的意味,因此常常被拿来翻译"理"一词,使之在翻译"礼"时更加不合宜。[②]

4.4.3　小结

"礼"是儒学的核心范畴,自周公制礼作乐以来,其一直居于儒学思考的中心。就其一般意义而言,礼具有广狭二义:狭义的礼仅指礼仪行为本身,其发展很容易庸俗化,失去其内在的精神;广义上,礼指的是一整套生活的秩序,《礼记》《周礼》《仪礼》记载了生老病死婚丧嫁娶等多方面礼仪。由于该词意义极为复杂丰富,涉及礼仪行为方方面面,其背后的礼仪精神亦涵盖中国文化的方方面面,大到君王朝觐制度,小到服饰颜色、佩玉、送礼等,故而其注释传统非常庞杂。这就导致了该词在英译过程中具有了非常多的可选义项。总体说来,"礼"的主流英译词对其解读呈现出三种趋向:① 为"礼"赋予强烈的宗教意味;② 将"礼"解读成外在的、强制性的法则规定;③ 强调"礼"在形式上的复杂性,而对"礼义"本身有所忽略。

4.5　"智(知)"及其英译

4.5.1　先秦儒学语境中的"智(知)"

智为"知"的后起字。"知"篆书作𥎿,《说文》以为"知者,词也。从口从矢"。段玉裁注云:"识敏,故出于口者疾如矢也。"[③]其意指人遇事通达明理,则必然有

---

① 马克斯·韦伯:《批判施塔姆勒》,李荣山译,上海人民出版社,2011,第 82—83 页。
② 李灵、尤西林、谢文郁:《中西文化交流:回顾与展望》,上海人民出版社,2009,第 237 页。
③ 段玉裁:《说文解字注》,上海古籍出版社,1981,第 227 页。

会于心，词出如发矢，以见其内心之识见之明确。董仲舒云："何谓智？先言而后当；凡人欲舍行为，皆以其智，先规而后为之，其规是者，其所为得其所事，当其行，遂其名，荣其身，故利而无患，福及子孙，德加万民，汤武是也。"①这一认知即从"知"的字形而来。"智"这一概念在早期文献中常作"聪""明""哲"等。追求智慧，成为智者，是人类亘古不变的理想，中国古哲人对这一问题也很早就开始了思索。到了孔子更是将"知"这一范畴提升到与其核心范畴"仁"同等的地位，如《论语·雍也》篇记载孔子曾经说过："知者乐水，仁者乐山。知者动，仁者静。知者乐，仁者寿。"②包咸云："智者乐运其才智以治世，如水流而不知已也。仁者乐如山之安固，自然不动而万物生焉。"③从这层意思，我们甚至可以说，智者是与仁者等同的君子典范的象征。

面临春秋时代礼崩乐坏的衰落局面，孔子固然秉持"文王既没，文不在兹乎"④的使命感，以承续礼乐传统为己任，然其一生遭际多不如意，晚年无奈退而著述，苦闷压抑可想而知。然而孔子毕竟不同于常人，所谓"知其不可而为之"的精神贯穿孔子游历教学的一生，又云"苟有用我者，期月而已可也，三年有成"⑤。从这里我们可以看出孔子之行止正体现了其对于智者的描述。子曰："智者不惑，仁者不忧，勇者不惧。"⑥孔颖达以为智者之所以不惑是因为"明于事故不惑乱"⑦，朱子云："明足以烛理，故不惑。"⑧孔氏和朱氏的注解的共同点在于一个"明"字，真正的智者乃既明于事又明于理，如此则内不惑于心，外不惑于行。"智者不惑"更多的是一种道德的思辨与考量，更加关注在日常伦理中不被迷惑，这就要求在道德之外加以实际的甚至于功利的权变。

在孔子如何看待"仕"与"隐"这一问题上，我们能够对何谓"知"有更加直观

① 引自董仲舒《春秋繁露·必仁且智》，选自苏舆撰，钟哲点校《春秋繁露义证》，中华书局，1992，第258页。

② 引自《论语·雍也》，选自阮元校刻《十三经注疏》，中华书局，1980，第2479页。

③ 见包咸注《论语·雍也》，引自阮元校刻《十三经注疏》，中华书局，1980，第2479页。

④ 引自《论语·子罕》，选自阮元校刻《十三经注疏》，中华书局，1980，第2490页。

⑤ 引自《论语·子路》，选自阮元校刻《十三经注疏》，中华书局，1980，第2507页。

⑥ 引自《论语·宪问》，选自阮元校刻《十三经注疏》，中华书局，1980，第2512页。

⑦ 见孔颖达注《论语·雍也》，引自阮元校刻《十三经注疏》，中华书局，1980，第2491页。

⑧ 朱熹：《四书章句集注》，中华书局，2011，第116页。

的体会。孔子以为南容"邦有道不废,邦无道则免于刑戮"①;以为宁武子更了不起,他能够"邦有道则知,邦无道则愚,其智可及也,其愚不可及也"②。在孔子看来,仕所以行其道,故而理想的仕或隐的原则是"危邦不入,乱邦不居。天下有道则见,无道则隐。邦有道贫且贱焉,耻也;邦无道富且贵焉,耻也"③,是"邦有道,谷;邦无道,谷,耻也"④。尽管如此,在一般人眼里,尸位素餐的南容、宁武子依然受到孔子的欣赏。无疑,在孔子看来南容、宁武子都是智者,而宁武子表现的愚也可以说是"智"的一部分。需要注意的是,孔子所肯定的这种智慧不是滥好人、和稀泥,而是能在乱世中保持自我节操,但又不会受到伤害的一种生活的智慧。

在儒学视角下,如何成为一名智者?《论语》中以"知"的一组动词词组,给出了答案。

> 不知命,无以为君子也;不知礼,无以立也;不知言,无以知人也⑤。

即要知命、知礼、知言和知人。在儒学语境中,所谓"命"乃指生命的一种偶然性,只有明晓这种偶然性的不可逆转,才可能对天抱有敬畏感,才能够做到有所为有所不为,即使处于逆境亦能够安之若素。否则,见利则趋,见害则避,营营苟苟,投机钻营,是惑于利,又惑于道矣。所谓知礼乃指通达生活中的各种规范限制,"非礼勿视,非礼勿听,非礼勿言,非礼勿动"⑥。知言与知人是统一的,我们前边讨论过孔子对于宰我的批评,以为言辞有欺骗性,要透过言辞考察更多,即"视其所以,观其所由,察其所安,人焉廋哉,人焉廋哉"⑦。要透过人做事的手段、目标、最终达到的状态等从多角度考察人,才能够发现人的本心。《左传·襄公二十五年》载孔子语:"志有之言以足志,文以足言,不言谁知其志。言之无文,行而不远。晋为伯,郑入陈,非文辞不为功。慎辞哉!"⑧这是从政治着眼对言语加以考察。又如《论语·颜渊》所载:

---

① 引自《论语·公冶长》,选自阮元校刻《十三经注疏》,中华书局,1980,第 2473 页。
② 引自《论语·公冶长》,选自阮元校刻《十三经注疏》,中华书局,1980,第 2475 页。
③ 引自《论语·宪问》,选自阮元校刻《十三经注疏》,中华书局,1980,第 2510 页。
④ 引自《论语·宪问》,选自阮元校刻《十三经注疏》,中华书局,1980,第 2510 页。
⑤ 引自《论语·尧曰》,选自阮元校刻《十三经注疏》,中华书局,1980,第 2536 页。
⑥ 引自《论语·颜渊》,选自阮元校刻《十三经注疏》,中华书局,1980,第 2502 页。
⑦ 引自《论语·为政》,选自阮元校刻《十三经注疏》,中华书局,1980,第 2462 页。
⑧ 引自《左传·襄公二十五年》,选自阮元校刻《十三经注疏》,中华书局,1980,第 1985 页。

樊迟问仁。子曰:"爱人。"问知。子曰:"知人。"樊迟未达。子曰:"举直错诸枉,能使枉者直。"樊迟退。见子夏,曰:"向也吾见于夫子而问知,子曰:'举直错诸枉,能使枉者直。'何谓也?"子夏曰:"富哉言乎! 舜有天下,选于众,举皋陶,不仁者远矣。汤有天下,选于众,举伊尹,不仁者远矣。"①

透过《论语》我们可以发现,在孔子,"知人"的实质意义不在其分析性的探讨或最终的演绎归纳,而他更加关注情境化的生活中的道德训诫。又如我们前面所讨论的管仲"知礼"与否的问题,这里的"知"显然不是一种知识性的习得——因为了解礼仪对于身为贵族的管仲来说自然不是问题。但问题就在对礼的知识及要求并不陌生的管仲,却做出了背弃礼的事情。所以,在孔子的视角中,管仲还并不是真正意义上的知礼——脑袋里有关于礼的知识,行动上却还做不到,这就不算真的"知礼"。换言之,在孔子看来,知与行是紧密合一的,如果仅仅将其作为一种知识来了解是远远不够的,还必须贯彻到自己的生活中。这一点,与学者杜维明对中国哲学根本特质的认知也是相一致的:"与纯粹的思辨活动不同,中国哲学是一种指向人的发展的精神训练;那种毫不关注日常生活实践的抽象理论被拒斥于恰当的心灵生活范畴之外。"②杜维明指出的"关注日常生活实践"正是儒学思想的根基特质。从这一点来理解,在儒学语境中,"智",或曰孔子谈及的"知",一开始就指向人,指向人的生活事件本身,而非向外追求真理意义的知识。这一点,具体到《论语》文本中,也可以从孔子所主张的"学"之观点来体现。为学之道是孔子一生都孜孜追求的目标,且是《论语》持续讨论的话题。"学而不思则罔,思而不学则殆。""君子不重则不威,学则不固。""学"和成君子还有密切关系。

而论到"知"与"学"的关系,孔子曾云:

"好知而不好学,其蔽也荡。"③

学习是孔子终生志业所在,从"十有五而志于学"④到"五十以学《易》"⑤,其

① 引自《论语·颜渊》,选自阮元校刻《十三经注疏》,中华书局,1980,第2504页。

② 杜维明:《杜维明文集(第四卷)》,郭奇勇、郑文龙编撰,武汉出版社,2002,第607页。

③ 引自《论语·阳货》,选自阮元校刻《十三经注疏》,中华书局,1980,第2525页。

④ 引自《论语·为政》,选自阮元校刻《十三经注疏》,中华书局,1980,第2461页。

⑤ 引自《论语·述而》,选自阮元校刻《十三经注疏》,中华书局,1980,第2482页。

孜孜以求之精神所在具现于"学而时习之,不亦说乎"①。

而孔子所言的学,到底指向何方? 我们要了解,孔子言"吾十有五而志于学",是对个人人生体验的回顾和描述,这其中定带着孔子自身的生命体验和人生理想。从《论语》文本中我们可以得知:孔子所志于学的首先是"礼"。而在那时"诗"和"乐"与礼是内在相关的。《论语·阳货》中孔子曾对学生说:"小子何莫学乎《诗》,《诗》可以兴,可以观,可以群,可以怨。"②孔子曾问自己的儿子孔鲤是否学过《诗》,孔鲤答以未学。孔子便道:"不学《诗》,无以言。"③在《论语·阳货》中,孔子继续教导孔鲤应学习《周南》《召南》,不学《周南》《召南》就如同面前横着一堵墙。《诗》关乎礼仪,无所不用,《诗》亦关乎乐。所以孔子所志于学的还包含乐。此点见前文详述。所以,综上所述,这个"十有五而志于学"之志,朝向的是诗乐礼,即所学的对象是"六艺"。而我们已经从前文论述得知,"六艺"(礼、乐、射、御、书、数)绝非形而上学式样的知识,而是和人的生活实践与道德修为息息相关,最终指向人的养成。所以,这个"学"显然不是今天通常意义上的知识输入,不是单单看书本、记住知识、会用知识的那种学习,"学"和将之付诸行是密切相关的。

在中文中,"学"是古代"斅"字的缩写。斅的意思是教和觉。其中"爻"字更像具有混沌与清明相交的含义。而对于学者来说,是知与不知这两个极端的相交。这里的学,是知晓的过程、悟的过程,而非西方认识论传统意义上的借助概念作为中介以获得对客观事实知识的学习过程。这种知晓、悟的过程,必然伴随着"知"和"思"。因为所学的内容"六艺"并不是某种对象化的现成东西,固然其中有典籍,比如《诗》和《书》,可是这些典籍本身的记诵并非孔子所倡导的学的终极目标,如孟子所说"尽信《书》,则不如无《书》"④,说的正是这个意思。孔子十分强调谙熟历史和文化典籍,但是书籍只是一种途径。学习典籍,是要进入到典籍所描述的情境之中去,在与诗书的心神交汇中通过兴发去感受活生生的历史,把不在场的东西复现,达到古今相化、时空相交,最终深悟其在情境中生出来的

---

① 引自《论语·学而》,选自阮元校刻《十三经注疏》,中华书局,1980,第2457页。
② 引自《论语·阳货》,选自阮元校刻《十三经注疏》,中华书局,1980,第2525页。
③ 引自《论语·季氏》,选自阮元校刻《十三经注疏》,中华书局,1980,第2522页。
④ 引自《孟子·尽心下》,选自阮元校刻《十三经注疏》,中华书局,1980,第2773页。

传统的光华,这样才能够达致智者的境界。

"智"这一观念到了孟子那里首先是一个"是非"问题,《孟子·公孙丑上》云"是非之心,智之端也"①。朱子以为所谓是非,乃指"知其是以为是也","知其非以为非也"②。是非之心在孟子处用以表示每个人所具有的道德意识和道德分判的能力。孟子以智慧为先天的因素,是生而有之的"不学而能之"的"良知"。

> 仁之实,事亲是也;义之实,从兄是也;智之实,知斯二者,弗去是也③。

智慧体现在人伦日用的"事亲""从兄"之中。在孟子看来,仅仅知道是不够的,智慧更体现在"弗去"的日常履行上。而智慧的运用必须把握好时机,正如使用锄头必须遵守农时一样,这种运用本身就是一种"智"。就这一点,孟子举了一个例子,他说百里奚本来是虞国人,当时晋国人以玉璧、宝马向虞国借道伐虢,宫之奇知道这是晋国的阴谋,于是去向虞公进谏。而百里奚知道虞公根本不会听进去劝谏,于是就离开了虞国。最后到了七十多岁入秦,辅佐秦穆公称霸于天下。就此孟子感叹道:

> "曾不知以食牛干秦穆公之为污也,可谓智乎? 不可谏而不谏,可谓不智乎? 知虞公之将亡而先去之,不可谓不智也。时举于秦,知穆公之可与有行也而相之,可谓不智乎? 相秦而显其君于天下,可传于后世,不贤而能之乎? 自鬻以成其君,乡党自好者不为,而谓贤者为之乎?"④

显然孟子与孔子的看法一致,不会认为在一个昏暗的时代里豁出命去是智慧的行为,知道能够为自己所用就好好施展自己的才能以成就一番功业,知道不可用也不会随便牺牲自己,这是儒家所认可的"智"。

荀子对于智的认识更加广泛而具体。荀子以为,"言而当、知也,默而当,亦知也,故知默犹知言也"⑤。荀子把"当"作为智的条件及判断标准。"当"更加关注具体的成效,而非形式。如前所述,荀子更加注重礼法的学习对于人的气质的

---

① 引自《孟子·公孙丑上》,选自阮元校刻《十三经注疏》,中华书局,1980,第2691页。
② 朱熹:《四书章句集注》,中华书局,2011,第237页。
③ 引自《孟子·离娄上》,选自阮元校刻《十三经注疏》,中华书局,1980,第2723页。
④ 引自《孟子·万章上》,选自阮元校刻《十三经注疏》,中华书局,1980,第2739页。
⑤ 引自《荀子·非十二子》,选自王先谦撰《荀子集解》,沈啸寰、王星贤整理,中华书局,1988,第97页。

改变。在荀子看来,大禹、夏桀生性没有什么不同,成禹成桀只是积习不同而已。故而《荀子·修身》篇云:"多闻曰博,少闻曰浅,多见曰闲,少见曰陋。"①陋正是就智而言。荀子重智,其最大的贡献在于对如何达到智慧途径的思考。就求智之心理,荀子以为须有两方面的努力,一则曰"解蔽",一则曰"虚壹而静"。"凡人之患,蔽于一曲,而暗于大理。治则复经,两疑则惑矣。"②感情的偏私会惑乱人的认知,使其各有所偏,而不能够自察,这是求取智慧的根本大患。那么如何回避这一困惑,怎么才能达到解蔽?"心何以知?曰:虚壹而静。心未尝不臧也,然而有所谓虚;心未尝不两也,然而有所谓壹;心未尝不动也,然而有所谓静。人生而有知,知而有志;志也者,臧也;然而有所谓虚;不以所已臧害所将受谓之虚。心生而有知,知而有异;异也者,同时兼知之;同时兼知之,两也;然而有所谓一;不以夫一害此一谓之壹。心卧则梦,偷则自行,使之则谋;故心未尝不动也;然而有所谓静;不以梦剧乱知谓之静。未得道而求道者,谓之虚壹而静。作之:则将须道者之虚则人,将事道者之壹则尽,尽将思道者静则察。"③人心有藏有两有动,但其根本还是可虚可一可静,只有达到"虚壹而静"才能够将心不将不迎地呈现出来,呈现最本真的"智"。荀子的思路受到了老庄的影响,与孟子"吾知言,吾善养吾浩然之气"④的这样一种内在外充的思路有着截然不同,孟子可以说是要将自己进化成一完美的标准,然后去衡量其他人是否合乎此标准;老庄及荀子的态度则是相反的。后世对于荀子的批评日酷,其思想的这一面也随之被遮蔽。另一方面,荀子将"智"建立于"仁"的基础上,"知而不仁,不可;仁而不知,不可;既知且仁,是人主之宝也"⑤。光有智慧没有仁德,或者只有仁德而没有智慧,在荀子看来都是不足取的。如《荀子·法行》篇云:"孔子曰:夫玉者,君子比德焉。温润而泽,仁也;栗而理,知(智)也。"此段论及多种德行,其中将君子的仁德比作玉石的柔润有光泽,而比喻君子之智慧则将其视作玉石之条理坚实。又如《荀子·正论》篇云:"不知其无益,则不知(智);知其无益也,直以欺人,则不仁。不

---

① 引自《荀子·修身》,选自王先谦撰《荀子集解》,沈啸寰、王星贤整理,中华书局,1988,第24页。
② 引自《荀子·解蔽》,选自王先谦撰《荀子集解》,沈啸寰、王星贤整理,中华书局,1988,第386页。
③ 引自《荀子·解蔽》,选自王先谦撰《荀子集解》,沈啸寰、王星贤整理,中华书局,1988,第395—396页。
④ 引自《孟子·公孙丑上》,选自阮元校刻《十三经注疏》,中华书局,1980,第2685页。
⑤ 引自《荀子·君道》,选自王先谦撰《荀子集解》,沈啸寰、王星贤整理,中华书局,1988,第240页。

仁不知(智),辱莫大焉。"①

由以上的分析可以看出,在孔子那里"智(知)"是与"仁"并列的情境化的德性之一。要实现君子人格、实现道,就必须有智慧。要知道何者为道何者无道,必须有智的参与,"明道"需要智,"知及之,仁不能守之,必失之"②,即谓此意。已然明晓何为道仍是不够的,必须要靠仁德守护才能够保持住,否则终将丧失。知道、守道是远远不够的,还需要行道,将道贯彻践行则需要有勇,"见义不为,无勇也"③。缘于此,孔子说"知仁勇三者,天下之达德也"④。到了孟子那里"智"更多了"义"的成分,更加在意"智"的权的一方面,注意"智"的因应时势的潜在意义。荀子以思考敏捷明智、力行不止者为圣人。"君子博学而日参省乎己,则知(智)明而行无过矣。"⑤荀学明指"学"的目的在求"智",具"智"德者可以行无过。

4.5.2 "知(智)"的英译分析

在《论语》中,"知"同时可用作动词(如"知德")及形容词(如"知者"),而到了《孟子》和《荀子》那里,"智"作为名词出现得更多(比如"智之实"),因而"知"/"智"会涉及好几种词性的翻译: knowledge/wisdom/realization 作为名词,wise 作为形容词,而 to know 则是常见的动词形式,这在安乐哲译本中显示为 to realize。为了更清晰地讨论,下文分类并非按照词性,而是按照意义指向。因为虽然词性有时不通,但却有可能通过共同的词根相联系,代表一种一致的理解朝向。

1)knowledge/to know

Knowledge 一词源自希腊语εпίγνωσıς(epignosis),其词根的发音为 gnoo-,具有三重含义: ① 亲近的,私己的,隐秘的;② 明智的,技能的,专业的;③ 学术的,系统的,科学的⑥。这三重意义在中古英语中失落了第一、第二重,在当今英语中仅余科学知识的意味。

---

① 引自《荀子·正论》,选自王先谦撰《荀子集解》,沈啸寰、王星贤整理,中华书局,1988,第 341 页。
② 引自《论语·卫灵公》,选自阮元校刻《十三经注疏》,中华书局,1980,第 2518 页。
③ 引自《论语·为政》,选自阮元校刻《十三经注疏》,中华书局,1980,第 2463 页。
④ 引自《孔子家语·哀公问政第十七》,选自王肃著《孔子家语》,薛恨生标,上海新文化书社,1933,第 85 页。
⑤ 引自《荀子·劝学》,选自王先谦撰《荀子集解》,沈啸寰、王星贤整理,中华书局,1988,第 2 页。
⑥ 梅里亚姆—韦伯斯特公司:《韦氏大学词典(第 10 版)》,世界图书出版公司,1996,第 647 页。

就知识作为科学知识而言,它是一个非常广阔的词汇,在古希腊哲学传统中,一切都能够成为知识的对象。但是这种知识,是特指通过抽象观察和推理论证得来的确定知识,而非感性的揣测。而这一点,涉及哲学在古希腊的起源,是人类思想史上的伟大跃变。我们都知道在很长的一段时间里,人们解释世界的方式都是由神话主导的。我们可以在世界各个民族的早期神话里,读到相似的神创造天地及用泥土捏人的情节,其实这已经是上古人类对宇宙起源和人类起源最初的解释。而很多精彩的神话故事情节中,还暗含着上古人类对世间万象的尝试性解释。

比如在古希腊神话中,有一个解释四季由来的神话故事:谷物女神得墨忒耳(Demeter)和天神宙斯(Zeus)生了个孩子,取名叫珀尔赛福涅(Persephone),这姑娘特水灵漂亮,有一天正在奥林匹亚山下玩,被冥王哈迪斯(Hades)看中了,直接被掠到阴间当了冥后。母亲寻女心切,就下山天天寻寻觅觅,无心履行日常职责。谷物女神日常职责是要让大地生长万物,供给人们粮食。她的无心务工,让大地一片荒芜。天王宙斯看到这状况,感觉不太妙,于是就派信使之神赫尔墨斯(Hermes)到冥界和冥王谈判,想把女儿要回来。哈迪斯表面同意了,也送妻子回到了母亲的怀抱。但是因为他此前偷偷给珀尔赛福涅吃过一颗有魔法的石榴籽,从此珀尔赛福涅每年必定要回到冥府度过一年中三分之一的时光。

而她的妈妈,谷物女神得墨忒耳的心情也就随着女儿的来去而表现出不同的样子。每当女儿快回来的时候,妈妈就开始期盼了,心情转好,有心工作,大地就会慢慢有了生机。这就是大地上的春天。赫尔默斯来了,春天就来了,所以希腊神话中也称她为春神。在女儿陪伴左右的日子里,得墨忒耳越来越开心,工作热情很高,这时候大地就一片生机盎然,就是我们知道的盛夏。然后慢慢地她知道女儿就要走了,心情日渐低沉,工作又有点心不在焉,所以万物开始凋零,这是秋天。在女儿不在身边的日子里,她整日眉头紧锁、以泪洗面,完全无心工作,于是大地就寸草不生,那就是严寒阴冷的冬日。从此这世界上就有了四季轮回。

这样的解释,虽然动听,也有丰富的画面感,但却不可称为知识。因为归根到底,神话都只是关乎这个世界的象征性叙事——其带着浓郁的想象色彩。而在古希腊时代,自泰勒斯起,很多有学问的人士已经不满足于用神和神的故事来解释世界万象了,在他们看来,神话故事过于随机,里面的神也不可琢磨,不可预测,而世界应该是遵守一定规律的,在纷繁复杂的表象背后,一定有某种统一的东西,由这种统一的东西可以解释世界。那一批学者,被称为最早的自然哲学家。他们运用抽象、概括和推理,对这个世界进行全新的解释。比如,被称为第一位自然哲学家的泰勒斯,提出了"万物的本源是水"这一观点,赫拉克利特则说世界是永恒的活火,恩培多克提出了水火土气四元素说,毕达哥拉斯说世界的本源是数,巴门尼德说世界的本源是存在。的确,从现代科学理论的视角来看,古希腊的这些理论可能还有某种程度的局限性,但是,在当时的时代背景下,这标志着人类历史上非常重要的一次认知革命:从此,这个世界不再是神的爱恨情仇游戏场,而是一个系统的、可把控的自然世界。而人们开始运用理性思维理解看到的形象世界的时候,系统的知识也就慢慢地诞生了。

也因为此,"知识"这个概念最有影响力的定义来自古希腊哲学家柏拉图所著的《泰阿泰德篇》。如果想要被定义为知识,它必须是真的,并且必须被相信是真的。苏格拉底认为这还不够,人们还必须为之找到理由或证明。柏拉图将知识定义为被证实的真实的信念(justified belief)①。而刚才我们也已经说到:知识是感性知识与理性知识的结合体,感性部分使之能够感觉物理世界,理智则使人能够领会在纷杂的物理世界之后的普遍本性,在认识的层面而言,知识的获得是建立于抽象的逻辑推理之上的。

Knowledge/to know 与儒学语境中所言的"知"或者"智"最大的区别在于,在古希腊传统影响下,在西方文化语境里,"知识"的对象始终指向那个人意欲去理解的独立于人的外部世界。这一概念已经先天包含了认识者和被认识者的二元对立框架。而儒学思想的关注重心始终在人世,追求在个体的道德世界实现人格理想。李约瑟研究中国古代科技思想史后发现:"儒家认为宇宙(天)以道德为经纬。他们所谓'道',主要的意思是指认识社会里理想的境界;他们固然没有将个人与社会的人分开,也未曾将社会的人从整个的自然界分开,可是他们素来的主张是研究人类的唯一正当对象是人的本身。"②所以,儒学语境中,"智(知)"的目光落在人间世,而非那些形而上的存在或曰系统的知识。就达到智慧的途

---

① 柏拉图:《泰阿泰德篇》,载于严群译《泰阿泰德 智术之师》,商务印书馆,1963,第 46 页。
② 李约瑟:《中国古代科学思想史(第二卷)》,陈立夫等译,江西人民出版社,2006,第 11—12 页。

径而言,"智(知)"与"knowledge"不同。在西方文化语境中,依照古希腊传统,获得知识在于理性的推演,依赖于逻辑,而"智(知)"的获得需要"学"与"习"。在前文已经说到,"学"与"习"的对象是《诗》《书》《礼》《易》《乐》《春秋》这样的典籍,是礼、乐、射、御、书、数这样的技艺。"学"在孔子这里都是一个已发与未发的交织过程,是进入情境中让意义自行显现的过程,而非直面对象化的现成之物。与学相关,孔子的有教无类绝对不是教给弟子对象化的知识。此外,从《论语》中我们可以了解到,学(思维)不是单纯的抽象思维和推埋活动,而是一种实质的操作和参与,能够产生某种实际的效果。而这种实际的效果综合起来,就是学对一个人"成人"的塑造。这个过程必定有思的参与才能实现。从现象学的观点看来,若"学"是进入到前对象化的情境中,领悟关键的含义,"思"则是明辨学之用的过程。在情境里所领悟的东西,需要思的参与,才能真正在正确的情境下转变成恰却的行为,才能举止得体。因为"思"是主观能动的参与,是对所学之于具体情境是否合适的"揣度"和"判准"。且"思"保证了一个人在遇到所学之外的东西时,不会手足无措,它能够尽量将情境加以转化,通权达变。在"学"和"思"的相互作用下,人才能一步步成为文化意义上的人,成为仁人。这是《论语》中反复强调的主题,所谓"博学而笃志,切问而近思,仁在其中矣"[1]。反过来,只思不学,危害是很大的。因为这样的思是空想,脱离具体的情境,属于闭门造车,其结果并无实际的功用。而此观点随后又被《中庸》阐发:"博学之,审问之,慎思之,明辨之,笃行之。"[2]荀子紧随孔子的思想,也对只思不学的做法加以批判:"吾常终日而思矣,不如须臾之所学也;吾常跂而望矣,不如登高之博见也。"[3]并非"学"后便"知","学"然后"习",才算是真正的知。孔子所讲的"知"实际上有"使之真实"的成分在里面。

2) wise/wisdom

Wisdom 一词源于希腊词 Σοφiα(sophia)。从古至今,智慧都是不同文化背景的人们所追求的共同目标。古人不仅仅渴望智慧,更想知道如何获得智慧。智慧,是古希腊和希伯来传统中尤为关注的问题。在柏拉图那里,智慧与节制、

---

① 引自《论语·子张》,选自阮元校刻《十三经注疏》,中华书局,1980,第2532页。
② 引自《礼记·中庸》,选自阮元校刻《十三经注疏》,中华书局,1980,第1632页。
③ 引自《荀子·劝学》,选自王先谦撰《荀子集解》,沈啸寰、王星贤整理,中华书局,1988,第4页。

勇敢和正义并列为四种德性。在《法篇》中,柏拉图将智慧视作主要的善,与其他诸德性一样,智慧投身于实际的生活①。"关于神圣的好事物,首要的是智慧,其次是心灵的节制,第三位的是正义,它是智慧、节制与勇敢相结合的产物。而勇敢本身是第四位的。"②柏拉图认为人们所作所为往往依据最大善的原则,而由于缺乏智慧他们才会做出坏的选择而非审慎的思考,因此柏拉图把智慧看作美德的核心部分③。与知识不同,智慧无所谓好坏,智慧往往与主体的智慧的行为有关。知识往往是与行为分离的,而智慧则致力于分辨善恶的知识。就哲学的传统而言,亚里士多德和阿奎那在实践智慧和思辨智慧之间做出了区分,他们一般将后者称为"智慧",即智慧首先是一种静观的学问,宁静是智者的特性。亚里士多德则始终将智慧与审慎对立,将之看作纯思辨的,它既是思辨的知识也是实践的知识④。希伯来传统将智慧视作一条心灵道路,而对上帝的畏惧则是智慧的开端,只有伴随着虔诚敬畏,智慧才能够增长。

儒家所谓"智"更多是一种道德智慧,即辨别善恶、是非的能力,用孟子的话说,就是人皆有之的"是非之心"。在孔子及儒家后学看来,具有这种道德智慧,是成为君子的必备条件之一。孔子论"智",一则说"敬鬼神而远之",再则说"知人",还有"知命""知德""知礼"等说法。孟子则认为,"智"就是与生俱来的"是非之心",只要尽心,扩充先天具有的道德智慧,就能知性,知性就能知天,知天就能达到超凡脱俗的境。《大学》由格物致知推到正心诚意,再到修身齐家,最后治国平天下。而其"格物",并非今天以自然之理为研究对象的科学实验,而是读书思辨的道德功夫;其"格物致知"也不是今天所谓的"实践出真知",而是通过读书思辨、道德培养来达到明辨是非、善恶的"智"的境界。总而言之,儒家所谓"智",并非泛言的聪明睿智(英语语境中的 wisdom),而是特指一种道德境界。这一境界是情境化的一种动静从容,我们以孔子所言的"知天命"为例来说明这一点。

孔子云"三十而立",一个人"学"而持之以恒,在三十岁时真正将礼的情境完全熟悉且掌握,并能从内心真正追寻着礼,受礼的培育而成为真正的人;随着对

---

① 柏拉图:《法篇》,《柏拉图全集(第三卷)》,王晓朝译,人民出版社,2003,第 374 页。

② 柏拉图:《法篇》,《柏拉图全集(第三卷)》,王晓朝译,人民出版社,2003,第 374 页。

③ 克莱因:《柏拉图〈美诺〉疏证》,郭振华译,华夏出版社,2011,第 41—45 页。

④ 亚里士多德:《尼各马可伦理学》,廖申白译注,商务印书馆,2003,第 165—190 页。

情境的熟悉,学的持续进行,对礼乐诗书的深切了悟,一个人便能灵活地运用所学,达到面对任何新情境、新事物也不迷惑的状态。及至五十岁,礼乐诗书的精神深谙于心,对自己人生经历的思索也趋于完备,于是达成对此生来龙去脉的理解和认同。李泽厚以为命为偶然性,"五十而知天命"即指五十岁时一方面明确了自己的有限性,另一方面也明白了可能性。"包括孔孟在内的儒学共同精神,即人生活在无可计量的偶然性中,却不失其住在;这才叫知天命;这种'立命''知命'都指人对自己命运的决定权和主宰性,而绝非听命、任命、宿命,这也才是知天。从而'知天命''畏天命'便不解释为外在律令或主宰,而可理解为谨慎敬畏地承担一切外在的偶然。在经历各种艰难险阻的生活形成中,建立起其自己不失其主宰的必然,亦既认同一己的有限,却以此有限来抗阻、来承担、来建立。"①所以,此处的"知天命"意味着对自身命运的承担和完成。如此我们才能够更好地理解"智/知"在儒学中的意味。它并非西方意义上的智慧(wisdom),而是有着很多权变的、来自自身的从容中道的韵味。所谓"权"指向的是全然性的平衡,而非单一现象的平均;全然性的观点使得中性品质朝向更为适宜的状态。权是均衡,而非折中。由于均衡,所以可以产生良好的作用,共识才可以达成。善权则为"知变"之智。执经守常虽难能可贵,但却比不上通权达变,"可与立,未可与权"②。

3) realization/to realize

查阅词源词典③可以看到,realize 一词来源于法语词 réaliser,其最初的含义为"bring into existence, make or cause to become real",也有"exhibit the actual existence of"之意,强调"使……变为真实"。

To realize 强调了"知"字表述行为及其后果的内涵,行为的实现往往通过某一情境。古汉语中的"知"强调了思维活动的结果,to realize 包含了使之成为现实的"知行合一"的意味。这一译词是对英文丰富内涵的机智挖掘,弥合了道德与知识的鸿沟。

如前所述,knowledge 和 wisdom 在历史过程中天然地具有二分的意味,它们往往将思辨与实践、道德与知识相分离,与儒家的"智"有着相当的不同。如我

---

① 李泽厚:《论语今读》,生活·读书·新知三联书店,2008,第 59 页。
② 引自《论语·子罕》,选自阮元校刻《十三经注疏》,中华书局,1980,第 2491 页。
③ 在线词源词典:https://www.etymonline.com/cn。

们一直说明的,儒家首先关注的是人,它的兴趣始终在人世的安顿上。所谓智亦必须从此入手。在方法上,智者懂得从言、行、心等方面综合而深入地考察他人,以反省自我,获得自身的精进。在言行上,智者则表现为"慎行",对自己的言、行均持以审慎的态度。如在交谈时,智者既不"失人",亦不"失言"①。智者不仅懂得当下明察与谨言慎行,而且尤重放眼未来,心怀"远虑"。他们不像庸碌之辈那样鼠目寸光,急功近利。"智"关乎人生的安顿,唯有获取人生各方面智慧,成就智者人格,才能实现生命的价值。

先秦儒学并非关于这个世界形而上思索后的理论推演,其并不是用纯粹的描述性语言来著书立说的。"孔子的观点是实实在在地在日常生活中被感觉、被体验、被实践、被践履的;孔子关注于如何安排个人的生活道路,而不是发现真理。"②换言之,孔子是一个"求道者",而非真理的追寻者。先秦儒学,求其根本,是对"人"在世间的道路指引。先秦儒学,即便有着"极高明而道中庸"③的哲理,有着杀身以成仁的信仰,其从根本上讲依然是不离人间生活的学说和实践传统。

先秦儒学若可称为一种生活的智慧,而非可以直接从文献中找到的原则,拿来就可用。它自身的"时中"性,也体现了其作为学说的呈现方式。而西方哲学是以对真理的不懈追求为特征的,受经柏拉图奠定的理念传统的影响,真理与个性无关,只与广义的对象有关。所以西方哲学坚守真理会在纯粹的理智思辨中越辨越明,却与真实的身体感、时机无关,与祖先、历史、文化无关。这样的一种思路明显与"智"背道而驰。

郝大维、安乐哲指出:"'知'是一个阐明和限定这个世界的过程,而非被动地认识一个先定的实在。去'知'就是在个体种种可行的可能性范围内影响存在的过程。"④在儒家看来,智无疑是包括了什么是好的及怎么做才是好的,如孔子所说,"知及之","仁守之",才能够达到善。正是在这个意义上,郝氏和安氏所使用的 to realize 提供了一个情境化的出口,使得"智"获得了一个动态的生机勃勃的空间。相比于 knowledge 和 wisdom 的宁静,realization 无疑为理解"知者动"

---

① 引自《论语·卫灵公》,选自阮元校刻《十三经注疏》,中华书局,1980,第 2517 页。

② 安乐哲、罗思文:《〈论语〉的哲学诠释:比较哲学的视域》,余瑾译,中国社会科学出版社,2003,第 5 页。

③ 引自《礼记·中庸》,选自阮元校刻《十三经注疏》,中华书局,1980,第 1633 页。

④ 郝大维、安乐哲:《通过孔子而思》,何金俐译,北京大学出版社,2005,第 60 页。

"知者乐水"提供了形象的、可能的背景。

4.5.3 小结

　　先秦儒学语境中的"知"更多是与行动联系在一起,无论是在孔子还是孟子、荀子那里,"智"始终都不是单纯的德性或者品格,而是指向具体的日常生活之中的明智。"智"包含了对于生活本身的明哲通达,知道自己生命的界限,并努力在这个基础上过有德行的生活,这是"智"的基本意义空间。"智"是一种变动不居的生命情态,在有所持守的同时又不会迂腐地固执。儒家的思维世界始终不会给纯粹的知识性的学习留下太多的空间,即使清代阎若璩张扬"一物不知儒者之耻",其所关注的世界依然还是典籍自身的文字世界,而非外在的理性思辨所认知的客观世界,这明显与 knowledge 有所不同。Wisdom 的超越性在儒家这里也很难找到其对应点,儒者之"智"与人世纠葛不休,其立身成德的指向最终需要在人世之中实现,这就使之天然地落于践行之中,不可能有古希腊意义上的静观的智慧。安乐哲无疑认识到了这一点,故而将"知"译作 to realize,这样无疑体现了"知行合一"的意义。毕竟,脱离了实现则"智"很容易沦为口惠而实不至,有被孔子斥作"鲜矣仁"的可能。从这种意义上说,安乐哲的译法可称为恰当。

4.6 "中(庸)"及其英译

4.6.1 先秦儒学语境中的"中"

　　"中"字在甲骨文、金文中均有发现,其字形略同。据唐兰先生考察:"中者最初为氏族社会之徽帜,《周礼·司常》所谓:'皆画其象焉,官府各象其事,州里各象其名,家各象其号。'显为皇古图腾制度之孑遗(《周礼·九旗》以日月、交龙、熊虎、鸟隼、龟蛇等画之,亦皆由图腾蜕变而来)。"此其徽帜,古时用以集众,《周礼·大司马》有言:"教大阅,建旗以致民;民至,仆之,诛后至者,亦古之遗制也;盖古者有大事,聚众于旷地,先建中者,群众望见中而趋附,群众来自四方,则建中之地为中央矣。"①可见,在甲骨文中,"中"为旗帜之意,故而多有"立中"之说。

---

① 唐兰语。见于省吾编《甲骨文字诂林》,中华书局,1996,第 2937 页。

由旗帜之义引申而有中心,其在空间上就有了中国居于世界中心之感,有了"中国"这一概念的诞生;进而由地域上的中心推衍出道德秩序上的中心,而有"中正"义,进而指无偏无倚之德性,并生成华夏民族根深蒂固的思维模式①。《说文解字》云:"中,内也。从口。上下通。"②则其所用意义与"中庸"意义上的"中"距离较远。

中道是中国先民固有的思维方式,在整个中国思想史上具有特殊的重要性。《尚书·大禹谟》篇即以"人心惟危,道心惟微。惟精惟一,允执其中"③开其端绪。《老子》《韩非子》《墨子》等经典都强调"守中",《庄子》里也有"中道""养中"的说法。

在儒家思想中,"中"居于核心地位。《论语》中孔子论"中"、强调"中"的言论不胜枚举,可以说,"中"既是孔子为人处世之实然,也是其思想的基础。《论语·述而》记载孔子平日为人处事"温而厉,威而不猛,恭而安"④,正是说孔子内心达至中道,则其外在表现自然而然符合于"中"。孔子教导弟子亦从"中"出发,以为"好仁不好学,其蔽也愚;好知不好学,其蔽也荡;好信不好学,其蔽也贼;好直不好学,其蔽也绞;好勇不好学,其蔽也乱;好刚不好学,其蔽也狂"⑤,生命中仁、知、信、直、勇、刚各种德性,必须经由学习来使之具有深度,这样才能够达到生命的平衡,而不至偏向一端。

学习本身在儒家具有践行的意味,其向度始终面向生活,而又回到生活本身所蕴含的道德秩序,推己及人,"己欲立而立人,己欲达而达人"⑥,生命才能够达至中道。而中道必然地要求在实践中得到体现,故而孔子有"中庸之为德也,其至矣乎!民鲜久矣"⑦之叹。郑玄注云:"庸,常也。中和可常行之德。"《正义》以为"《说文》:'庸,用也。'凡事所可常用,故'庸'又可为常"⑧。所谓"中庸",正是将中道运用于日常生活之中。"质胜文则野,文胜质则史,文质彬彬,然后君

---

① 葛兆光:《中国思想史:七世纪前中国的知识、思想与信仰世界》,复旦大学出版社,1998,第19页。
② 许慎:《说文解字》,中华书局,1963,第14页。
③ 引自《尚书·大禹谟》,选自阮元校刻《十三经注疏》,中华书局,1980,第136页。
④ 引自《论语·述而》,选自阮元校刻《十三经注疏》,中华书局,1980,第2484页。
⑤ 引自《论语·阳货》,选自阮元校刻《十三经注疏》,中华书局,1980,第2525页。
⑥ 引自《论语·雍也》,选自阮元校刻《十三经注疏》,中华书局,1980,第2479页。
⑦ 引自《论语·雍也》,选自阮元校刻《十三经注疏》,中华书局,1980,第2479页。
⑧ 刘宝楠:《论语正义》,高流水点校,中华书局,1990,第247页。

子。"①这是孔子教育学生以为君子之道。孔颖达疏云：

> 礼有质有文。质者，本也。礼无本不立，无文不行，能力能行，斯谓之
> 中。失其中则偏，偏则争，争则相胜。君子者，所以用中而达之天下者也。②

文是礼乐中的仪式部分，质是礼乐过程中内心的真诚体验，只有将这两者有机结合起来，达到一种动态的平衡，才符合中道的要求，方可称为君子。

"中庸"的另一个特点是：它并非没有原则的"乡愿"，而是建立在"直"的原则之上，必须符合礼义仁等德性，具有"时中"，即动态的、在生活中流变而合乎道义的特色。其与孔子所谓"时"、孟子所谓"义"(中正合宜)均有相通之处。而中庸之道，或者说用中之道，以时为贵，故而孔子"时然后言，人不厌其言；乐然后笑，人不厌其笑"③，"于是日哭，则不歌"④。孟子称孔子为"圣之时者"⑤。相对于伯夷的清高，柳下惠的随和，孔子"无可无不可"⑥。赵岐注："孔子时行则行，时止则止。孔子集先圣之大道，以成己之圣德者也。"⑦正是在时间之流中，"中庸"的精神得到了完美的体现，它不是固定的原则，不是情感与理性的分裂，而是来自人的天然之性，不可偏离。其与用相结合，作为行为伦理准则，指的就是一种度，掌握分寸且恰到好处。李泽厚认为，这一精神来源于生产实践本身⑧，如《周官·考工记》所载："天有时，地有气，材有美，工有巧，合此四者，然后可以为良。"⑨人在生产活动中，总是追求一种"良"的状态；这种良正是一种"中"，亦是一种"和"，是一种调。更重要的是其表现为一种"度"。

4.6.2 "中(庸)"的英译分析

"中"与"中庸"的译词主要见于《中庸》译本，最具代表性的词有 mean

---

① 引自《论语·雍也》，选自阮元校刻《十三经注疏》，中华书局，1980，第 2479 页。

② 刘宝楠：《论语正义》，高流水点校，中华书局，1990，第 233 页。

③ 自《论语·宪问》，选自阮元校刻《十三经注疏》，中华书局，1980，第 2511 页。

④ 引自《论语·述而》，选自阮元校刻《十三经注疏》，中华书局，1980，第 2482 页。

⑤ 引自《孟子·万章下》，选自阮元校刻《十三经注疏》，中华书局，1980，第 2741 页。

⑥ 引自《论语·微子》，选自阮元校刻《十二经注疏》，中华书局，1980，第 2530 页。

⑦ 焦循：《孟子正义》，沈文倬点校，中华书局，1987，第 672 页。

⑧ 见李泽厚：《实用理性的逻辑》，李泽厚：《哲学纲要》，北京大学出版社，2011，第 146—184 页。

⑨ 引自林希逸：《考工记解》，清代于敏中等：《摛藻堂四库全书荟要》本。清乾隆三十八年 1773 钞本。(影印古籍摛藻堂四库全书荟要·经部·书类。)

(Legge)、harmony(E. R. Hughes)以及 focusing the familiar affairs of the day (Ames Roger),先分别分析如下。

1) mean

"mean"一词对于中国学者并不陌生。这是亚里士多德在《尼各马可伦理学》里所讲到的"中道"对应的英译词。Mean 的原词是希腊语,据称此词常在《荷马史诗》中出现,有"在当中的、正中的、中间的、中等的"等意思。在赫西俄德的《工作与时日》和《神谱》中出现这个词的另一种表现形式,中文作"适当":"你要把握好尺度,在诸事中适当是最佳原则。"[①]

英文的 mean,有如下的含义:① 中(middle,means,intermediary)或"居中"(occupying a middle or intermediate place);② 公众所皆有的、寻常的、常见的(shared by all,common,public,general,universal);③ 两个极端的中间(that which is halfway between extremes)[②]。此词之所以作为翻译典范存于英语世界中,乃是因为一种认知:即儒学的"中庸"和亚里士多德的"中道观"是颇为相似的。我们对此命题来作一考察。

在亚里士多德看来,品质有三种,两种为恶,即"过度"和"不及";另外一种是居于两者中间的"适度"德性。这三种品质在某种意义上都彼此相反。两个极端都同适度相反,两个极端之间也彼此相反。亚氏寻求中道的策略是追求适度的获得。所谓中道,表现在行动上是指对适当的人,以适当的程度,在适当的时间,出于适当的理由,以适当的方式做一件事情。所以是很难得的,做到中道与适度也是值得称赞的。而要做到适度,方法就是避开极端。

亚里士多德所说的"mean"是一个策略,是使得个体经过理性的深思熟虑后可能做出的选择[③],而选择是有原则可循的——亚氏认为首先要避开最与适度相反的那个极端,因为在两个极端中,总会有一个极端稍微与适度具有相似的性质。比如,表现在人们面对困难时候的懦弱、勇敢与鲁莽这三种态度中,鲁莽和勇敢具有一定程度的相似性——只是勇气的多与少,而懦弱是缺乏勇气的,与勇敢和鲁莽相比都是明显的极端,所以应该要及早避开;其次,需要认识清楚人们

---

① 赫西俄德:《工作与时日/神谱》,张竹明、蒋平译,商务印书馆,1991,第 21 页。

② 梅里亚姆—韦伯斯特公司:《韦氏大学词典(第 10 版)》,世界图书出版公司,1996,第 720 页。

③ 亚里士多德:《尼各马可伦理学》,廖申白译注,商务印书馆,2003,第 53—57 页。

极易沉浸入其中的事物(因为放纵总是与适度相反的),然后把自己拉向相反的方向;再次,在所有事情上,需要警惕那些容易给我们带来快感、带来愉悦的事物,因为人们对快乐的判定总不会很公正。而掌管这一切取舍的,是人们的逻各斯(逻辑)里属于"明智"的那一部分,可我们又不能不照顾到具体的情状,因为"逻各斯"里属于"明智"的那一部分即便要做判断,也总是带着人们对具体情状的感知(perception),所以适度最难得。有些时候人们为了达到适度,反而稍微得偏向一下"过度"或偏向一下"不及"。

如前所述,儒学中的"中庸"所提倡的是一种动态的随时变动,并非根据数学比例来祈求的平衡,而更多具有一种审美朝向,折射出人们在不断变化的环境中所拥有的创造性的可能。其并不是通过个体的选择来实现的,而是通过人们共处在"礼"的生活中来达到一种平衡态,是通过富有成效协调各种角色和管辖所创造的人际和谐感。在寻"中"的过程中,支持人们的不是理性,而是被礼所规范的情感。因而,使用 mean 来翻译"中庸"是不恰当的,它牺牲了"中庸"意义的丰富性,并忽略了中庸与仁、义、礼、智、学等其他儒家观念的关联性。

2) Harmony

Harmony 一词在 12 世纪时用以指称一种乐器,在音乐领域中人们常用 harmony 以形容"声音的融洽,和声的一致"(agreement,concord of sounds),它也用于指代音乐中一种和声的方式。到 14 世纪后,其慢慢被用来指称情感的和谐(agreement of feeling,concord[①])。

当用这个词来翻译"中"时,harmony 对应了"和",而"和"与"中"具有相似性,或者说"和"可以代表"中"的精神。然而,这个词本身的源头意义在英语民族中必然制造一些不必要的烦恼,其根源在于中国所谓乐与西方的音乐有着根本性的不同。

斯克鲁顿在提到欣赏西方音乐之美时表示:"听音乐的过程中有一些基本的感知包含其中,正是这些感知,对于理解音乐来说是关键的。例如,当人们听到一个旋律、一个主题或一个乐句时,就存在着一种对于从一个音到另一个音的运动的听。对乐音的听,不同于对有确定音高的声音的听;对节奏的听,不同于对

---

　　① 梅里亚姆—韦伯斯特公司:《韦氏大学词典(第 10 版)》,世界图书出版公司,1996,第 531 页。

一个时间序列的听;对和谐的听,不同于对诸音调之集合的听,如此等等。所有这些经验都是基本的,而某人如果没有这些经验,他在音乐上就是聋的。所有其他的音乐经验都依赖于这些基本经验。例如,如果听不到音乐的运动,就不可能听到旋律;听不到和谐,就不可能听到对位法……我已指出了好几种这样的区分,譬如在听一个声音与听一个音调之间的区分等等……这些区分都存在于听音乐的经验之中。"①从上述我们会发现,西方的音乐是更加理性的,欣赏音乐有其自身的训练,与其说它诉诸个体的情感,毋宁说诉诸个体的教养。一个好的欣赏者必须对旋律、主题、乐句具有认知,必须了解乐音与音高、节奏与时间序列、和谐与诸音调之集合的区分,更要对于何为旋律、和谐及对位法有深刻的了解。而和谐在西方音乐中总与对位法有着天然的联系。一般中国人如果不加以训练往往不能很好地欣赏西方音乐,其原因恰在于此。西方音乐的核心是纯粹的器乐,阿伦·瑞德莱在《音乐哲学》一书中抗议道:"如果我们只关注歌曲,或者只关注那种伴有一连串解说词或舞台表演的音乐,我们就有可能翻译中错误,即错把语词或动作表演的效果当作由音乐的行进所产生的效果。因此,我们最好只关注纯粹的器乐,尽可能地不掺入超音乐的表现性。"②

与之不同,中国式的乐一开始就指向乐舞,其参与娱神祭祀,是政治伦理生活的一部分。"和"是音乐精神之一:"以乐德教国子:中、和、祗、庸、孝、友。"③"乐者为同,礼者为异,同则相亲,异则相敬。乐胜则流,礼胜则离。合情饰貌者,礼乐之事也。礼义立,则贵贱等矣。乐文同,则上下和矣。好恶著,则贤不肖别矣。"④礼乐之精神正在于实现生命之中道状态。相对于礼以尊尊来分别而推展生活的层级,乐则通过同情来实现生活的统一,经由亲亲维系族群间的和睦。

在继承传统礼乐的中道精神之外,孔子将音乐的"和"的精神导向了个体生命的涵养,使之成为教育门人必备之工具。"孔子学鼓琴于师襄子而不进,师襄子曰:'孔子可以进矣。'孔子曰:'丘已得其曲矣,未得其数也。'有间,曰:'孔子可以进矣。'曰:'丘已得其数矣,未得其意也。'有间,复曰:'孔子可以进矣。'孔

---

① 罗杰·斯克鲁顿:《审美理解》,转引自阿伦·瑞德莱:《音乐哲学》,王德峰、夏巍、李宏昀译,上海人民出版社,2007,第25页。

② 转引自阿伦·瑞德莱:《音乐哲学》,王德峰、夏巍、李宏昀译,上海人民出版社,2007,第15页。

③ 引自《周礼·春官·大司乐》,选自阮元校刻《十三经注疏》,中华书局,1980,第787页。

④ 引自《礼记·乐记》,选自阮元校刻《十三经注疏》,中华书局,1980,第1529页。

子曰：'丘已得其意矣，未得其人也。'有间，复曰：'孔子可以进矣。'孔子曰：'丘已得其人矣，未得其类也。'有间，曰：'邈然远望，洋洋乎，翼翼乎，必作此乐也！黯然而黑，几然而长，以王天下，以朝诸侯者，其惟文王乎！'师襄子避席再拜，曰：'善！师以为文王之操也。'故孔子持文王之声知文王之为人。"①我们发现，音乐的欣赏被孔子纳入了道德主体人格的建构中，人可以经由向音乐生发的情志的认同，以获得自我生命的提升，由此达到的中道是美与善的结合。恰如江文也所说："如果歌者的歌既善且美，它能唤起我们的共鸣时，我们觉得身体内在中的某部分仿佛即可更向上升华一层。……我们面对的，是要求更善更美的东西。我们的内在要求与它共鸣，合为一次，此后，我们自身即可提升至某一高峰。"②由音乐的"中和"发展到日用伦常的"发而皆中节"的具体实现则为"中庸"。Harmony 明显没有这一内涵，虽然在意义结构上能够显现"和"或者说"中庸"的意味，但其意义空间则明显更加指向理性的精神，中西音乐精神的本质上差异影响了这种意义表达的完整性。

以上两种翻译共同的不足在于，当借用一个在西方语境中本身具有复杂意义的语词，并试图将中国文化自身的价值灌入后根据西方的情境进行比附时，必然会造成该语词意义对翻译概念的侵染。

这就要求，从一开始就必须对翻译的材料进行深入的理解，在此基础上选择最适当的、较少或者不会受到概念意义打扰的语词。安乐哲与郝大维的思路提供了一种可能性。

3）focusing the familiar affairs of the day

在为《通过孔子而思》中译本作序时，郝大维与安乐哲就哲学概念的翻译提出了他们的看法："对一个西方人文学者来说，如果他想运用'翻译过来的'中国材料，无论是文本的还是观念的，最大障碍不是译文的句法结构，而是那些赋予它意义的特殊词汇。在这类译本中，关键哲学术语的语义内容不仅未获得充分理解，更严重的是，由于它们不加分析地套用了渗透西方思想内涵的语言，这些人文学者就这样俘获了一种外来的世界观，以为仍是自己所熟的那个世界，虽然

---

① 引自韩婴撰、许维遹校释《韩诗外传集释》，中华书局，1980，第 175—176 页。
② 江文也：《孔子的乐论》，杨儒宾译，华东师范大学出版社，2008，第 66 页。

事实并非如。"①安氏与郝氏在其《切中伦常：〈中庸〉的新诠与新译》一书中进一步指出,长期以来,由于传统的西方哲学一直为知识论所笼罩,其语言往往是追求非连续性、客观性和恒久不变性,因而其与以非连续性、过程性和生成性为特点的中国思想世界处于隔膜状态,故而西方哲学家对于所有声称中国文献蕴含哲思的看法均嗤之以鼻。晚近以来,考古发现提供了现存文献的更早期文本,为避免两千多年层层累加的误解提供了原始材料。

此外,新兴的西方哲学发展已经预设了一些诠释性的语汇,因而替代原有的"基督教化"的、西方哲学化的翻译成为可能。这种新的诠释性的过程性的语言,安氏、郝氏称其作"焦点与场域的语言","这种语言假定了一个由各种有关各种过程和事件彼此相互作用的场域所构成的世界。在那样的场域之中,并不存在一个最终的因素,只有在现象场域之中不断变化的焦点,并且,每一个焦点都从各自有限的角度出发来聚焦整个场域"②。从这一假设出发,安氏、郝氏对以前的"中庸"一词之英译进行了批评,并提出了自己的翻译："focusing the familiar affairs of the day"。这一串性的翻译,"在一定意义上起到了对中国古代主要文化特性的过程性阐释的功能"③。正如他们自己所述,这一翻译打破了西方单义性的偏见,更有益于传达中国哲学之深邃悠远的意义。从翻译的角度而言,焦点与场域的语言更大地体现了汉语的隐喻性、多义性,为语言的内在性指涉提供了积极的空间,为人们更好地理解翻译提供了可能性。这一点对于中国人认识自己的文化亦有无比重要的意义。

4.6.3　小结

在先秦诸子思想中,"中"都具有非常重要的地位,在儒家,不偏不倚的"中庸"之德更是被孔子推崇备至,以为是至难达到的德行。"中庸"是"中和"精神在人伦日用间的实现,它是以音乐五音之和为基础的心之和的投射,在社会层面则

---

① 郝大维、安乐哲：《通过孔子而思》,何金俐译,北京大学出版社,2005,第Ⅶ页。

② 安乐哲、郝大维：《切中伦常：〈中庸〉的新诠与新译》,彭国翔译,中国社会科学出版社,2011,第27页。

③ 安乐哲、郝大维：《切中伦常：〈中庸〉的新诠与新译》,彭国翔译,中国社会科学出版社,2011,第27页。

是社会与音乐精神同构、共同体现中正平和的大乐精神。可以说"中庸"凸显了儒家哲学由礼乐发展而来的"和乐精神"的情境化特质。上面将"中"翻译作mean 或者 harmony 的共同不足在于，当借用一个在西方语境中本身意义复杂的语词，而将中国文化自身的价值灌入后根据西方的情境进行比附时，必然会造成该语词意义对翻译概念的侵染。

4.7　本章小结

经由这一章的分析我们发现一个非常明显的现象：本章所关注的每个范畴，在英语语境中都拥有多个对应词，即一个语言环境中单一的能指，在另一种语言中则变成了能指群，这些对应词共同影响着译语读者对儒学核心范畴的体认及对儒学思想的整体认知。我们经由每个词在中英两种语境中的意义分析也表明，这些被译者选中的对应词，有的丧失了原范畴的意义的深度，有的丧失了原范畴的隐喻效果和字形含义；那些被译者选定的译词因英语世界自身文化传统的侵入产生了旁涉的关联，这使得英译本中的先秦儒学核心范畴在外国读者眼中拥有了很多旁支的含义和语词色彩。

与此同时，我们亦发现，尽管存在着意义缺失及意义的误读，但每个对应词都有其自身努力的朝向，都试图从某种角度照见原核心范畴复合意义场域中的某个维度。换言之，核心范畴在原语语境中的完整的意义关联，在译语语境中多表征为一个横断面，展示了其某一维的意义。

5

先秦儒学核心范畴翻译模式

　　上一章依次讨论了本研究选定的范畴所对应的英译词在目的语文化环境中可能引发的相关文化认知。本章,我们将在上一章的基础上释义综合观察,提炼出译词呈现的若干种典型的翻译模式,分析每一种模式后隐含的理解框架及与西方思想渊源的关联,考察其与先秦儒学思想的通约性,明晰其中存在的问题,并在对现有模式扬弃的基础上结合先秦儒学自身的特质,提出新的翻译模式。

5.1　对现有的翻译模式的反思

5.1.1　绝对准则导向翻译模式

5.1.1.1　语言表征

　　上一章表明,先秦儒学核心范畴在英语世界中的部分对应词是用抽象名词予以阐明的。例如:“仁”对应的是 humanity,“义”对应的是 rightness,“礼”对应的是 rule/regulation。这样一来,“仁”成为一种人性、向善的秉性;“义”成为道德的正当性,一种可以遵循的最高道德律;“礼”成为纯粹的礼节仪式。这类译词使得原本具有丰富意蕴的儒学核心范畴以单义的形态出现,其意义带了准则性、超越性的色彩。我们以“仁”的译文之一——humanity 为例展开剖析,在 *Webster Comprehensive Dictionary of the English Language*[①] 中可以看到如

_____

　　① The New International Webster's Comprehensive Dictionary of the English Language(Naples: Trident Press International,2004),p.614.

下的 humanity 义项：

> （1）the quality or condition of being human；human nature；
>
> （2）the quality of being humane；kindness.

第一条解释实质上是非常抽象的：人之为人、人的本性；第二条译成中文即为人性的、善的。抽象的 humanity 是以-ity 为后缀，quality 亦如此，表明此词代表了一种抽象的性质，与人之为人有关，与善性有关，kindness 所采取的后缀-ness，依然是英语中抽象名词的后缀表征。从-ity 到-ness，普遍性特征一步步彰显。-ity 与-ness 彰显的抽象特质引导着译语读者对"仁"的感知，-ity 与-ness 所代表的普遍特性，把"人"从"仁"中剥离了。

这种翻译方式力求对语词内涵施以抽象规定，对选定范畴施行纯概念式的把握。我们所选定的范畴，在先秦的语境中都是含有丰富情境意蕴的、动态的、关联的、审美的、复义的，总是关涉人们在一定情境中的行为意象及相关物；而在这种翻译模式的统帅下，范畴的意义则呈现超越时间及情境的、直寻本质的特质。换言之，我们所选定的范畴在原文语境中指向借"觉知"和"践行"才能解释贯通的智慧，到了英文语境中则成为可以由逻辑推理达到的普遍原理。这种追求准则的普遍性的倾向折射了西方"是论"（又称本体论）模式在翻译中的深刻运作。我们又将这种翻译模式称为 To be 翻译模式。

5.1.1.2　To be 翻译模式的哲学渊源

《旧约·创世记》记载上帝按照次序创造了世间一切，也就要求人们按追寻真理的方式去理解一切。因为越能理解它是"什么"，就越能明晓上帝造此物的用意。相应地，明白"人"是什么，也就明白我们为何会"是于世中"（to be in the world）了。这是一种典型的西方思维特征，在多中寻"一"。因为此"一"意味着"客观性"，意味着脱离时间和情境而成就永恒。而对于"什么"的解答，定要借助系词 be。系词 be 在西方哲学史上被称为最高层级的哲学范畴，在这个范畴的基础上，才可讨论因果、讨论现象、讨论逻辑，讨论各种规定性。西方哲学的大厦也是由此建立起来的。

"是者"（Being）的特质是西方思想及哲学语言所具有的普遍性特质之一，Being 是一种恒久不变性的根本体现。我们可以将它们叫作"存有"的语言。这来源于古希腊人对静止和不变的偏爱。古希腊人认为世界是变动不居的,是无法被认识的。而获得关于这个世界的普遍知识是西方先哲们最高的理想。我们回顾柏拉图的对话录,会记得那段关于美德的追寻。苏格拉底问人们什么是美德,众说纷纭,有说做好家务的,有说管理好城邦的,有说抵御外敌侵略的,等等[①]。也就是说,人们列举各种具体的美德,比如节制,比如勇敢,比如尊严,比如智慧,都被苏格拉底否定了。他认为这些具体的美德是在变动中无法被描述的,并不足以说明美德是什么,他认为人们应该进一步思索,得出关于美德的普遍知识,美德应该是作为普遍性的观念被人们所掌握的。他的主张被柏拉图继承。柏拉图用理念论强健地构造起一套可称本质的东西。在柏拉图的视阈中,有变动不居的现象世界和静止不动的理念世界。而后者是更高层次的,更为根本的,决定了现象世界的一切。现象世界所有的东西之所以会存在是因为其分有了理念。打个比方,理念如同一束光照进现象世界,这才使得现象世界中的一切出落成现在的样子。柏拉图认为我们所能看到的世界是感性的,是变动不居的,是无法用理智直接去把握的,而可感事物之外有另一类东西,那便是相(idea),也可以称为"理式"或者"理念"[②]。相的世界是更高层的,更具支配力的,而且其具备强烈的抽象及普遍性特质。在柏拉图的视阈中,这个相的世界,或曰理念世界,是真实存在的,是理性可以触及的,但是要经过特殊的哲学训练,才可以具备把握这个世界的能力。因为它是本质世界,具有最高的普遍性和抽象特质。

而这种追求普遍性的传统在亚里士多德那里得到了进一步的继承。亚里士多德提出了"实体"(ousia)的概念,他认为实体是永恒不变的,其运作原则是其他事物的支配性动因,实体可以用以说明一切运动变化的现象,以奠定我们认识自然界的基础[③]。正因为实体是永恒不变的,所以也是非连续的,柏拉图和亚里士多德都通过数学模式和逻辑的界定,充分证明了这一点。换言之,从哲学源头上讲,相比于现象世界的流动和变化,西方世界更偏爱本体的恒久不变。他们认为日常经验的世界并不是真实的,有一个更为真实的实在存在,决定了现象界的

---

① 柏拉图:《柏拉图对话集》,王太庆译,商务印书馆,2004,第154—206页。

② 见凌继尧:《柏拉图的理式论》,《东南大学学报(社会科学版)》,1999年第3期,第5—11页。

③ 亚里士多德:《形而上学》,苗力田等译,中国人民大学出版社,2003。

一切,现象界仅仅是实在的表象而已。这个原则,即所谓的**超越原则**。而这种思想方式,也可称为**概念性的思想方式**。"将'存有'视为不变、固定和静止,这样一种直觉所提供的是一个固定的现实存在,它所保证的是建构概念、字面意义、逻辑本质和自然的种类。"①

在此要说明一点:柏拉图的理念、亚里士多德的实体,虽然都是超越的表征,都有追求普遍的倾向,但还是有必要对两者进行区分的。在西方哲学史上,柏拉图理念论所代表的普遍性被称为绝对普遍性,而亚里士多德的实体所代表的是相对普遍性。两者的区别在于绝对普遍性是超然于经验之外的,由理性思辨而得的;而相对普遍性则是由经验概括而来的。西方哲学的主流传统则是由绝对普遍性来主导的,绝对普遍性通过语言得以表述的形式就是纯粹概念。纯粹概念的特征有如下几点:① 脱离日常经验;② 超越时空,与境域无关;③ 其定义大多是通过语词之间的相互限定而得来的。

5.1.1.3 To be 翻译模式引发的变异

1) 从德行智慧到规范伦理的转变

我们在此并非断言对先秦儒学核心范畴进行概念性、抽象化把握一无是处。从读者接受来说,这种 to be 的翻译模式是颇符合西方的思想传统的。在西方传统中,言说必须要用明确的概念,且要具有明确的定义。只有这样,一切的描述才具有它的根,所以要被谈论的、可理解的、必定是可以被下定义的。其实,从宏阔的层面上讲,这种概念性的思维模式是人类与世界打交道的重要方式之一,亦是人类哲学样态的一种。这种样态我们可称其为 to be 的哲学样态,其具体表征便是人从所生活的情境里抽身而出,再对其进行反思。柏拉图理念论中"理念"的原词 idea 在古希腊语中的同源动词 idein,意义即为"观",转义为"灵魂所见的东西"。这种观,是一种理性的看,此时,人类的生存情境及生活状况,包括人类自身,都成了人类客观地用理性打量的对象。在这种哲学样态中,概念的重要性就无与伦比了,因为其担负着表征世界的重任,也体现着人类作为思维主体的超常的重要性。这种带着反思的看,这种反思样态的哲学,我们也权且称之为 to

---

① 安乐哲、郝大维:《切中伦常:〈中庸〉的新诠与新译》,彭国翔译,中国社会科学出版社,2011,第32页。

be 的哲学。只是这种哲学样态会导致一种迷惑:人们跳出自身世界的看,跳出当下情境的反思,到底是为了更好地生存? 还是人的生存目标就是为了看,为了明晓这个世界的道理。这种迷惑,体现于当世,就是科学与伦理的潜在冲突。

而回到翻译中,我们发现这种 to be 模式的运用,将导致一个明显的后果——"仁""义""礼""智"这些范畴都涉及主体之维,"仁""义""礼""智"成为人生而具有的特性。人成了先在的德性主体,而后天只是要发现这些德性,并且按照标准去实现它。这与道德主体为后天所养成的儒学思想是背道而驰的。

先秦儒学语境中的"人"不是超越一切的个体,不是可以独立于行为的主体。先秦儒学思想中的"人"需要通过践行他在家庭、社群中该有的角色来成就,人亦是事件性的。换言之,在先秦儒学的语境中,家庭是主要的存在单元,仁、义、礼、智都是彼此互相关联的,由"兴"来实现与勾连的践行德性,这些范畴所代表的思想合在一起运作,目的便是达成"中庸"。"礼之用,和为贵"①说的正是此意;"极高明而道中庸"②讲的亦是此境。

换言之,先秦儒学所重视的是一种体悟中的实现,先秦儒学不预设先在的道德主体,即便是孟子提出的看似颇具西方形而上意味的"不忍人之心""良知""良能",也仅仅是代表了一种道德潜势,也就是潜伏在深处等待通过行动来变成现实的那样一种状态。通俗地说,在先秦儒学的语境中,即便人生而为人,具有善的倾向,但善的坐实也需要后天的行为参与其中。先秦儒学强调的乃修身修为。而经由这种 to be 模式的翻译,先秦儒学从修身之学转而具有了西方规范伦理学的意味③,思想特性整体发生了质的变异。

2) 对"异"的挑战——独特性的消隐

我们对 to be 翻译模式从哲学角度加以描述,即用理性的形而上学语言替换或改写了栖身于汉语语词世界的观念范畴,使之沦为西方传统哲学实在论的一种异域复刻。用西方传统哲学样态的语汇来重写中国典籍的核心范畴,用目的语思想系统来"运作"中国哲学典籍,使其呈现哲学话语勾连而成的网;译文自然

---

① 引自《论语·学而》,选自阮元校刻《十三经注疏》,中华书局,1980,第 2458 页。
② 引自《礼记·中庸》,选自阮元校刻《十三经注疏》,中华书局,1980,第 1633 页。
③ 规范伦理学(normative ethics),其主要内容是讨论该在道德上遵循哪些标准。参见陈真:《当代西方规范伦理学》,南京师范大学出版社,2006,第 6—11 页。

而然顺应了西方的思维模式,使得西方读者面对中国的世界观时产生似曾相识的感觉。在这种翻译方式的作用下,儒学思想和西方哲学思想的界限模糊了。中国本土的思想在某种意义上沦为西方伦理学的补充例证。儒学典籍成了某种印证物以表明中国曾经出现过西方那样的思想。我们的传统被改造为某种西方熟悉的东西,且可以用相应的西方标准来评价。

理查兹在《孟子论心》一文里,对这种翻译方式的遮蔽力作了评价:"西方传统提供了一套精致的工具,它包括:共相、殊相、实体、属性、抽象、具体、一般性、特殊性、性质关系、从结、偶然、本质、有机整体、总和、类别、个体等等。而孟子思想是没有这套东西的,也根本没有确定的替代品。用这种方法去解读孟子,除了臆造一种形而上学之外,还引起了实际问题。即一旦使用这套工具,便会使得孟子的思想走形变样。我们得警惕,我们把某种结构(我们的西方训练使得我们容易操作这种结构)……唯心主义、现实主义、实证主义、马克思主义……强加于我们可能根本没有这种结构的思绪模式之上。而往往后者根本无法用这种逻辑结构来分析。"①理查兹的评价所申明的是一种存异的翻译伦理立场,译者将一种思维方式强加在翻译文本之上,尤其是与原思维方式不兼容的那种,会导致对"异己"的抹杀。同样,在"兴""仁""义""礼""智""中"这些先秦核心儒学范畴翻译时,必须警惕西方传统中固有的二元区分的思维模式,那种抽象的形而上学的哲学传统在规约驯化先秦儒学的同时消隐了中国哲学的独特性,将之纳入了西方哲学的范畴。这就要求译者必须采用从中国哲学自身出发的思维结构来建构儒学自身的范畴体系。

在为《通过孔子而思》中译本所作序言中,郝大维与安乐哲对这种现象评论说:"对一个西方人文学者来说,如果他想运用'翻译过来的'中国材料,无论是文本的还是观念的,最大障碍不是译文的句法结构,而是那些赋予它意义的特殊词汇;在这类译本中,关键哲学术语的语义内容不仅未获得充分理解,更严重的是,由于它们不加分析地套用了渗透西方思想内涵的语言,这些人文学者就这样俘获了一种外来的世界观,以为仍是自己所熟谙的那个世界,虽然事实并非如此;

---

① I.A. Richards, *Mencius on the Mind: Experiments in Multiple Definitions* (London: Routledge and Kegan Paul Ltd, 1932), p.89, pp.91-92.

这也就是说,我们翻译中国哲学的核心词汇所用的现存常规术语,充满了不属于中国世界观本身的内容。"①

理查兹、安乐哲所批评的以西方来化约东方的这种状况在中国传统哲学的现代解读中即已开始,新儒家的代表人物如牟宗三、唐君毅等也受到该思想的限制,他们将眼光更多投射到宋明理学等更具形而上学意味的思想之上。中国哲学作品的语际翻译更是困难重重,哲学作品的译者,面对异域的哲学文本,往往会采用推论论证的翻译策略来克服语言的限制,用一种完全归化的方式来翻译重要的范畴及论述,以最大限度地减小差异。从精准的程度来衡量,这种翻译是符合规范的,然而它却缺乏尊重,即对域外哲学文本的尊重,对译本在自身文化系统中地位的尊重。翻译理论家韦努蒂②在谈论思想哲学作品的翻译时提到:域外的哲学作品,总会呈现一种异己的特质。这就要求这类作品的译者必须肩负起两重责任:首先,要给文本里重要的概念范畴寻求一个合适的语义对等词;其次,还要在可理解的范围内让译语读者觉察到一种**他性**。翻译存异的伦理要求译文能让译语读者体悟这是来自他方的哲学思想,且能够引发新的问思。当把先秦儒学核心范畴以 to be 的翻译模式介绍入西方时,先秦儒学的自身特性就被取消了,这与"存异"的翻译伦理显然背道而驰。

5.1.2 对音译加注翻译模式的再思量

在第 4 章的译例分析中,我们并没有拣选任何音译加注的译例来展开讨论,一方面因其与译词组中其他的语词并非同质;另一方面,其表征模式统一,无须在每个范畴的译词中重复讨论。但这种模式在英语译本中也颇为常见。在文献综述里,我们业已发现,现有的零散的儒学概念词翻译研究最终也都将音译加注作为推荐的解决办法,比如把"仁"音译为 Ren,"义"翻译为 Yi。故在此单独作为一种模式提出,集中讨论。

一些研究者之所以推荐音译词,大概有两种原因:① 译者本着翻译应该全面传达原义的指导原则,评判现有的英语译词都不能担负传达原范畴复合意义

---

① 郝大维、安乐哲:《通过孔子而思》,何金俐译,北京大学出版社,2005,第Ⅶ—Ⅷ页。

② Lawrence Venuti, *The Scandals of Translation : Towards an Ethics of Difference* (London and New York: Routledge, 1998), p.46.

的重任,所以,将原范畴判定为不可译的,提出拼音加注释的解决方案,这属于不得已而为之;② 译者本着"存异"的原则,抛弃使用英语语境中非常主流的哲学对应词,坚持用拼音来宣称一种差异性,认为拼音可以召唤译语读者对"异"的直观感知,且借助注释可以获取理解。且若假以时日,等某个语词的解释为人们建立其该有的认知后,它就可以直接抛却注释,以纯拼音的形式运作在译语的语言环境里。

乍一看,第二种思考无可辩驳。历史上跨语际交流的很多例子强力证明了这是一种可行的手段,如佛经翻译中的很多语汇就直接从梵文音译过来,我们也已经见过不少将某个中国特有的语词成功嫁接到英语语言环境中且获得长久流传的例子,比如 Taiji(太极拳)、Kongfu(功夫)、Koutou(叩头)等。在佛经翻译的时代,音译更是有着正当合法性的。中国翻译史上记载玄奘法师的"五不翻"策略。其中的后三条为:"三、此无故,如'阎浮树'(胜金树),中夏实无此木;四、顺古故,如'阿耨菩提'(正遍知),非不可翻,而摩腾以来,常存梵音;五、生善故,如'般若'尊重,'智慧'轻浅;而七迷之作,乃谓'释迦牟尼',此名'能仁','能仁'之义位卑周孔;'菩提萨埵',名'大道心众生',其名下劣;皆掩而不翻。"①"五不翻"原则运行到最后的解决方式就是采用汉语来表音的音译,比如将 Prajñā 译作"般若",此词后来在佛经中深深扎根,经阐释而拥有了自身的意义场域,得以广泛流传,甚至还发展出相关的术语名词体系,比如所谓的"五般若"。佛经的汉译曾经为音译提供了颇多成功的例子。西学东渐以来,对于西方术语的音译,如哲学中的 logos 译作"逻各斯"、onta 译作"安特"、φιλοσοφια 译作"索菲亚",宗教学领域的音译词更是不知凡几。很多译词进入了人们的生活及学术话语体系。受这两种成功范例的启发,学界有一种声音呼吁:对于传统文化所独有的事物,采取音译的方式才能避免译语读者的误解或不解,故而音译是保护文化精髓不流失的重要手段②。以玄奘法师"五不翻"的原则来看,儒学的核心范畴明显符合"含多义""此无"两类不翻原则,将之音译为 Xing、Ren、Li、Yi、Zhi、Zhong 似乎有其合理性。单从语言层面来看,这种努力更像存留了全部的异的

---

① 周敦义:《翻译名义序》,载于罗新璋、陈应年编《翻译论集》,商务印书馆,2009,第93页。
② 岳峰:《略论音译与中国传统文化》,《福州大学学报》2000年第1期,第58—61,100页。

特征,为使译文保持一种可洞见的"异质性",是一条通行的文化范畴译法解决的出路。

可是,我们仔细审度就会发现,Ren、Yi、Li 之于"仁""义""礼,"和 Kongfu、Koutou、Taiji 之于"功夫""叩头""太极"的运作方式是完全不同质的。功夫、太极或叩头,在现实的生活中都是可观可感的。换言之,英语世界读者对 Kongfu、Koutou、Taiji 的理解与对于桌子、板凳这样的词汇的认知相似,它们并不依赖于注释,透过影像或者图片资料即可获得直观的认知。功夫或太极,都是可以在生活世界里寻得可借鉴的经验材料的。所以,它们可以在英语环境中成为固定的中国文化意象流传下来。可是,Ren、Yi、Li 这样的词汇诉诸读者的观念世界,而观念世界不像可感可观的物质世界那般直观,其虽植根于可感世界,但是经过思维加工,语词意义难以被译语读者直观捕捉。现有的译词虽有其不足之处,但却以现成的意义参与先秦儒学范畴的传播,而音译的模式则抹杀了意义的可传播性。译文终究要服务于译语读者的理解,而范畴更是一个可借其了解儒学本旨的重要组成部分。如长期采用音译之法翻译先秦儒学范畴,则意义将被禁锢在完全异质的符号里,文化交流的效率微乎其微,因为词的意义都是在语境中获得领会的,音译的 Ren、Yi、Li、Zhi 出现在英文语句中时,无法以直观的有意义的成分当场参与构造语句的情境,参照注释的理解是延搁的,领悟的意义也已和原初的语词相差甚远。彼得·纽马克(Peter Newmark)曾说:"翻译就是解释,意义必须在译文中自明,而非仰仗一长串的注释。"①宇文所安对此音译加注的问题也有过评论:"注释必须节制,过多的注释会使文本划入一片反复的乱章。某些注释和界说孤立地看可能十分有趣,可加在一起就会把文本及其对文本的讨论彻底淹没。"②因为每一个音译词必然依赖于整个文本的支撑或者注释系统的繁复,这就制造了阅读的障碍,影响了译词在外语世界传递意义的有效性。

综上所述,音译的解决方法虽然表面上有合理性,可以保留语词形式上的异质性,但并不适合在译本中通篇使用。音译的模式延搁了意义的出场,虽然注释增加了理解的可能,但是它却并不能代替语词本身参与语言游戏的构成,理解依

---

① Peter Newmark,*A Textbook of Translation*(Shanghai:Shanghai Foreign Language Education Press,2001),p.57.

② 宇文所安:《中国文论:英译与评论》,王柏华、陶庆梅译,上海社会科学院出版社,2003,第 14 页。

然是延搁的。

5.1.3 "范畴具体化"模式

5.1.3.1 语言表征

在 To Be 模式和音译加注模式之外还有另一种可提炼的模式,来自汉学家、哲学家安乐哲和郝大维的译本。在他们看来,先秦儒学里的关键范畴,都以"道"为场域的焦点——这里"道"为全称,"仁""义""礼""智""中""和""德"都是特称。他们认为,这些儒学范畴都不应该按照分离的实在论意义上的自性来理解,而应该置于过程之中来理解,理解成场域中的一个焦点。安乐哲、郝大维将此称为焦点—场域式语言。"这种语言假定了一个由各种有关各种过程和事件彼此相互作用的场域所构成的世界。在那样的场域之中,并不存在一个最终的因素,只有在现象场域之中不断变化的焦点,并且,每一个焦点都从各自有限的角度出发来聚焦整个场域。"①其具体的做法是为每一个核心范畴寻找一个中心词,在具体的语境中视需要对其进行形式变换及扩展。在他们的译本中,我们可以看到对核心范畴英译如下的主张及洞见:

(1)"仁"是一个自我的场域,是一种将人构建为社会的各种关系的汇集,而不再是某种被定性的作为理想的全德或美德。所以,"仁"被翻译为以 authority 为其词根的一系列变化形式,视具体情况用"authoritative person"或"authoritative conduct"或其单独的形容词形式,如《论语·颜渊》中有:

> 颜渊问仁。子曰:"克己复礼为仁。一日克己复礼,天下归仁焉。为仁由己,而由人乎哉?"②

Yanyuan inquired about **authoritative conduct**. The Master replied: "Through self-discipline and observing ritual propriety, one becomes **authoritative** in one's conduct. If for the space of one day one were able to accomplish this, the whole empire would defer to this **authoritative model**. Becoming **authoritative** in one's conduct is self-originating, how

① 安乐哲、郝大维:《切中伦常:〈中庸〉的新诠与新译》,彭国翔译,中国社会科学出版社,2011,第27页。
② 引自《论语·颜渊》,选自阮元校刻《十三经注疏》,中华书局,1980,第2502页。

could it originate with others? "①

在这样的翻译中,"仁"可是人类共同的理想,但却非天赋的潜质。"仁"是有待成就的(becoming),正如《论语》中的"仁者先难而后获,可谓仁矣"②。"仁"不是某种给定的东西,而是需要来"为"之的目标。从此出发,"人"不是我们天然所"是"者,而是我们所"做"和所"成"者(what we do and what we become)。

(2)"礼"的选词为 ritual propriety,并不指向可见可感的东西,迥异于法律(rules)和规范(regulation)。Propriety 的拉丁语关联词 proprius 在拉丁文中是"使得某物成为自己的"。这样一来,礼成了意义的贮藏器,成了需要在具体情境中去演绎的社会语法,旨在为每个成员在家庭、族群和政治活动中提供一种确定的身份。Ritual propriety 是一个意义库,而对于每个社会成员却意味着独属自身的形式化个体表达。

(3)"义"选词亦是多样化的:appropriateness,a sense of what is fitting 等表示"恰当的,得体"的语汇,强调具体的情境下以恰当的方式和得体的方式去行动。

(4)"知/智"被翻译为 to realize/realization,强调了其实行性,即 performative meaning,其并非 knowledge 所体现的知识理性,而是一种实践理性,指导着人们面对各种纷繁的情境时的从容中道,既能够权变又不离于经,从而实现"仁""义""礼"的持守。在他们的眼中,"智"与"仁"的并列就排除了事实与价值的区分,认识一个世界且在其中保持明智,这才是智的最有效传达。"智"的内在含有了恰如其分、恰到好处及自知知人的智慧。

(5)"中"的译文为 focusing the familiar affairs of the day,此表达排除了认知规范化,引入聚焦和平衡,将人这样的主体牵涉入其中,让人参与其中,让人的贡献体现,指引着人们迈向新的境界。这是一种行为导引,引导着人们向着最佳的效果去安顿世界与自我,并根据变化的环境来随时调整努力。这一语言串性的翻译,"在一定意义上起到了对中国古代主要文化特性的过程性阐释

---

① Roger T. Ames and Henry Rosemont, Jr. *The Analects of Confucius: A Philosophical Translation* (New York: The Random House Publishing Group, 1999), p. 152.

② 引自《论语·雍也》,选自阮元校刻《十三经注疏》,中华书局,1980,第 2479 页。

的动能"①。

5.1.3.2 "范畴具体化"模式的哲学渊源

安乐哲与郝大维在《切中伦常：〈中庸〉的新诠与新译》一书中指出：长期以来，由于传统的西方哲学一直为知识论所笼罩，其语言往往是追求非连续性、客观性和恒久不变性，因而对于以非连续性、过程性和生成性为特点的中国思想世界并不能持有正确的理解②。而这种对中国思想"非连续性、过程性和生成性"的感受，与其受怀特海过程哲学的影响有关。

过程哲学主张世界即是过程，是一门要求以机体概念取代物质概念的哲学学说。其创始人为阿尔弗莱德·诺特·怀特海。这种哲学形式的特质是与西方柏拉图、亚里士多德以来的传统形而上学相异的。柏拉图和亚里士多德为西方哲学奠定了注重实体、注重本质、注重静止的传统，过程哲学却与这种经典的哲学模式相反，它认为变动才是事物的绝对属性，认为过程优于实体。怀特海曾在其著作《过程哲学》中责怪伊壁鸠鲁、柏拉图及亚里士多德，认为他们都没有觉察到让知识封闭的那种抽象作用的危险；他认为："这些伟大人物所创立的思想史，是混合着积极开启和致命封杀的一场悲剧。其意义的开拓性消散在完满知识的确定性中。在事物的全面联系中，关联着的事物的特征在于他们的关联性，正是这种关联性，才把事物结合在一起。"③他认为事物的关联性并不影响其各自的独立性与完整性，相反的是，事物的独立性是关联性的结果。所以一个事物之所以具有其个体性是因为它处于关联之中，而关联性本身是生成性的。个体在关联中获得其丰富的意义，同时又是关联本身所展示的丰富意义图景的源泉。把关联性当作是内在的、构成性的和生成的，即怀特海所谓的"审美秩序"。在审美秩序中，个体任何的所得都会激发全体，全体会因为其特殊细节的提升而得到整体的提升。

郝大维与安乐哲在《通过孔子而思》一书中承继了怀特海"审美秩序"观点，认为以孔子学说为重要体现的先秦儒学，其背后运作的是审美秩序，他们认为，在先秦儒学的思想体系中，不是个体客观妥协以适应法规和种种关系及社会秩

---

① 安乐哲、郝大维：《切中伦常：〈中庸〉的新诠与新译》，彭国翔译，中国社会科学出版社，2011，第37页。
② 安乐哲、郝大维：《切中伦常：〈中庸〉的新诠与新译》，彭国翔译，中国社会科学出版社，2011，第32页。
③ Alfred North Whitehead, *Process and Reality*(New York：Free Press,1979）, p.10.

序,而是个体以某种感知世界的方式参与其中,用个体的创造性去演绎社会秩序,秩序持存的基础是个体创造性的诠释①。他们对个体创造性的诠释深深地体现在译词的拣选之中。他们对同一个范畴在不同之处的具体化的诠释,体现了他们的焦点场域思维,即每一个关注点都是建构其独特语境的焦点,而这些所有可选择的焦点都可以体现一种整体性,每个焦点都可以提供给全体不同的视角。

5.1.3.3 对"范畴具体化"模式的再评价

我们业已看到在第一种翻译模式中,"仁""义"这样的先秦儒学范畴很容易被道德的普遍原则和行为的绝对标准所绑架,成为个体所应该遵守的一种外在的规范秩序,人的主体价值沦落,"仁"与"义"成为某种标准,只要遵照而实行似乎就能够成为有道德的人,"仁"和"义"在人与人的交际中体现的鲜活性和生命力被冰冷的教条所取代了。而"礼"很容易滑入空泛的形式化框架,陷入必须如何、必须怎样做的口号,这就难怪黑格尔会将孔子看成庸俗的教条主义者,其根源就在于当情境化的教导与讨论被一套模式化的词汇带入西方时,"礼"的内在精神即"礼义"很容易就失落了,而"礼文"因其可以知见性而被不经意地强化,如此则"礼"难免会具有宗教的社会的教条意味;而"礼"背后完整的关乎天文人文的大气象则需要进入整个文化生态才能够获得理解,这也就难怪"礼"在英文世界旅行后的对应词相对最多。"智"的"自知""知人"的那种实践的智慧被单纯的知识论意义上的知识或静观的智慧所取代,智慧的所有者也很容易被一种洞见幽微的预言所表征,然而这明显与"智者乐水"的诗意动态有着不同。"中"则成为单纯的行为尺度,"权变""执中"的智慧常常被误会为圆滑世故,并被职分的划定所侵染。

安乐哲、郝大维所采用的"范畴具体化"的翻译模式则有效地避免了这一问题。但是,这种翻译及诠释的方式亦有一定局限性——在选词上呈现较多的社会学视角或人类学视角,如将"仁"与"authority"(权威)联系起来,固然是将"仁"与践行"君子"人格的关系凸显了出来,但"authority"也反过来影响了译语读者对于"仁"的正确认知。即便如此,经由这种"范畴具体化"模式的更改之后,先秦

---

① 郝大维、安乐哲:《通过孔子而思》,何金俐译,北京大学出版社,2005,第162—163页。

儒学的这些核心范畴就走出了普遍化的道德真理的困境,转而成为个体可理解的情境,"仁"强调了个体不断向理想态迈进的努力过程及行动的重要性,"义"强调了个体对"适合情境"的把握,"礼"强调了践行,"知/智"更是强调了在行为中体现的个人判断,"中庸"的原则落实于日常的琐碎伦常,与《中庸》肇端于夫妇的思维取得了一致。我们可由此洞见,这种解读模式怀着一种诉求:语言的功用并非要引导人们去获取关于"仁""义""礼""智""中"的理性知识和操作原则,而是导向人在具体情境中通过自身的修身进取、自立立人而获得对意义的创造。这些核心范畴不是外在的规定,而是内在的实现与践行。换言之,安乐哲、郝大维所提供的译词,已经不再试图去规范与定义原来的核心范畴,而是要召唤个体的参与,引领个体在社群中达到和谐态的智慧,且暗含了"执中"的追求,其优点在于:某种程度上因应了先秦儒学范畴固有的复义的要求,使得意义根据情境而发生变动,从而灵动起来,不再是僵死的道德教条,具有了哲学之"爱智慧"的意味;所追求的对象化的认知模式取消了道德理论的超验性,而含有了在情境中来悟的美学理解模式;这一模式所揭示的秩序和过程思想,在某种程度上映照了先秦儒学的动态化和情境性;其所采用的语词有了更加具体的情景指引,将先秦儒学核心范畴的意义呈现得具体而微,从而便于英语世界的读者在阅读时获得一种直接的当下的感悟。这种模式对于具体情境的尊重,是值得提取的。译语读者可由此获得对儒家思想粗略的整体轮廓:儒学思想来自异域,它可以提供一种可理解可践行的哲学智慧。

5.2 新模式探寻

通过第2章的先秦儒学思想概说及第4章先秦儒学核心范畴英译分析中的原文意义空间描摹,我们已经深刻地体会到:以夫子为代表的先秦儒者很少为"是什么"去费口舌,"夫子罕言命与仁"就是个例证。而西哲 to be 模式是与这一思维方式格格不入的,这亦非中华先哲使用语言的方式,不能传达先秦儒学的践行特质。我们都知道,在英文中,真理是客观而精确的用以描述世界的陈述,然而在古汉语中很难找到与英文中的"真"或"真理"堪称对等的语词。这是因为在中国古典的语言观念里,使用真理性或者定义性的陈述(statement)是不必要的,或曰并不重要。因此,to be 翻译模式会引发一种变异,译入语读者无法借此达到对儒学原发性的理解。

而第二种模式即音译加注,虽然在某种程度上显明了范畴的文化异质性,但只是表面的,从深层次来说,那些蕴含在语词里的可以引发读者深入领悟先秦儒学思想精髓的语言技艺和语言游戏已经像除草一样被除掉了。若典籍英译本之中通篇采用此法,译语读者读到的会是一个还未曾关联熟悉意义的陌生符号(如 Ren,Yi,Li 等),然后再去翻查注释,这样一来,意义的出场就被延搁了,颇为影响译语读者对核心范畴的语境化认知。而第三种模式即"范畴具体化",确有值得借鉴的语言游戏之法,但其嫁接了过程哲学,将先秦儒学解读出较为强烈的社会学思想特质。而先秦儒学终究是修为之学,带着游刃有余发而中节的丰富生命体验,又指向"至圣"之理想。所以我们希望寻求到一种阐释模式,能够相对更为全面地彰显儒学的基本特质。古语有"执柯伐柯",我们或可回到先秦儒学自身,重温其情境化时机化的特质,让先秦儒学思想自身成为我们搭建可行性模式的理据。

5.2.1   先秦儒学的"时中"特质

"轴心时代"发展起来的先秦儒学代表了华夏文明的主流文化精神,其思维方式与同时代兴起的世界上其他几大文明有着根本性的差异。先秦儒家文明的思考更多从人世展开,将目光投注于人生、生活、实践,与古希腊的逻辑性思维和希伯来的宗教性思维形成了鲜明对照。劳思光先生在讨论儒家哲学时指出:"由于孔子是先秦儒学之创建者,故孔子所代表之精神方向,日后即为整个儒学传统之精神方向;而由儒学精神所决定之一切文化活动,亦皆依此精神方向而获得其特性。……该每一学派之创建人,在立说之具体内容上,多半未臻详备,然在精神方向上则必显现极为重要之特色。"[1]相较于希腊哲学,先秦儒学更关注思想家的言行,苏格拉底意义上的哲学则更多是静态的思辨,所以大部分以西方哲学作为研究对象的学者在开展研究时并不甚关注苏格拉底、柏拉图、亚里士多德本身的生平遭际,而主要关心他们的思想概念体系。而儒学史的写作必须从孔子

---

[1] 劳思光:《新编中国哲学史》,广西师范大学出版社,2005,第99页。

的生平遭际写起,居于儒学核心地位的《论语》更是孔子别样的传记。不论是孟子、荀子、董仲舒,抑或是后来的朱子、王阳明,其思想无论怎样变化,都不会跃出孔子所形塑的直指人生的基本样态。因而考察孔子、考察记载孔子生平言行的《论语》,可说是抓住了儒学的基本情态,从中可以窥见先秦儒学和生活世界密不可分的价值取向。这种价值取向到底具体体现在哪些方面呢?我们可以结合第2章,梳理出如下几点:

首先,抱持入世情怀,尊重差异,对事物评价并不死守僵硬的准则。在孔子那里,有君子和小人之分,有上智与下愚之别,但无论是怎样的一个人,在孔子那里总是有其尊严与价值,其所表现的生命样态决定了儒家的仁义礼智等观念。由于关注人,孔子认可传统的价值,看重教化的力量,追求君子人格的完善。我们之前讨论过,孔子对于忠孝等价值观念并没有一个僵死的标注,也不认为有一个放之四海而皆准的标尺存在,所有的道德判断必须回到具体的情境中才有其意义。比如,有一次季子然跟孔子说其弟子子路、子游是大臣。孔子则不以为然,以为不过是能干的臣子而已,算不上"大臣",所谓"大臣"乃是"以道事君,不可则止"[1]。显然,孔子的精神与后世宣扬的愚忠愚孝有着很大的不同。在孔子看来,出仕乃是行其道,乃为追求天下太平,并非随君王予取予求,如能够行道则竭尽所能,如不能则蓬蒿庐下,讲经授业,渔钓闲谈,皆无不可。这一点在《论语·微子》篇中更能体会到:

> 长沮、桀溺耦而耕,孔子过之,使子路问津焉。长沮曰:"夫执舆者为谁?"子路曰:"为孔丘。"曰:"是鲁孔丘与?"曰:"是也。"曰:"是知津矣。"问于桀溺,桀溺曰:"子为谁?"曰:"为仲由。"曰:"是鲁孔丘之徒与?"对曰:"然。"曰:"滔滔者天下皆是也,而谁以易之? 且而与其从辟人之士也,岂若从辟世之士哉?"耰而不辍。子路行以告。夫子怃然曰:"鸟兽不可与同群,吾非斯人之徒与而谁与? 天下有道,丘不与易也。"[2]

隐士对于孔子的批评主要集中在两点,一者孔子是"知津"者,是一个明白人,他知道在这样一个洪水滔天、礼崩乐坏的时代,孜孜以求的一切都是空幻;二

---

[1] 引自《论语·先进》,选自阮元校刻《十三经注疏》,中华书局,1980,第2500页。
[2] 引自《论语·微子》,选自阮元校刻《十三经注疏》,中华书局,1980,第2529页。

者孔子所向往建立的始终是理想的人格世界,这在隐士看来亦是徒劳,与其避开小人,不如避开人世。孔子面对非难乃徐徐叹息,道出其人格理想之底色。当面对人世的分崩离析与价值世界的坍塌时,有些人选择离开进入自己的思想世界,进入一个没有人的纯粹的世界;而有些人则如填海的精卫,力求修补重建世界的秩序。孔子自言其志,即云"老者安之,朋友信之,少者怀之"①,孔子无疑是成功的,虽然说在人间事功的层面他建树称不上宏大,但其建立的以人间秩序为着眼点,以"有道则行以致太平,无道则隐不干坏事"的基本精神,塑造了整个华夏民族的精神取向。后来者如孟子、荀子、董仲舒、扬雄、阮籍、嵇康、王通、韩非、周敦颐、程颐、程颢、张载、朱熹、陆象山、王阳明等大儒,始终行进在这条道路上,如钱宾四先生所论:"在理学者,所以学为人;为人之道,端在平常日用之间;而平常日用,则必以胸怀洒落、情意恬淡为能事。惟其能此,始可体道悟真,日臻精微;而要其极,亦必以日常人生之洒落恬淡为归宿;至于治平勋业,垂世著作,立功立言,斯则际会不同,才性有异,亦可谓是理学之余事。"②这一脉精神的传承正是发源于孔子。

其次,强调学与行合一,在践行中实现德性价值。孔子所谓"学"与我们今天一般意义上的知识性的学习不尽相同。孔颖达《论语正义》以为:"此章劝人学为君子也。"③学者不仅仅是诵书习经,更重要的是要学以致用。"诵《诗三百》,授之以政,不达;使于四方,不能专对,虽多,亦奚以为?"④即使将《诗三百》背得滚瓜烂熟,如若不能够在政治外交中将之活用,成为自己执政、外交辞令的一部分,则所学等于无。可以看出,孔子所讲的学习完全是学以致用,更加看重践行。《论语》一书以"学而时习之"开篇,有其内在的必然性,孔子重视实践之一面或可得窥一斑。"学而不思则罔,思而不学则殆。"⑤践行与思考不可须臾分离。但孔子所谓思绝非西哲所谓的远离生活的、进入另一世界的"沉思",这一思更多乃是将读前贤之书所收获的经验付诸实践,将学行中所获得的教益转化为自我生命

---

① 引自《论语·公冶长》,选自阮元校刻《十三经注疏》,中华书局,1980,第 2475 页。

② 钱穆:《理学六家诗钞自序》,选自《钱宾四先生全集:理学六家诗钞 灵魂与心》,联经出版事业公司,1998,第 3—4 页。

③ 引自阮元校刻《十三经注疏》,中华书局,1980,第 2457 页。

④ 引自《论语·子路》,选自阮元校刻《十三经注疏》,中华书局,1980,第 2507 页。

⑤ 引自《论语·为政》,选自阮元校刻《十三经注疏》,中华书局,1980,第 2462 页。

的一部分,如"子路有闻,未之能行,唯恐有闻"①。听到一点,则就行这一点好处,唯恐又得着新的经验,以至于原来所得的还没有持守坚实。由此出发,不难理解孔子为什么对于善于言谈者持有那么大的成见。在古希腊,善于言辞乃人的美德之一,口若悬河者往往受到众人的钦羡。在孔门,如口才便给,则是不受孔子待见的。此为何?"巧言令色,鲜矣仁。"②"仁"是孔子思想的核心,可见孔子对巧言令色的不齿。在注疏中,我们可见:"包曰巧言好其言语,令色善其颜色,皆欲令人说之,少能有仁也。正义曰此章论仁者必直言正色,其若巧好其言语,令善其颜色,欲令人说爱之者,少能有仁也。"③善于言辞善其颜色者为什么少能有仁,前贤则以其无自见,多屈己以迎人。孔子对于夸夸其谈者一直怀有一种不信任,因为"君子欲敏于行而讷于言"④,他最喜爱的学生颜回甚至"不违如愚"⑤。语言与行动在某种程度上构成了一种背反,行动者往往对于语言者持不信任的态度。孔子一生周游列国,教书育人,其见闻既多,则对于口不应心者多有鉴戒,固有此态度。如此则不难理解以下这则材料:

> 子曰:"予欲无言。"子贡曰:"子如不言,则小子何述焉?"子曰:"天何言哉? 四时行焉,百物生焉,天何言哉?"⑥

孔颖达《论语正义》云:"此章戒人慎言也。'子曰:予欲无言'者,君子讷于言而敏于行,以言之为益少,故欲无言。……此孔子举天亦不言而令行以为譬也。天何尝有言语哉? 而四时之令递行焉,百物皆依时而生焉,天何尝有言语教命哉? 以喻人若无言,但有其行,不亦可乎!"⑦到孔颖达,学者皆以为孔子以此章训诫弟子应当践行礼乐、追求君子人格的实现。朱子则以为"四时行,百物生,莫非天理发见流行之实,不待言而可见。圣人一动一静,莫非妙道精义之发,亦天而已,岂待言而显哉"⑧,这一解释明显染上了玄远的意味,过分突出天理,则附加了很

---

① 引自《论语·公冶长》,选自阮元校刻《十三经注疏》,中华书局,1980,第 2474 页。
② 引自《论语·学而》,选自阮元校刻《十三经注疏》,中华书局,1980,第 2457 页。
③ 引自阮元校刻《十三经注疏》,中华书局,1980,第 2457 页。
④ 引自《论语·里仁》,选自阮元校刻《十三经注疏》,中华书局,1980,第 2472 页。
⑤ 引自《论语·为政》,选自阮元校刻《十三经注疏》,中华书局,1980,第 2462 页。
⑥ 引自《论语·阳货》,选自阮元校刻《十三经注疏》,中华书局,1980,第 2526 页。
⑦ 引自阮元校刻《十三经注疏》,中华书局,1980,第 2526 页。
⑧ 朱熹:《四书章句集注》,中华书局,2011,第 180 页。

多不必要的歧义。钱穆先生以此章可有两说：

> 或说：孔子惧学者徒以言语求道，故发此以警之也。或说：孔子有见于道之非可以言说为功，不如默而存之，转足以厚德而敦化也。此两义皆可通，当与前篇无隐之义相参。或疑本章孔子以天自比，孔子特举以解子贡不言何述之疑耳，非孔子意欲拟天设教也。[1]

可谓得孔子思想之三昧。重视人伦日用的精神取向必然决定了先秦儒学强调践行，而非坐而论道的打机锋，由此也就不难理解，到阳明后学出，乃以满大街尧舜自许，将儒学推向了整个社会生活层面。

再次，坚持境遇化的浸染，而非对象化的说教。兴在某种意义上由诗进入道，成为儒学甚至于中国哲学的重要思维方式。音乐与政治的关系被孔子强调到了非常重要的地步，孔子认为礼乐教化能够使民风淳朴，则民易使易治。

> 子之武城，闻弦歌之声。夫子莞尔而笑，曰："割鸡焉用牛刀？"子游对曰："昔者偃也闻诸夫子曰：'君子学道则爱人，小人学道则易使也。'"子曰："二三子！偃之言是也。前言戏之耳。"[2]

这里，通过孔子对于言偃行为的认可标举了孔门礼乐教化的传统，"弦歌之声"被等同于道，君子经由学习音乐能够爱人，民众通过学习音乐能够更加听从政令。我们记得孔子曾经以"爱人"答复樊迟问仁，音乐在君子培养仁心方面乃具有重大价值。前面我们已经讨论过音乐在教化中的作用，在此不赘言。进而我们需要认识到，在孔子看来，音乐不仅仅是通过一种简单的类比同构的效果来反映普遍的社会风气，更重要的是音乐有助于兴发君子及小人心中宁静坚实的部分，这一兴发的作用会进而使民众自觉地具有礼乐以至于诗的精神。《论语》中处处可见孔子诗性之思，这种兴发似的思考甚至成为孔门相互请益的方法。《论语·述而》篇记载："冉有曰：'夫子为卫君乎？'子贡曰：'诺，吾将问之。'入曰：'伯夷、叔齐，何人也？'曰：'古之贤人也。'曰：'怨乎？'曰：'求仁而得仁，又何怨？'出曰：'夫子不为也。'"[3]卫出公继位一事，冉有欲知道孔子的看法，于是请子贡去

---

① 钱穆：《论语新解》，巴蜀书社，1985，第430—431页。
② 引自《论语·阳货》，选自阮元校刻《十三经注疏》，中华书局，1980，第2524页。
③ 引自《论语·述而》，选自阮元校刻《十三经注疏》，中华书局，1980，第2482页。

问孔子的意见。子贡当然很聪明，知道不适合这样问，于是乎旁敲侧击，孔子也是心领神会。这样的一种思维方式完全是诗意的。即以"吾与点也"的千古公案而言，更可见孔子这一精神。孔颖达以为："仲尼祖述尧、舜，宪章文武，生值乱时而君不用。三子不能相时，志在为政。唯曾皙独能知时，志在澡身浴德，咏怀乐道，故孔子与之也。"①孔氏之论无疑过于拘牵，试想孔子一生孜孜矻矻，力求得君行道，既不用以著述为功，其所思所行当不至于为时所羁绊。朱子以为"人欲尽处，天理流行"云云，但又对此多有警醒："曾点言志，当时孔子只是见他说几句索性话，令人快意，所以与之。其实细密工夫却多欠阙，便似庄列。如季武子死，倚其门而歌，打曾参仆地，皆有些狂怪。"②又有"事亦岂可废也！若都不就事上学，只要便如曾点样快活，将来却恐狂了人去也。学者以须常有三子之事业，又有曾点襟怀，方始不偏"③。朱子固然为曾点的气象所折服，但不免有所警惕，怕的是以道问学的路子偏到狂的一路去。朱子对于孔子百般服膺，然时移事异，朱子讲天理人欲，格物致知，与孔子最初的发源终究是隔了几层。儒学自孔子之后，经由孟子揭示出"人性善"之论，到荀子则直往外寻。汉代经学更假外求，以宇宙论混合阴阳数术之学，将儒学的本来面貌遮蔽，后来更沦落到空口谈孝谈德，其所行却是背道而驰的。再经玄学、佛学之熏染，到韩愈一挽狂澜，虽云辟佛，儒学终不免更加玄理化形而上学化。到近世受西洋哲学之刺激，此风更是鼎盛。回到孔子的语境，我们发现孔子对于诗乐具有非常浓厚的兴趣，这种兴趣体现的审美精神折射出了孔子"毋意、毋必、毋固、毋我"的人生智慧。孔子对于曾皙之欣赏，实是理想的诗意精神的发现。

我们力图将孔子的思想智慧放到其原初的境遇中去考察，进而思考儒学在源发的意义上是怎样的一种哲学。我们认为先秦儒学思想的根本特点是，它并非进行形而上学的建构或知识论的追求，它追求的是世界秩序和理想人格的完成，其思维方式则表现为尊重人与人的差异而不固守先在的标准，在实践中以兴发的方式问难而非照本宣科，以情境化的方式来启发思想而非以僵死的教条来规约人格，而这些具有生命情态的思维方式一言以蔽之曰"时中"。

---

① 引自阮元：《十三经注疏》，中华书局，1980，第 2501 页。
② 黎靖德：《朱子语类》，王星贤点校，中华书局，1986，第 1027 页。
③ 此章朱子论之甚详，见黎靖德：《朱子语类》，王星贤点校，中华书局，1986，第 1026—1041 页。

　　我们所说的"时中"指的是：先秦儒学的思维方式不是固定于某一种外在要求的，而是在时间之流中去把握动态的中道，以获得生命的平衡。"时中"这一特质在《论语》中还处于潜而未发的状态，在《周易》中则表现得淋漓尽致，所谓"易"本身既是变易，也是不易，亦是简易，就是要通过六爻来应对这个变动不居的世界："《易》之为书也不可远，为道也屡迁，变动不居，周流六虚，上下无常，刚柔相易，不可为典要，唯变所适。"①《易》就是在生生变异之中而非之外通达"不易"与"简易"，而能够"弥纶天地之道"②，使人与天地参，会通天道与人道。通过《易》所获得不是超验的本质规律或者趋利避害的市侩机巧，而是"知几""知化"又能够有所持守不为的大智慧。由这种大智慧涵养而成的是一种融入生活的、注重当下生活本身的自在自为，恰如夫子所自道：

　　　　季路问事鬼神。子曰："未能事人，焉能事鬼？"曰："敢问死？"曰："未知生，焉知死？"③

生死与鬼神这些玄而又玄的题目并非没有进入孔子的思想，只是在夫子的语境中有更加重要的关注，人世与生活比那些玄远之思更为夫子看重。由这种入世的态度带来的必然是动态的充满热情的生活。在当下的活泼泼的思想是以孔子精神为代表的儒学，恰如《易》所体现的，它并不是树立一条规范，规定你要如何、不可如何，而是经由一个个人的生命情境的体认与当下的感动来看待人生与世界，这就是儒学纯粹的不受外在的诱惑威胁所动的源发于自身的思维方式。这一方式是没有任何现成的道德预设的，而是要回归到自我内心最纯粹的部分，于时间之流中把自我纯然地投射出去，而获得"中"的态度。"时中"就是面对不同的情境，有所变易，有所不易，在变动不居之中又能够做到不固执、不臆想、以忠恕之道纯然地生活。所以孔子所说的至难至高的"中庸"不是形式上的对半平均或者各依职分地位而达到的平衡，其立脚处在庸常的夫妇人伦所发端的生活之流中，是为"天下之大本也"④。

　　① 引自《易·系辞下》，选自阮元校刻《十三经注疏》，中华书局，1980，第 90 页。
　　② 引自《易·系辞上》，选自阮元校刻《十三经注疏》，中华书局，1980，第 77 页。
　　③ 引自《论语·先进》，选自阮元校刻《十三经注疏》，中华书局，1980，第 2499 页。
　　④ 引自《礼记·中庸》，选自阮元校刻《十三经注疏》，中华书局，1980，第 1625 页。

5.2.2 "时中"翻译模式

经由前文论述,我们已经可以明显知觉:先秦儒学是践行的智慧,其追求的最高境界是达到一种发而中节游刃有余的当下切身体验。而我们所探讨的儒学的核心范畴"兴""仁""义""礼""智""中"也都不是可以被当作客观对象去把握的普遍知识,而是需要借助"时中"的思维方式去领悟的求道之路。而所谓"时中",体现于语言也是一种时机化、情境化、尊重差异,彰显"时"之效果。

"时"最初的意义指四时,后演化为时间之意。在先秦儒学语境中,"时"是一个非常重要的观念,《孟子·万章下》推尊孔子为"圣之时者"[①],孔子能够通权达变,与时偕行。"时"的出现打破了时间的混沌不分,从而使得人成为时间之流中的存在。因此可以说,"时"的成形需要"间"的分割与界定边界。"间",《说文解字》以为:"閒(即间),隙也。从门从月。会意,亦形。"[②]即空间的断裂缺口是为"间",也可以说间分割了整一完全的空无,从而生成了人类生活的空间维度。从空间的间隙进而发展了时间间隙的意涵,即闲,故而《说文》中有注:"徐锴曰夫门夜闭,闭而见月光,是有闲也。"[③]从而,时间从混沌中走了出来,人成为时间性存在,也即历史性存在。实现这一分割的是语言。据研究发现,中国早些时期方位观念只有南北,节令观念只有春秋,后来才慢慢发展出东西和夏冬。因此我们说,语言天然具有一种间性。比较有趣的是,间在分割整体性(老子称为道,庄子称为混沌)的同时使人类成为富有文化与文明的社会化存在,将人抛入分割了空与时的语言世界,即使人成了语言性的存在。从古人造字的智慧,我们可以获得更多的启示。若仔细斟酌,我们会发现,这个"间"原初的字形设计,隐含着中国古人对语言认知模式的思考。其一,门的形象,既有抗拒的意味,又有同化的意涵。一方面,这正表征了"间"的特性。《周易·同人》初九爻辞谓"同人于门"[④],即是说在门内要与人和同,这样必然没有咎害。另一方面,门又是阻止野兽闯入的凭借,因此《广雅》以为:"门,寿守也。"[⑤]一个词看似矛盾的意义恰恰体现了语

---

① 引自《孟子·万章上》,选自阮元校刻《十三经注疏》,中华书局,1980,第2741页。
② 许慎:《说文解字》,中华书局,1963,第248页。
③ 许慎:《说文解字》,中华书局,1963,第248页。
④ 引自《周易·同人》,选自阮元校刻《十三经注疏》,中华书局,1980,第29页。
⑤ 王念孙:《广雅疏证》,中华书局(台湾),2004,第96页。

言的一种特性。其二，门中有月，表明了"间隙"同世间事物存在状态的关系。换言之，事物的存在，总在某种程度上和"间隙"有隐秘关联。用更具哲学性的话语来讲，世界上所有的存在物，都可以通过"在……和……之间"，来确定它同别的存在物的关系，以及它（们）在世界上的位置。其三，相较"閒"而言，"间"晚出。初民于夜间透过门隙看到月光而更多了解了"间"（间接）的感觉，毕竟日光太过强烈，对人眼来说太过刺激，无法直视。而月光能让人们大概感知太阳光芒的样子，虽然已经是反射的光芒了，甚或还有"影子"的存在。这也意味着，中国古人已经潜在地意识到：世界上大部分事物是无法直接地、不留遗憾地、完全彻底地被全部认识到的。而世界的面貌，在这样月光的照耀下，更不可能全然清晰明了，且不提一览无余或彻底显现真相。由以上的讨论我们发现"间"具有"两"的意味："一方归本于另一方，但这样归本时，它同时自身保持在其本己之中，甚至先进入其本己之中——诸神与人类，大地与天空，即处于这种情形中；亲密性的意思决不是一种对各种区别的融合和熄灭；亲密性指的是异己之物的共属一体、奇异化运作、畏惧之要求。"①这即是"间"的本质。

由以上对于"间"的讨论，我们可以更好地界定"时中"翻译模式的特点：译文受制于其边界而存于其中，但这样的限制是有保障的，而非禁锢的：原语的意义之根据始终存活于其中，意义在这个空间里持续生长，获得新的血液与持久的生命力。在文化传播中，我们固然避不开要借助目的语传统中的相应的语词来说明我们的文化传统。但我们所借助的语词，不应该是绝对抽象的。我们应该拣选那些能够依照基本的相似性来加以塑造，扩展以函容新思想的。基于先秦儒学的特性，借鉴安氏的思考模式，在此提出"时中"翻译模式：

在翻译先秦儒学核心范畴时：

（1）尽量避免使用意义过度抽象的语词，如以-ity、-ness结尾的表示抽象性质的名词。

（2）尽量避免通篇使用音译加注解。

（3）对在全篇多次出现的同一范畴，可视语言情境选用不同的译词，在语词后加括号，标注范畴原字；译词不必拘泥于单一词性，可有丰富的词性变化，可采

---

① 海德格尔：《荷尔德林诗的阐释》，孙周兴译，商务印书馆，2000，第246页。

用复合词组。

（4）将每个范畴现有的译词（不包括意义过度抽象的语词及音译）做成语词集合，加方括号放入脚注中，给予读者了解语词复义空间的权利。

在此模式中，词语的灵活使用体现了原范畴意义的情境性，多个译词加入脚注可彰显原范畴意义的丰富性，且汉字的标注又统帅了译词的差异，引导译语读者对原范畴全面且充分的意义领悟。

"时中"模式立足于先秦儒学自身"时中"的思维方式本身，其所要实现的是类似《论语》中夫子答众弟子问的效果：各有所见，各有所得，又各自由其所见所得以共同探讨交流而兴发成一个宏大的意义空间，然后"仁""义""礼""智""中"这些核心范畴的意义价值自然而然地发散，并影响鼓舞着众弟子去践行自身的"仁""义""礼""智""中"而如切如磋、如琢如磨，无时或已。

对于这一翻译模式的终极意义，我们可以借由宋代僧人赞宁《宋高僧传》中的一个隐喻来说明："又夫西域者，佛法之根干也；东夏者，传来之枝叶也；世所知者，知枝叶不知根干；而不知枝叶殖土，亦根生干长矣，尼拘律陀树是也。盖东人之敏利，何以知耶？秦人好略，验其言少而解多也。西域之人淳朴，何以知乎？天竺好繁，证其言重而后悟也；由是观之，西域之人利在乎念性，东人利在乎解性也；如无相空教，出乎龙树，智者演之，令西域之仰慕；如中道教生乎弥勒，慈恩解之，疑西域之罕及。将知以前二宗，殖于智者、慈恩之土中，枝叶也。入土别生根干，明矣。善栽接者，见而不识，闻而可爱也。"①赞宁以"根干"与"枝叶"隐喻印度的佛教和中国的佛教。季羡林先生以为尼拘律陀树乃是榕树，他指出："在榕树这里，根干与枝叶互为因果，难解难分；用这样的榕树来比喻作为根干的印度佛法与作为枝叶的东夏佛法之间互为因果的关系，难道不是一个非常聪明、含义又非常深刻的比喻吗？"②季羡林先生所揭示的赞宁的隐喻的意义表明：一种好的翻译与原本文化之间的关系是"根干"与"枝叶"的关系，原本与译本两者之间是互相生长的。我们期待先秦儒学典籍在英语世界的旅行过程中扎根生长，且这种生长是借着原语的势能，在译语中拥有顽强的生命力，并最终能反哺汉语世

---

① 赞宁：《宋高僧传》，范祥雍点校，中华书局，1987，第 679 页。
② 季羡林：《佛教十五题》，中华书局，2007，第 247 页。

界对于先秦儒学典籍的认知。

在此,我们或会想起德里达的教导,想起他曾经把复制性的翻译推下深渊,又指出了一条明路:"正是那种抗拒翻译的东西在召唤翻译;也就是说译者正是在他发现了某种限制的地方,在他发现了翻译之难的地方,才会产生翻译的欲望,就像是'文本''欲求'被翻译一样。"[1]翻译应该去写具有另一种命运的其他文本。复制原意是指在不可能的情况下,翻译亦可以有新生,我们可以努力使得译作在不隔断与原作本质的联系下,"在一种新的躯体新的文化中,打开本文的崭新历史"[2]。德里达所指的出路正是我们要去寻找一种"本",然后将它嵌入到译语世界中,让其生根发芽,使得译文的完成不是结束,而是译本生命的开始,借用《论语》中的一句话即"本立而道生"[3]。译文落地生根,得以流传,甚至可能返回来影响原语文化对于自身的理解。

我们只是提出了"时中"的翻译模式,也正是借此希冀对于先秦儒家典籍的翻译能够从先秦儒家自身的思维方式展开、进入,以儒家内在的理路为导向,提振儒家哲学的地位。但我们并未对其他的语词做出拣选,反而在模式中提议将现有的语词集合,放入译词的脚注中。因为翻译的使命是传播思想,激发思想,而不是统一思想。多一种译名和解释,就多一份中西沟通的可能机缘。

5.3　本章小结

我们期冀着先秦儒学中的语词,因了这种"时中"的翻译模式,可以在域外拥有一个智慧的空间;译者应打破先秦儒学核心范畴语言浅表的束缚,获取其精义,再重新为其量体裁衣,使其以新的面貌出现在译语语境中。译语读者通过差异性的语言游戏,感悟一种新的思想方式,进而获得对先秦典籍更深刻、更切近本旨的领悟。智慧始于知,成就于行,知行往复,教化落地生根,典籍翻译的使命得以实现。

---

① 雅克·德里达:《书写与差异》,张宁译,生活·读书·新知三联书店,2001,第24页。
② 雅克·德里达:《书写与差异》,张宁译,生活·读书·新知三联书店,2001,第25页。
③ 引自《论语·学而》,选自阮元校刻《十三经注疏》,中华书局,1980,第2457页。

6

结　语

先秦儒学是中华民族文化宝库中的璀璨明珠,洞悉了先秦儒学思想,就把握了中华民族精神的根脉。本书通过经典梳理及历史回溯重现了先秦儒学思想要旨,明晓了其立于修身、执于"时中"的基本精神;且基于此精神从先秦儒学典籍中提炼出了若干可表征其要旨的范畴,通过对其译词的研读,在微观层面上描摹译词意义的更改,从宏观层面上辨析译词体现的翻译模式,并考察其导向的认知及其对传达先秦儒学思想要旨的优劣。在此基础上对译词类型做出取舍,并借鉴先秦儒学思想自身的"时中"特质,提出了"时中"的翻译模式。

本书通过论证申明:先秦儒学思想归根到底是践行的智慧,不以形而上学思辨为终极追求,其终极目的,只为达到一种得心应手、合乎中道,或曰发而中节的当下切身体验。其思想的核心范畴"兴""仁""义""礼""智""中"并不是可以被当作客观对象去把握的抽象概念,而是颇为具象的、需要借助生命经验去领悟并且成就的求道之路。这些范畴所表达的求道特质和中国古汉语所表现的"综合直观"特质一脉相承,故而在翻译核心范畴时,应充分利用目的语的语词张力彰显原语词的意义特征,以唤起译语读者对一种新思想方式的察觉,进而获得对先秦典籍更深刻、更切近本旨的领悟。

而本书隐于题目中的"问题",实指笔者对可译性的思索。本研究表明:设若翻译只言及语言转换的结果,则并不存在可能与否的挣扎,因为每个范畴已经存在多个译词,可译已成事实。可是诚如加达默尔论及翻译时指出:"所有的翻译者都是解释者。外语的翻译情况只是表示一种更为严重的诠释学困难,既要面对陌生性,又要克服这种陌生性。"①"凡需要翻译的地方,就必须考虑讲话者原本语词的精神和对其复述的精神之间的距离。但这种距离永远是不可能克服掉的。"②我们也从第4章的考察中看出,没有任何一个对应词可以堪称完美地传递出原范畴的精神③。从这一角度来说,可译又是有限度的。

"时中"模式的搭建正是为了挑战这种限度,扩展"可译"的边界。笔者认为一种思想经由翻译而传播时,若为其核心词汇固定唯一的对应词而否定其余,实质会抹杀原词自身意义的丰富性,反而不利于其意义在英语世界中得到全方位的理解,不利于文化的跨语境传达。一个译词只要抓住了原词基本精神中的一小缕也值得存留,让其以适当的方式出现,反而能推动原思想在新语言环境中的理解。"时中"模式里的语言游戏规则正是为了让这些语词互文见义,一方面对读者呈现原范畴复合的意义空间,另一方面也让原范畴在译词的差异共现中彰显自身的丰富性,帮助读者理解;而依据上下文变换语词乃至语词形式的规则,乃希望在语言游戏的运作中,原范畴各个意义之维可以得到充分的展现,并为读者所领悟。总而言之:范畴意义特征使得范畴自身在目的语中难以寻到"唯一的对等",范畴自身似是不可译的,但范畴的意义却是可译的,只是需要多个语词来共同实现,且在时间和情境中得以灵活表征。可译与否,看似是逻辑的二元判断,实则表现为动态的博弈,且被语言游戏所干涉。

贝尔曼在《异的考验——德国浪漫主义时代文化与翻译》一书中指出,翻译为跨文化交流而服务,语言层面的差异折射着文化层面的差异,而真正的相异性是隐含而隐秘的,这种"异"的价值极其容易被符号的转换所扼杀④。通过本研究我们感受到一种以"不可为典,唯变所适"⑤为源头的思想方式与另一种经由

---

① 汉斯-格奥尔格·加达默尔:《真理与方法:哲学诠释学的基本特征》,洪汉鼎译,上海译文出版社,2004,第500页。

② 汉斯-格奥尔格·加达默尔:《真理与方法:哲学诠释学的基本特征》,洪汉鼎译,上海译文出版社,2004,第496—497页。

③ 原词的精神,正是我们在本研究中致力去抓捕且传达的。我们描述整个的先秦思想,正是为了给原词的精神提供广阔的背景。原词的精神看似无虚,实质上指向原词的智慧,而原词的智慧正体现在原词的语言游戏中,而具体来说,体现在先哲以语言行事的特点里,体现在其以"讨论之名"行"引导行为之实"的特质中。若为其赋名,我们依然称之为"时中"。

④ Antoine Berman, *The Experience of the Foreign: Culture and Translation in Romantic Germany* (New York: State University of New York Press, 1992), p.10.

⑤ 南怀瑾:《南怀瑾全集》第3卷,复旦大学出版社,2003,593页。

毕达哥拉斯的数、巴门尼德的"是"到柏拉图的"理式"而构建起来的思想方式之间的差异。而我们亦在先秦儒学核心范畴英译词的检视中看到了准则导向的翻译模式对这种差异可能造成的抹杀与消隐。我们已经反复论述,书中所拣选的范畴总是和人类的生命经验及生活世界中的动态变化过程有内在关联,它们自诞生之初,就昭示了一种非常具体的方向:通过践行而实现,而非作为普遍有效的原则来被逻辑化认知。我们并不是否认先秦儒学中没有求真理的旨归,而是其并没有体现西方哲学真理那种非常明显的"形而上"特质,我们毋宁说其是一种更关乎实践的真理,或曰其具备明显的"述行"特质。我们所提出的"时中"翻译模式也为存此异努力迈出了第一步。毕竟,典籍翻译重要的使命之一是促进文化交流而实现民族间的通达,进而在彼此间产生积极影响,所以我们要的不是文化差异性的丧失,更不是世界文化形态趋于一致,而是在翻译中传达一种可被理解的"异",使得世界文化格局保持和而不同的样态。

经由本研究,笔者对典籍翻译亦持有如下的新体认:翻译典籍时应持有人文主义的翻译观,让译本具有人文教化的功用。此种人文主义的翻译观是相对科学翻译观而言的。长期以来,我们在翻译中追寻精确且唯一的对等,甚至在跨文化文本的翻译中依然秉持着即所指同一概念准确的诉求。而翻译的"信达雅"三原则也正是设立在这个理解的客观化之上的。只有按照这种求精准、求统一、求规范的方式进行跨语言交流才能被称为"真正的"翻译。而本书中一再申明,典籍最重要的价值在于其承载着一种不同的视阈,而非确指的经验内容,亦非规定好的价值标准。面对典籍的翻译,我们亦不是要立定绝对的准则,规训其中的必然关系,而是要用语言去传达一种智慧,一种新的可丰富生命的方式。我们对于其客观意义的追求都是一种工具或者手段,我们的终极目的是一种"价值"的追求,一种对可能的"生命的意义"的了解。

总体来说,典籍文本的译者在翻译的过程中要面对两个世界——典籍源语文本所牵涉的生活世界和译入语读者的生活世界。利科在《解释学的任务》中言:"理解一段文本不是去发现包含在文本中的呆滞的意义,而是去揭示由该文本所指示的存在可能性。"①而理解文本就总是在运用它。所以,译者在典籍翻

---

　　① 转引自王庆节:《解释学、海德格尔与儒道今释》,中国人民大学出版社,2004,第15页。

译活动中所要做的就是将一个生活世界翻译到另一个生活世界里,让另一个世界里的人们能够看清楚新世界的轮廓,借助自己的世界以求取对新世界的理解,明白更多生存的可能性。在此意义上,典籍翻译的一大重要任务是将源语文本中对于译语读者来说可能陌生、不熟悉和晦涩的东西转变成为"说着另一种语言"的富有意义的东西。所以,在译本中,我们期待看到的不是意义的裹挟,而是意义的再生。我们必须意识到,译本一旦流传,它将参与文本自行组织意义的过程中,而这一特质使得文本始终具有一种向外的冲动。因为译本的价值不仅仅在于认知,去了解另一个思想中发生了什么,而更应该具有一种行动的指引力、智慧力、开拓视阈的能力。"认识在此并不是一条知觉之流,而是一次发生、一个事件、一种境域。"①翻译一种语言就是翻译一种生活方式。典籍翻译从根本上说是一种审美活动,它帮助一个文化群体打量、审视、想象、学习另外一个群体的生活,从而使得自我生活趋向于完美。人在语言中成长,在语言中相互开放,典籍翻译则是通过另一种语言对此一种人生存状况的展示。也就是说,典籍翻译拓展着译语读者可能的生活。

一部伟大的古代作品通过怎样的翻译才能变成对另一种文化语境下的当代读者具有重大意义的东西? 本书只是对此问题思索的开始。

---

① 理查德·E. 帕尔默:《诠释学》,潘德荣译,商务印书馆,2012,第255页。

参考文献

[1] AMES R T,ROSEMONT H. The Analects of Confucius：A Philosophical Translation [M]. New York：The Random House Publishing Group,1998.

[2] AMES R T, HALL D L. Focusing the Familiar：A Translation and Philosophical Interpretation of the Zhongyong[M]. Hawaii：University of Hawaii Press,2001.

[3] BERMAN A. The Experience of the Foreign：Culture and Translation in Romantic Germany[M]. New York：State University of New York Press,1992.

[4] BROOKS E B,BROOKS A T. The Original Analects,Sayings of Confucius and His Successors[M]. New York：Columbia University Press,1998.

[5] CHAN W. A Source Book in Chinese Philosophy[M]. Princeton：Princeton Universality Press,1963.

[6] CLERY T. The Essential Confucius[M]. San Francisco：Harper,1992.

[7] COLLIE D. The Chinese Classical Work,Commonly Called the Four Books[M]. Malacca：Printed at the Mission Press,1828.

[8] DAWSON R. Confucius[M]. Oxford：Oxford University Press,1981.

[9] DURRANT S W. On Translating *Lun Yu*[J]. Chinese Literature：Essays, Articles, Reviews,1981,3(1)：109 - 119.

[10] DUBS H. The Works of Hsüntze：Translated from the Chinese, with Notes[M]. London：Arthur Probsthain：1928.

[11] etymonline.com/cn.

[12] FINGGARETTE H. Confucius：The Secular as Sacred[M]. New York：Harper and Row,1972.

[13] GILES L. The Sayings of Confucius：A New Translation of the Greater Part of the

Confucian Analects with Introduction and Notes[M]. London: John Murray,1949.

[14] HINTON D. The Analects[M]. Washington D. C.: Counterpoint,1998.

[15] HINTON D. Mencius[M].Washington D. C.: Counterpoint,1998.

[16] HUME D. A Treatise of Human Nature (2nd edition) [M]. Oxford: Clarendon Press,1978.

[17] HUME D. An Enquiry Concerning the Principles of Morals [M]. Indianapolis: Hackett,1983.

[18] JENNINGS W. The Confucian Analects: A Translation, with Annotations and an Introduction[M]. London: George Routledge and Sons,1895.

[19] JIA J H,KWOK P F. From Clan Manners to Ethical Obligation and Righteousness: A New Interpretation of the Term Yi 义[J]. Journal of the Royal Asiatic Society 17,2007, 1: 33 - 42.

[20] KANT I. The Metaphysics of Morals [M]. Cambridge: Cambridge University Press,1996.

[21] KARLGREN B. Sound and Symbol in Chinese [M]. London: Oxford University Press,1923.

[22] KNOBLOCK J. Xunzi: A Translation and Study of the Complete Works[M]. Stanford: Stanford University Press,1990.

[23] LAU D C. Confucius: The Analects (Lunyu)[M]. Hong Kong: Chinese Univeristy of Hong Kong Press,1992.

[24] LAU D C. Mencius[M]. Hong Kong: Chinese University of Hong Kong Press,1984.

[25] LAU D C, CHEN F C. A Concordance to the Liji[M]. Hong Kong: Commercial Press,1992.

[26] LEGGE J. The Chinese Classics[M]. 5 volumes,Hong Kong: Hong Kong University Press,1960.

[27] LEGGE J. Li Chi[J],in the *Sacred Books of the East* 8.Series,vol.27 and 28. Oxford: Clarendon,1885.

[28] LEYS S . The Analects of Confucius[M]. New York: Norton,1997.

[29] LYALL L A. The Sayings of Confucius[M]. London: Longmans,Green and Co.,1909.

[30] MARSHAMANJ. The Works of Confucius: Containing the Original Text, with a Translation[M]. Serampore,India: Mission Press,1809.

[31] MILL J S. Utilitarianism[M] Kitchener: Batoche Books,2001.

[32] MOUNIN G. Les Problèmes Théoriques de la Traduction. Paris: Gallimard,1963.

[33] NEWMARK P. A Textbook of Translation[M]. Shanghai: Shanghai Foreign Language

Education Press,2001.

[34] PFISTER L, GIRARDOT N J. Striving for "The Whole Duty of Man",James Legge and the Scottish Protestant Encounter with China[M]. Frankfurt am Main: Peter Lang, 2004.

[35] POUND E. Confucius: The Great Digest, The Unwobbling Pivot, and The Analects [M]. New York: New Directions,1969.

[36] POUND E. Confucian Analects[M]. London: Peter Owen Limited, 1956.

[37] RICAHRDS I A. Mencius on the Mind: Experiments in Multiple Definitions [M]. London: Routledge and Kegan Paul Ltd,1932.

[38] RICOEUR P. Eileen Brennan(trans.). On Translation[M]. London and New York: Routledge,2006.

[39] RICOEUR P, Heidegger & Modern Philosophy[M]. New Haven and London: Yale University Press,1978.

[40] ROBINSON D. Western Translation Theory: from Herodoutus to Nietzche [M]. London: Routledge,2002.

[41] SCHABERG D. "Sell it! Sell it!": Recent Translations of Lunyu [J]. Chinese Literature: Essays,Articles,Reviews,2001,23(Dec.): 115 – 139.

[42] SLINGERLAND E. Why Philosophy Is Not "Extra" in Understanding the Analects? [J]. Philosophy East and West,2000,50(1): 137 – 141.

[43] SOOTHILL W E. The Analects: or, The Conversations of Confucius with His Disciples and Certain Others[M]. New York: Oxford University Press,1937.

[44] SPENCE J. What Confucius Said,Jonathan Spence Reviews Simon Leys's Translation of the Analects[J]. New York Review of Books,1997(Apr.).

[45] TAMN C W. On Studies of Confucius[J]. Philosophy East and West, 1953, 3(2): 147 – 165.

[46] The New International Webster's Comprehensive Dictionary of the English Language [M]. Naples: Trident Press International, 2003.

[47] TU W. "Chinese Philosophy: A synopsis" [A]. In Eliot Deutsch & Ronbontekoe (eds.). A companion to World Philosophies[C]. Oxford: Blackwell,1996.

[48] TU W. Confucian Traditions in East Asian Modernity[M]. Cambridge, MA: Harvard University Press,1996.

[49] TU W. Confucian Thought: Selfhood as Creative Transformation[M]. Albany: State University of New York Press,1985.

[50] TU W. Humanity and Self-Cultivation: Essays in Confucian Thought[M]. Berkeley:

Asian Humanities Press,1979.

［51］VENUTI L. The Scandals of Translation：Towards an Ethics of Difference［M］.London and New York：Routledge,1998.

［52］VENUTI L. The Translation Studies Reader［M］. London and New York：Routledge,1967.

［53］WHITEHEAD A N. Process and Reality［M］. New York：Free Press,1979.

［54］WALEY A. The Analects of Confucius［M］. New York：Modern Library,1938.

［55］WATSON B. Hsün Tze：Basic Writings［M］. New York：Columbia University Press,1963.

［56］阿伦·瑞德莱.音乐哲学［M］.王德峰,夏巍,李宏昀,译.上海：上海人民出版社,2007.

［57］艾布拉姆斯.文学术语汇编［M］.北京：外语教学与研究出版社,2004.

［58］爱德华·泰勒.原始文化：神话、哲学、宗教、语言、艺术和习俗发展之研究［M］.连树声, 译.上海：上海文艺出版社,1992.

［59］安乐哲,郝大维.切中伦常：《中庸》的新诠与新译［M］.彭国翔,译.北京：中国社会科学出版社,2011.

［60］安乐哲,罗思文.《论语》的哲学诠释：比较哲学的视域［M］.余瑾,译.北京：中国社会科学出版社,2003.

［61］柏拉图.柏拉图对话集［C］.王太庆,译.北京：商务印书馆,2004.

［62］柏拉图.柏拉图全集［M］.王晓朝,译.北京：人民出版社,2002/2003.

［63］柏拉图.理想国［M］.张竹明,译.南京：译林出版社,2009.

［64］柏拉图.泰阿泰德智术之师［M］.严群,译.北京：商务印书馆,1963.

［65］班固.汉书［M］.北京：中华书局,1962.

［66］本杰明·李·沃尔夫.论语言、思维和现实——沃尔夫文集［M］.高一虹等,译.长沙：湖南教育出版社,2001.

［67］蔡新乐.《论语》之中"仁"的英汉译解原理简论［J］.外语与外语教学,2020(02)：69－83＋149.

［68］蔡新乐.求放心以成中庸的英译：以"民鲜(能)久矣"为个案［J］.中国比较文学,2020(02)：76－93.

［69］查士丁尼.法学总论：法学阶梯［M］.张企泰,译.北京：商务印书馆,1989.

［70］陈淳.北溪字义［M］.熊国祯、高流水,点校.北京：中华书局,1983.

［71］陈飞亚.简评理雅各英译《论语》［J］.陕西中医函授,1999(04)：43－45.

［72］陈立.白虎通疏证［M］.吴则虞,点校.北京：中华书局,1994.

［73］陈琳琳.理雅各英译《孟子》研究［D］.福建师范大学,2006.

［74］陈琳琳.析论理雅各对《孟子》中些许成语典故的翻译［J］.江西科技师范学院学报,2005

(03):65 - 67.

[75] 陈梦家.尚书通论[M].北京:中华书局,1985.

[76] 陈梦家.殷虚卜辞综述[M].北京:中华书局,1988.

[77] 陈明.原道(第二辑)[M].北京:团结出版社,1995.

[78] 陈荣捷.中国哲学文献选编[M].杨儒宾、吴有能、朱荣贵、万先法,译.南京:江苏教育出版社,2006.

[79] 陈薇.传统儒家文化模因西方传播的异化趋势研究[J].湖北社会科学,2014(07):111 - 113.

[80] 陈寅恪.金明馆丛稿二编[M].北京:生活·读书·新知三联书店,2001.

[81] 陈真.当代西方规范伦理学[M].南京:南京师范大学出版社,2006.

[82] 成中英,曹绮萍.中国哲学中的知识论(上)[J].安徽师范大学学报(人文社会科学版),2001(01):5 - 16.

[83] 成中英,曹绮萍.中国哲学中的知识论(下)[J].安徽师范大学学报(人文社会科学版),2001(02):157 - 166.

[84] 程钢.理雅各与韦利《论语》译文体现的义理系统的比较分析[J].孔子研究,2002(02):17 - 28.

[85] 程树德.论语集释[M].程俊英、蒋见元,点校.北京:中华书局,1990.

[86] 楚至大.难能可贵与美中不足——评理雅各两段《孟子》的译文[J].中国翻译,1995(06):28 - 30.

[87] 戴俊霞.《论语》英译的历史进程及文本形态研究[J].安徽工业大学学报(社会科学版),2011,28(01):58 - 60.

[88] 戴祥萍.《论语》核心理念"仁"的英译研究[J].重庆科技学院学报(社会科学版),2010(15):115 - 116.

[89] 戴震.戴震全书[M].合肥:黄山书社,1995.

[90] 杜维明.杜维明文集(第四卷)[M].郭奇勇、郑文龙,编撰.武汉:武汉出版社,2002.

[91] 段怀清.理雅各《中国经典》翻译缘起及体例考略[J].浙江大学学报(人文社会科学版),2005(03):91 - 98.

[92] 段怀清.理雅各与儒家经典[J].孔子研究,2006(06):52 - 63.

[93] 段玉裁.说文解字注[M].上海:上海古籍出版社,1981.

[94] 恩斯特·卡西尔.神话思维[M].黄龙保、周振选,译.北京:中国社会科学出版社,1992.

[95] 方东美.生生之美[M].李溪,编.北京:北京大学出版社,2009.

[96] 费尔南迪·德·索绪尔.普通语言学教程[M].高名凯,译.北京:商务印书馆,2010.

[97] 冯友兰.中国哲学简史[M].赵复兰,译.天津:天津社会科学院出版社,2007.

[98] 冯友兰.中国哲学史[M].北京:生活·读书·新知三联书店,2009.

[99] 弗朗索瓦·于连,狄艾里·马尔塞斯.(经由中国)从外部反思欧洲——远西对话[M].张放,译.郑州:大象出版社,2006.

[100] 傅道彬,于茀.文学是什么[M].北京:北京大学出版社,2002.

[101] 富苏苏,张易娟.译者主体性观照下辜鸿铭《论语》关键词英译误读[J].作家,2013(04):180-181.

[102] 高树藩.中文形音义综合大字典[M].北京:中华书局,1989.

[103] 葛荣晋.中国哲学范畴通论[M].北京:首都师范大学出版社,2001.

[104] 葛兆光.思想史研究课堂讲录:视野、角度与方法[M].北京:生活·读书·新知三联书店,2005.

[105] 葛兆光.中国思想史:七世纪前中国的知识、思想与信仰世界[M].上海:复旦大学出版社,1998.

[106] 辜鸿铭.中国人的精神[M].黄兴涛、宋小庆,译.海口:海南出版社,2007.

[107] 顾犇.《论语》在海外的传播[J].北京图书馆馆刊,1999(02):101-106.

[108] 郭宝钧.中国青铜器时代[M].北京:生活·读书·新知三联书店,1963.

[109] 郭庆藩.庄子集释[M].王孝鱼,点校.北京:中华书局,1961.

[110] 哈佛燕京学社引得编撰处.荀子引得[M].上海:上海古籍出版社,1986.

[111] 海德格尔.荷尔德林诗的阐释[M].孙周兴,译.北京:商务印书馆,2000.

[112] 海德格尔.形而上学导论[M].熊伟、王庆节,译.北京:商务印书馆,1996.

[113] 韩婴.韩诗外传集释[M]许维遹,校释.北京:中华书局,1980.

[114] 韩愈.韩昌黎文集,校注[M].马其昶校注,马茂元整理.上海:上海古籍出版社,1986.

[115] 汉斯-格奥尔格·加达默尔.真理与方法:哲学诠释学的基本特征[M].洪汉鼎,译.上海:上海译文出版社,2004.

[116] 郝大维、安乐哲.通过孔子而思[M].何金俐,译.北京:北京大学出版社,2005.

[117] 何新.诸神的起源——中国远古神话与历史[M].北京:生活·读书·新知三联书店,1986.

[118] 赫伯特·芬格莱特.孔子:即凡而圣[M].彭国翔、张华,译.南京:江苏人民出版社,2002.

[119] 赫西俄德.工作与时日/神谱[M].张竹明、蒋平,译.北京:商务印书馆,1991.

[120] 黑格尔.哲学史讲演录(第一卷)[M].贺麟、王太庆,译.北京:商务印书馆,1981.

[121] 胡煦.周易函书约存[M].文渊阁四库全书本.上海:上海古籍出版社,2003.

[122] 黄雪霞.试析《论语》理亚各译本的失与误[J].福建商业高等专科学校学报,2005(02):34-35+49.

[123] 计翔翔.金尼阁与中西文化交流[J].杭州大学学报(哲学社会科学版),1994(3):51-57.

[124] 季红琴.基于读者接受的《孟子》英译与传播研究[D].湖南师范大学,2016.

[125] 季羡林.佛教十五题[M].北京:中华书局,2007.

[126] 简明不列颠百科全书[M].北京:中国大百科全书出版社,1985.

[127] 江文也.孔子的乐论[M].杨儒宾,译.上海:华东师范大学出版社,2008.

[128] 焦循.毛诗补疏[M].《焦氏丛书》本,清光绪二年.

[129] 焦循.孟子正义[M].沈文倬,点校.北京:中华书局,1987.

[130] 荆门市博物馆.郭店楚墓竹简·性自命出[M].北京:文物出版社,2002.

[131] 瞿兑之.释巫[J].燕京学报,1930(7):1327.

[132] 卡尔·雅斯贝斯.历史的起源与目标[M].魏楚雄、俞新天,译.北京:华夏出版社,
1989.

[133] 克莱因.柏拉图《美诺》疏证[M].郭振华,译.北京:华夏出版社,2011.

[134] 孔蕾,秦洪武.儒学海外传播话语模式研究[J].外语教学,2018,39(03):78-83.

[135] 劳思光.新编中国哲学史[M].桂林:广西师范大学出版社,2005.

[136] 劳孝舆.春秋诗话[M].北京:商务印书馆,1936.

[137] 黎靖德.朱子语类[M].王星贤,点校.北京:中华书局,1986.

[138] 黎立武.中庸指归[M].文渊阁四库全书本.上海:上海古籍出版社,2005.

[139] 李河.巴别塔的重建与解构[M].昆明:云南大学出版社,2005.

[140] 李坤.《论语》英译困境及思考——以《论语》核心概念词在译本中的英译比较为例
[J].牡丹江大学学报,2011,20(04):84-87.

[141] 李乐."仁"字英译的哲学诠释[J].浙江外国语学院学报,2015(02):69-75.

[142] 李乐."中庸"一词英译的哲学反思[J].常州工学院学报(社科版),2013,31(01):62-66.

[143] 李乐.《论语》诗"兴"之境的现象学解读[J].华侨大学学报(哲学社会科学版),2013
(01):110-113+126.

[144] 李乐.人文理性与儒学经典之跨文化诠释——以"义"的英译为例[J].浙江外国语学院
学报,2019(05):94-99.

[145] 李灵,尤西林,谢文郁.中西文化交流:回顾与展望[M].上海:上海人民出版社,2009.

[146] 李零.郭店楚简校读记(增订本)[M].北京:中国人民大学出版社,2007.

[147] 李萍.从《论语》关键概念词译法体会典籍翻译中历史文化和语境要素[J].科技信息,
2009(21):118.

[148] 李孝定.甲骨文字集释第三[M].台北:"中央研究院"历史语言研究所,1970.

[149] 李莹.论《论语》在英美的翻译与接受[D].四川大学,2002.

[150] 李玉良,罗公利.儒家思想在西方的翻译与传播[M].北京:中国社会科学出版社,2009.

[151] 李玉良.儒经翻译影响下的海外儒学传播——以芬格莱特儒学研究及其传承为个案
[J].中国文化研究,2021(01):170-180.

[152] 李约瑟.中国古代科学思想史(第二卷)[M].陈立夫等,译.南昌:江西人民出版社,2006.

[153] 李泽厚.华夏美学·美学四讲[M].北京:生活·读书·新知三联书店,2008.

[154] 李泽厚.论语今读[M].北京:生活·读书·新知三联书店,2008.

[155] 李泽厚.美的历程[M].北京:生活·读书·新知三联书店,2009.

[156] 李泽厚.哲学纲要[M].北京:北京大学出版,2011.

[157] 理查德·E.帕尔默.诠释学[M].潘德荣,译.北京:商务印书馆,2012.

[158] 凌继尧.柏拉图的理式论[J].东南大学学报(社会科学版),1999(03),5-11.

[159] 刘白玉、高新华、窦钰婷.《论语》关键词英译探讨[J].山东工商学院学报,2011,25(03):111-113.

[160] 刘白玉、扈珺、刘夏青.中国传统文化元素翻译策略探讨——以《论语》核心词"仁"英译为例[J].山东外语教学,2011,32(01):96-100.

[161] 刘宝楠.论语正义[M].高流水,点校.北京:中华书局,1990.

[162] 刘玉宇.论典籍英译中的去西方中心主义问题——从安乐哲、罗思文《论语》关键词的英译说起[J].学术研究,2019(02):30-36+177.

[163] 刘再生.中国古代音乐史简述[M].北京:人民音乐出版社,1989.

[164] 露丝·本尼迪克.文化模式[M].何锡章、黄欢,译.北京:华夏出版社,1987.

[165] 罗丹、贾德江.目的论观照下的《论语》中"仁"和"礼"的英译——基于两个译本的对比研究[J].南华大学学报(社会科学版),2011,12(02):95-98.

[166] 罗根泽.古史辨(四)[M].上海:上海古籍出版社,1982

[167] 罗兰·巴尔特.符号学原理[M].李幼蒸,译.北京:中国人民大学出版社,2008.

[168] 罗素.西方哲学史[M].何兆武、李约瑟,译.北京:商务印书馆,1963.

[169] 马克斯·韦伯.批判施塔姆勒[M].李荣山,译.上海:上海人民出版社,2011.

[170] 马一浮.马一浮集[M].杭州:浙江古籍出版社、浙江教育出版社,1996.

[171] 马祖毅,任荣珍.汉籍外译史[M].武汉:湖北教育出版社,1997.

[172] 茅芹芹.从阐释学视角观《论语》中"仁"字英译[J].剑南文学(经典教苑),2012(03):130+132.

[173] 梅里亚姆—韦伯斯特公司.韦氏大学词典(第10版)[M].北京:世界图书出版公司,1996.

[174] 缪灵珠.缪灵珠美学译文集[M].章安祺,编订.北京:中国人民大学出版社,1998.

[175] 墨子[M].毕沅,校注.吴旭民,校点.上海:上海古籍出版社,2014.

[176] 牟宗三.中国哲学十九讲[M].上海:上海古籍出版社,2005.

[177] 南怀瑾.南怀瑾全集(第三卷)[M].上海:复旦大学出版社,2003.

[178] 尼采.悲剧的诞生:尼采美学文选[M].周国平,译.上海:上海人民出版社,2009.

[179] 倪梁康.胡塞尔现象学概念通释[M].北京:生活·读书·新知三联书店,1999.

［180］诺贝特·埃利亚斯.文明的进程:文明的社会起源和心理起源的研究［M］.王佩莉,译.北京:生活·读书·新知三联书店,1998.

［181］庞德等.众树歌唱:欧美现代诗100首［M］.叶维廉,编译.北京:人民文学出版社,2009.

［182］钱穆.论语新解［M］.成都:巴蜀书社,1985.

［183］钱穆.钱宾四先生全集:理学六家诗钞 灵魂与心［M］.台北:联经出版事业公司,1998.

［184］乔华林、陈范霞.被扭曲了的孔子形象——评林语堂对《论语》的译介［J］.平顶山师专学报,1999(01):5-6.

［185］任继愈.国际汉学(第四辑)［M］.郑州:大象出版社,1999.

［186］阮元.十三经注疏［M］.北京:中华书局,1980.

［187］沈国琴.卡西尔的语言哲学探析［J］.外语学刊,2018(03):1-6.

［188］沈玉成.左传译文［M］.北京:中华书局,2006.

［189］司马迁.史记［M］.北京:中华书局,1999.

［190］苏舆.春秋繁露义证［M］.钟哲,点校.北京:中华书局,1992.

［191］隋书［M］.魏征等,修撰.北京:中华书局,1973.

［192］孙际惠.从翻译存异伦理探讨儒家概念词英译——以"仁"为例［J］.焦作大学学报,2010,24(04):80-83.

［193］孙希旦.礼记集解［M］.沈啸寰、王星贤,点校.北京:中华书局,1989.

［194］谭文介.对James Legge译《论语》中若干译文的看法［J］.湘潭大学学报(社会科学版),1992(03):73-75.

［195］谭晓丽.和而不同——安乐哲儒学典籍合作英译研究［D］.复旦大学,2011.

［196］谭载喜.西方翻译简史［M］.北京:商务印书馆,2004.

［197］汪荣宝.法言义疏［M］.北京:中华书局,1997.

［198］汪子嵩等.希腊哲学史(第三卷)［M］.北京:人民出版社,2003.

［199］王朝闻.美学概论［M］.北京:人民出版社,2005.

［200］王东波.《论语》英译比较研究［D］.山东大学,2008.

［201］王东波.《论语》英译的缘起与发展［J］.孔子研究,2008(4):119-125.

［202］王夫之.船山全书［M］.长沙:岳麓书社,1996.

［203］王国维.观堂集林［C］.石家庄:河北教育出版社,2003.

［204］王辉.《论语》中基本概念词的英译［J］.深圳大学学报(人文社会科学版),2001(05):116-121.

［205］王辉.理雅各、庞德《论语》译本比较［J］.四川外语学院学报,2004(05):140-144.

［206］王谟.汉魏遗书钞［M］.清[1644—1911]汝麋刻本.

［207］王念孙.广雅疏证［M］.台北:中华书局,2004.

［208］王庆节.解释学、海德格尔与儒道今释［M］.北京:中国人民大学出版社,2004.

[209] 王肃.孔子家语[M].薛根生,标.上海新文化书社,1933.

[210] 王先谦.荀子集解[M].沈啸寰、王星贤,点校.北京:中华书局,1988.

[211] 王先慎.韩非子集解[M].钟哲,点校.北京:中华书局,1998.

[212] 威廉·冯·洪堡特.论人类语言结构的差异及其对人类精神发展的影响[M].姚小平,译.北京:商务印书馆,1999.

[213] 韦绍.徐元诰,集解.国语集解[M].王树民、沈长云,点校.北京:中华书局,2019.

[214] 吴娟娟.谈《论语》英译本中对"君子""小人"的翻译——基于理雅各、辜鸿铭译本的对比研究[J].青年文学家,2012(04):129-130.

[215] 吴渭.月泉吟社诗[M].北京:中华书局,1985.

[216] 吴志刚.准确理解原作是典籍英译的关键——理雅各英译《孟子》指瑕[J].重庆科技学院学报(社会科学版),2009(05):147-148.

[217] 萧统.文选[M].上海:上海古籍出版社,1986.

[218] 谢青.《论语》韦利英译本和林语堂英译本之对比分析[J].河南工业大学学报(社会科学版),2013,9(03):119-122.

[219] 谢有莲.文化协调视角下儒学术语的英译问题——以《论语》中"仁"的解读为例[J].济宁学院学报,2018,39(02):80-86.

[220] 徐复观.中国人性论史(先秦篇)[M].上海:上海三联书店,2002.

[221] 徐复观.中国艺术精神[M].上海:华东师范大学出版社,2001.

[222] 徐中舒.甲骨文字典[M].成都:四川辞书出版社,1989.

[223] 许慎.说文解字[M].北京:中华书局,1963.

[224] 雅克·德里达.书写与差异[M].张宁,译.北京:生活·读书·新知三联书店,2001.

[225] 雅斯贝尔斯.智慧之路——哲学导论[M].柯锦华、范进,译.北京:中国国际广播出版社,1988.

[226] 亚里士多德.尼各马可伦理学[M].廖申白,译注.北京:商务印书馆,2003.

[227] 亚里士多德.形而上学[M].苗力田等,译.北京:中国人民大学出版社,2003.

[228] 亚里士多德.亚里士多德全集(第三卷)[M].苗力田等,译.北京:中国人民大学出版社,1990.

[229] 亚里士多德.亚里士多德全集(第一卷)[M].苗力田等,译.北京:中国人民大学出版社,1990.

[230] 亚里士多德.政治学[M].吴寿彭,译.北京:商务印书馆,1981.

[231] 扬雄.方言[M].四部丛刊初编本.1929年二次影印本。

[232] 杨久红.理雅各《论语》英译本中关键词的内涵浅析[D].辽宁大学,2017.

[233] 杨平.20世纪《论语》的英译与诠释[J].孔子研究,2010(02):19-30.

[234] 杨平.《论语》的英译研究——总结与评价[J].东方丛刊,2008(02):129-149.

[235] 杨向奎.宗周社会与礼乐文明[M].北京：人民出版社，1992.

[236] 殷小娟.《论语》四个英译本中"仁"的翻译效果对比[J].宜春学院学报，2012,34(09)：109－112＋115.

[237] 于敏中等.摛藻堂四库全书荟要[M].清乾隆三十八年 1773 钞本.

[238] 于省吾主编.甲骨文字诂林[M].姚孝遂，按语编撰.北京：中华书局，1996.

[239] 余英时.现代儒学的回顾与展望[M].北京：生活·读书·新知三联书店，2012.

[240] 宇文所安.中国文论：英译与评论[M].王柏华、陶庆梅，译.上海：上海社会科学院出版社，2003.

[241] 约翰·罗尔斯.正义论[M].何怀宏等，译.北京：中国社会科学出版社，1988.

[242] 岳峰.略论音译与中国传统文化[J].福州大学学报(哲学社会科学版)，2000(01)：58－61＋100.

[243] 赞宁.宋高僧传[M].范祥雍，点校.北京：中华书局，1987.

[244] 詹·乔·弗雷泽.金枝[M].徐育新、汪培基等，译.北京：中国民间文艺出版社，1987.

[245] 张德福.森舸澜《论语》英译本的"丰厚翻译"[J].外语学刊，2017(05)：111－116.

[246] 张德福.魏鲁男《论语》英译本之大醇小疵[J].上海翻译，2015(04)：59－65.

[247] 张怀瑾.文赋译注[M].北京：北京出版社，1984.

[248] 张继文.《论语》概念词词义解读与翻译——以《论语》英译为例[J].长春大学学报，2009,19(07)：46－49.

[249] 张静.理雅各《孟子》翻译研究[D].山东大学，2008.

[250] 张隆溪.道与逻各斯[M].冯川，译.成都：四川人民出版社，1998.

[251] 张祥龙.先秦儒家哲学九讲：从《春秋》到荀子[M].桂林：广西师大出版社，2010.

[252] 张小波.强势语下的无奈——辜鸿铭古籍英译的归化[J].湛江海洋大学学报，2004(05)：70－74.

[253] 张阳.从翻译的文化转向看"礼"的英译[J].中国校外教育，2011(14)：120＋148.

[254] 张载.张载集[M].章锡琛，点校.北京：中华书局，1985.

[255] 张自烈编.廖文英补.正字通[M].北京：国际文化出版公司，1996.

[256] 章太炎.章太炎全集(第一卷)[M].上海：上海人民出版社，1982.

[257] 赵汀阳.论可能生活[M].北京：中国人民大学出版社，2010.

[258] 甄春亮.里雅各翻译的《论语》[J].天津外国语学院学报，2001(02)：5－8.

[259] 郑樵.通志[M].王树民，点校.北京：中华书局，1995.

[260] 中华文化复兴运动推行委员会等.说苑今注今译[M].天津：天津古籍出版社，1988.

[261] 周发祥.西人读孔今犹新——西蒙·利斯《论语》译本评介[A].阎纯德.汉学研究[C].北京：中华书局，2004：395－404.

[262] 周有光.世界文字发展史[M].上海：上海教育出版社，2018.

[263] 朱峰.西方汉学家 17 个《论语》英译本之底本探析(1828—2007)[J].国际汉学,2020
(03):101－112＋203－204.

[264] 朱熹.四书章句集注[M].北京:中华书局,2011.

[265] 邹然.中国文学批评史[M].北京:北京大学出版社,2006.

后 记

在西方文明史课上,我总要和学生讲人类的几次认知革命,再和他们唠叨一番从神话到哲学再到科学的这几大思想飞跃意味着什么。因为在某种程度上,我感觉这就是一部浓缩的个人思想发展史,我们每个人都是从孩提时期那种关联式和联想式思维慢慢学会理性思考进而成体系地掌握了科学知识。而写作这本书的过程,或者说,从读博开始到博士毕业再到如今这些年的翻译研究过程,本质上就是一段我自身的阅读史,以及在阅读的影响下对翻译的本质和我所研究的选题的认知不断发展的历史。这里面的精妙和荡气回肠是难以言表的。

少时,我读儒学,感知的是儒学的诗书礼乐情怀,读博期间在导师郑海凌先生的指引下定下这个选题,起初也觉得自己或可凭借联想式样的感悟写出些有点分量的东西来。现在想来,真是庆幸没那么做。

我的博导郑海凌先生受过钱锺书先生的教导,深受钱先生"中西比较"研究方法的影响。博士生涯一开始,他开给我的书单里列的全是中西大部头。《西方哲学史》《中国哲学史》《语言哲学》《谈艺录》《管锥编》等等。我纳闷这些东西跟翻译有什么关系。郑先生娓娓道来:"你以前翻译东西,那叫实践。如今你要站在一个高度上审视翻译,这是研究。如今,你定下这个选题,总体属于中国古典文献的外译研究。翻译研究,归根到底跟意义的跨语际传递抹不开关系。可典籍这东西,穷意极难。你不了解中国古代的思想体系,理解典籍就没有宏阔的背景,那可不成。而西方译者用以译典籍之词,多又带着他们深刻的思想背景,你不了解西哲史,不了解柏拉图,怎么读得懂后面 2000 年,怎么了解译者选的这个语词深刻的文化渊源。再者,你会发现,典籍翻译常会遇到'不可译''难译'甚至'误译'的窘境,这时候,就得语言哲学出来说话,语言哲学是干什么的? 探讨意义机制的,探讨意义的传达何以成为可能。对了,你还得多读古书。很多典籍注本全是古汉语写的。《白虎通义》《元白诗笺证稿》《论语集注》《左传》都去读读吧。反正你记住,你的专业叫比较文化与翻译学研究,千万不能把自己局限在'翻译'这个名称下面,知道一点儿翻译理论就满足。按西方的学科划分,你是art student,就是你得文史哲的基础都有。这样,你研究起来,才会视野宽阔,才能得出深刻洞见。赶紧看书去吧。"

那是我读书生涯里对翻译的第一次认知革命。我思考着郑先生的话,脑袋里出现一个大大的 H 形。左边的竖线是中国思想、文学哲学的长河,右边的竖线是西方思想、文化、哲学的长河。中间这一道小横杠,才是翻译和跨文化诠释。那时我的心里响起一首歌:"啊,多么深刻的领悟,语言转换不是我的全部……"。可也就是从那时开始,我也第一次真正踏入一个神奇的新世界。

而第二次认知跃变,正发生在读书的历程里。博士二年级上半学期的一日,郑海凌先生拿了一本旧书给我:"你去把这书读了。回头来跟我汇报。"接过来一看,是俞宣孟老师的《本体论研究》。我那时的哲学基础还不怎么扎实,只能硬着头皮说:"好的,老师。"可是,翻开这书就被迷住了。原本还不够清晰的西方哲学发展线索,在这本书里借由一个概念竟然完全串起来了。而且,我原来没理解透彻西方哲学里的"存在""本体"在这本书里说得一清二楚。问题正是出在翻译上啊——无论"存在"还是"本体"都无法言说出 ontology 一词的深切内涵,但是,我们不能说他们是错的,他们已经在我们对西方哲学的言说中存在了很久,而且深入人心。但是也正是这样的翻译,在某种程度上限定了我们对西方哲学的认知,"存在"和"本体"其实和 ontology 相比,只是言及了部分含义,或者说,因为语法的差别,并不算是真正意义上的对等词。而 ontology(俞先生改译为"是论")正是西方哲学的重要起点,它的翻译直接关乎另一种语言里的人们对西方哲学会搭建起怎样的基本观念。

也就是从那时开始,我意识到语词的吊诡特征,**尤其是那些概念性的语词——一个语词,被拿来翻译外来语的某个词时,在展现了些"什么"的同时,也会遮蔽掉另外的理解的可能**。换言之,译词"解弊"也"遮蔽"。由此我意识到,曾经做语词翻译研究的一大诉求便是：我们总想着为某个语词寻找一个理想的翻译，且我们希望这个翻译是唯一的，放之四海而皆准。或许，这个理想可以在语源比较相近的印欧语系之间互译时候实现，但对于生长于中华文化语境中的儒学核心观念来讲，翻译成字母语言，"唯一"对等，或将是个难以实现的梦想。

所以，也是从那个时候开始，我提醒自己，接下来的研究应该尤其注意如下两点：

（1）对一个范畴的多个英文译词展开分析时，绝不能以"你死我活"的取舍为目的，而应该用充分的篇幅，首先呈现该儒学范畴在中文语境中的意义生长历史，进而勾勒出它全部的图景；在此基础上，也有必要对每个译词原初的使用情景追根溯源，洞悉其意义的指向和原范畴的匹配程度；换言之，更像是意义场的匹配度检测；对每个译词，都得分析其展现了什么，又遮蔽了什么。

（2）全书的结论，应该拔高为一种对儒学范畴思想方向的指引，再给予一种能让目的语读者尽可能全面窥见原范畴思想方式的翻译解决方案，这种解读方案不是要给范畴定下一个唯一的译词，而是一个神奇的语言游戏（不是维特根斯坦意义上的那种），让读者窥见多种理解的可能。

总体而言，博士研究那三年，我的头被分成了两半。半个头扎进了古籍，研读中国儒学史及四书的种种注本，还有半个头扎进了哲学的世界里，做了哲学系的编外学生，认识了台北的林先生，开始懂了知识论，后来又慢慢地读明白了些许从柏拉图开始至黑格尔的哲学思想，然后读了些许伦理学。后来试着读胡塞尔和海德格尔，也有些许领悟。然后把这两"半头"复合在一起，完成了我的博士研究。

博士毕业后在高校任教这些年，一直断断续续读着哲学，继续我编外哲学系学生的身份。也就是在读不同作者的书，一遍遍梳理西方思想史的过程中，我对什么是"形而上"有了相对更为整全的认知，而在其和现象学的比照中，我再反观所研究的儒学范畴，便有了第三次思想认知跃变。这一次，事关"真理"。**儒学到底是一种什么样的真理？显然，它不是形而上的。但这并不代表它无法和西方哲学对话。儒学，尤其是先秦儒学，是一种具有强烈述行特质（performative）的真理。无论是"仁""义""礼""知"（"智"）还是"中"（"中庸"），它们本身并不期待着理论性的观察反思，而期待着人们通过行动去领悟并实现。**这让我想起海德格尔的锤子。人们用锤子打东西,对锤子本身的关注很少,但打得很起劲,很上手,而锤子之为锤子的本质正是体现在这上手性里。而对这些儒学核心范畴的理解,必须在流动的生命体验里。

而中国古典思想经由翻译获得理解,并且体现其价值,和其真理性的体现密切相关。黑格尔曾说孔子言说老辣的道德教训,是因为在他的那个时代,翻译总是试图把孔子思想呈现为一个又一个"要这样""不要那样"的命题(proposition),这实在是很难在西方已经很完备的伦理体系下说出点新东西来,进而呈现新的价值。所以,我倒是越发理解为什么安乐哲先生会在阐释中国哲学时用 human - becoming 这样的词汇。这是一种更偏向述行的概念诠释方式。它可以把儒学思想以一种智慧的非命题的方式呈现给西方世界,让人直接了解这其中动态的通权达变,及"变"与"不变"的那种智慧博弈。

而今,这本书终于定稿,但我对儒学核心范畴的英译思考,还会持续下去。我坚信在日后的读书过程中,我会遇见第四、第五乃至第十次认知跃变,而每每此时,我都可以回过头来思考先秦儒学核心范畴英译的主题,进而有新的体悟和收获,或许我还可以给这书稿写个后续。回顾这一路,真的感谢郑海凌先生,他收我为徒,用一份厚重的书单把我领进了一个神奇王国,虽然路走得艰辛,但这一路的认知跃变对我产生的影响,已经从对翻译的思考蔓延到我的教学乃至生活之中,让我对自我、世界的理解也持续加深,开始了一次又一次的自我迭代。在此,还要深切感谢为我作序的郭英剑教授,他是郑先生的好友,也是我博士答辩委员会的成员,我这种对语词追跟溯源再编织成意义网最终完成中西比较的分析思路,正是得益于他在一次学术交流会议上所做的主题发言。他曾对我说,做学问都有点像盲人摸象,绝不能只站在一个地方,必须不停挪窝再去摸,才能慢慢弄清楚全局。我也顺着这个思路,顺带借着这些年讲授西方文明史的东风,坚持阅读翻译领域之外的书籍,以大文科的思路持续给自己精神输入——神话、悲喜剧、艺术、哲学、科学史等这些看似和翻译没什么关联的东西,却在暗地里渐渐强健了我的知识框架,让我看到了思想长河里那些火花前后的深切关联,看到了不同领域里现象的深切勾连,进而提升了我对诸多问题(当然也包括翻译研究相关问题)的解释力及阐释深度。

在此一并感谢台北的林正弘教授,北京的辜正坤教授、封一函教授,我的硕士导师王广州先生,还有此刻在南方的罗选民教授。他们都在我这些年做研究的历程里,给了我非常清晰的指点及莫大的精神鼓励。这些年,我还从林教授那里获赠了诸多哲学类的书籍和中国典籍海外出版的英译本,此刻都在我的书架上闪着光亮。

在此,还要特别感谢此书的编辑——上海交通大学出版社的樊诗颖老师,感谢她不厌其烦的精心校改和在我修改书稿过程中耐心细致的指点。感谢这些年在我身后默默支持我的家人们。也感谢此刻坐下来翻阅此书的你。曾经,我的确抱着为了完成研究的目的去读书,后来却变了,读书本身似乎成了一种存在状态,而作为研究成果的这本书,更像是这过程之中的副产品,读书带来的审美喜悦以及这之中产生的认知飞跃才是令我最喜悦的收获。关于读书,曾经在中国美术学院的一次讲座上听曹意强教授讲了一句话,从此再不会忘记:"读书,会让这个世界在你眼中越来越浑然一体。"这感觉,真的奇妙。